Llyfrgell Sir P@WYS Cou
Llandrindod Wells I
KNIGHTON LIBRARY
www.powys.gov.uk/
Tel: 01547 529778

D1138818

BRON YN
BERFFAITH...

Powys

37218 00474917 7

WITHDRAWN
FROM STOCK

BRON YN BERFFAITH...

Heulwen Hâf
gyda Sian Owen

Argraffiad cyntaf: 2011

© Hawlfraint Heulwen Hâf a'r Lolfa Cyf., 2011

Mae hawlfraint ar gynnwys y llyfr hwn ac mae'n anghyfreithlon
i lungopïo neu atgynhyrchu unrhyw ran ohono trwy unrhyw
ddull ac at unrhyw bwrpas (ar wahân i adolygu) heb gytundeb
ysgrifenedig y cyhoeddwyr ymlaen llaw

Dymuna'r cyhoeddwyr gydnabod cymorth ariannol
Cyngor Llyfrau Cymru

Llun y clawr: Warren Orchard
Cynllun y clawr: Dylan Griffith / Smörgåsbord
Colur: Dominik Sacchetti / Dior

Rhif Llyfr Rhyngwladol: 978 1 84771 330 8

FSC

Cyhoeddwyd, rhwymwyd ac argraffwyd yng Nghymru gan
Y Lolfa Cyf., Talybont, Ceredigion SY24 5HE
gwefan www.ylolfa.com
e-bost ylolfa@ylolfa.com
ffôn 01970 832 304
ffacs 832 782

'Mae'n gweld y gorau ym mhawb ac yn chwilio am y gorau ym mhob sefyllfa. Dyna pam 'mod i'n teimlo bod yr hyn sydd ganddi i'w ddweud yn werth ei rannu.'

Branwen Cennard

'Cofiaf yr alwad, y man a'r lle. Ar ein gwyliau ac roedd Amsterdam yn y gwanwyn yn hudolus. Roeddwn ar fy ngwydraid cyntaf o siampên pan ddaeth yr alwad. Heulwen Hâf yn ei dagrau – "Mae gen i ganser... tyrd adre..." 'Cefais fy magu i beidio defnyddio'r gair 'canser'. Felly'r oedd hi yn y wlad. Ond doedd dim dianc y tro yma; roedd canser yn realiti, ac roedd yn digwydd i fy ffrind gore.

'Dyna ddechrau ar gyfnod newydd mewn cyfeillgarwch oedd yn ymestyn 'nôl i ddyddiau plentyndod yng Nghorwen – merch Gwil Bwtshiar ydy hi i mi, a dyna'r Heulwen rydw i'n dal i'w charu heddiw. Ryden ni 'yno' i'n gilydd, doed a ddêl.'

Gwenda Griffith

'O dro i dro mewn bywyd, dach chi'n cael y wefr o groesi llwybrau gyda pherson arbennig iawn, rhywun sydd ag ysbryd o ddaioni yn eu cylch nhw, rhywun dach chi'n synhwyro sydd ar y ddaear yma am reswm, rhywun sy'n cyffwrdd calonnau pobol.

'Dwi'n edmygu ei pharodrwydd i siarad yn onest ac am rannu'r stori gyda ni, ar bapur ac o flaen y camera, a fwy na dim dwi'n edmygu'r ffaith nad oedd hi'n gwastraffu ei hegni gwerthfawr ar gasáu ei chanser. Mi wnaeth ei gofleidio, cyn gofyn yn garedig iddo ei gadael er mwyn rhoi'r rhyddid iddi ailafael yn ei bywyd unwaith eto. Diolch am gael rhannu'r daith.'

Nia Parry

'Yr hyn sy'n eironig o wrando ar stori Heulwen yw'r ffaith ei bod yn awr yn brysurach nag erioed. Mae hi'n benderfynol o helpu pobol eraill, gan gynnwys ein myfyrwyr therapi galwedigaethol, i ddeall sut y gall unigolion sy'n byw â chanser fyw bywydau adeiladol, llawn a phositif.'

Gwilym Wyn Roberts

'Gallaf ddweud gyda fy llaw ar fy nghalon bod Heulwen wedi bod yn ysbrydoliaeth bersonol i fi fel meddyg. Heb amheuaeth, mae ganddi gryfder cymeriad anhygoel sy'n esiampl i ni gyd! Mae bywyd pawb ohonom yn rhywbeth bregus, a 'sneb yn gwybod beth sydd rownd y gornel. Fel Heulwen, rhaid byw bywyd i'r eithaf, a hynny gydag angerdd.'

Eifion Vaughan Williams

'Beth fedra i ddeud am fy chwaer fach i – o'r dechrau, roedd Dad a Mam yn deud ei bod hi'n wahanol!! Mae hi wedi brwydro yn ddewr iawn iawn, gyda ffydd, gobaith a chariad. Diolch byth, mae hi wedi dod drwyddo ac yn edrych yn iawn.

'Diolch am chwaer fach ffantastig xx'

Gwenda Mair

Dydd Iau, 17 Ebrill 2008

Tŷ Pat, fy nghyfnither. Newydd gyrraedd yn ôl o'r clinig. Fy mhen bron â byrstio. Trio gwneud synnwyr o'r geiriau a glywais ddwy awr yn ôl… ''Yfa dy de,'' meddai Pat. Sipian te melys (dda at sioc medden nhw) ond blasu dim.

Siarad nonsens er mwyn trio osgoi mynd i'r afael â'r newyddion ysgytwol sy'n araf suddo i mewn i 'mhen. Beth mae rhywun yn ei wneud ar adeg fel hyn? Gafael yn dynn yn yr hyn rydw i'n wybod sy'n berffaith wir rŵan, yr eiliad hon; dyna'r peth callaf i mi ei wneud.

Rydw i'n 63. Yn iach. Yn sengl, yn rhydd o gyfrifoldebau. Seren, fy nghi bach, a finnau yn hapus yn ein cartref clyd. Wedi ymddeol o S4C ar ôl pymtheng mlynedd o weithio fel cyflwynydd rhaglenni. Mae'r bywyd cymdeithasol yn wych. Rydw i'n gwneud gwaith iacháu amgen. Mwynhau iacháu yn fwy na dim. O, yr eironi…

Ie, Heulwen Hâf, dyna pwy ydw i. O leiaf rydw i'n cofio fy enw!

Anadl ddofn yna gofyn i Pat:

"Yden nhw'n deud wrtha i fod gen i ganser yn fy mron, Pat?"
"Yden."
"Bloody hell," meddwn i. "Fi? Canser?"

1

DA 'DI BYWYD, ynde!

Nid gwamalu ydw i wrth ddweud hynny. Dyna rydw i wir
yn ei gredu. A phwy fyddai'n meddwl y byddwn i'n cael cyfle
i rannu rhywfaint ar hanes fy mywyd innau gyda chi. Do,
ychydig flynyddoedd yn ôl, mi gefais i ganser. Ond rydw i
yma i ddweud yr hanes, ac nid dyna'r unig hanes sydd gen i
i'w ddweud. Un bennod yn fy mywyd oedd y cyfnod hwnnw.
Ond mwy am hynny yn y man. Gadewch i ni ddechrau rywle
tua'r dechrau.

Un o Gorwen ydw i. Un o dri o blant. Gwilym Bwtshiar
oedd fy nhad i bawb, neu GR Evans, Corwen, a Gwyneth
oedd enw Mami. Dynes feddal, annwyl oedd Mami, ei
phresenoldeb fel awel felys yn cadw'r ddysgl yn wastad
waeth pa ffordd roedd y gwynt yn chwythu. Roedd Dadi'n
wahanol; gallai Dadi greu storm dim ond wrth edrych
arnoch chi. Ond roedd o'n ddyn da, serch hynny, ac yn glên
wrth ei deulu a'i gymuned. Dyn busnes penstiff ac eithaf
llwyddiannus, o ystyried iddo ddechrau o ddim. Ond, diar,
roedd o'n un am weiddi. Roedd o'n codi ofn ar sawl un,
eto nid arna i; roeddwn i'n closio ato fo, a phan fyddwn
i'n ei glywed o'n gweiddi yn rhywle yn y pellter, mi fyddwn
i'n dweud wrthyf fi fy hun yn fodlon, "Dadi ydi hwnna." A
fo, yn ôl pob sôn, a'm bedyddiodd. Wedi fy ngeni ar Awst y
cyntaf ar fore heulog braf, er nad oedd fy nhad yn ddyn trin
geiriau, y fo mae'n debyg a ddywedodd, "Gad i ni ei galw
hi'n Heulwen Hâf!"

Cawson ni gartre saff a hapus a magwraeth werth chweil.
Y tri ohonon ni. Fy mrawd mawr, Bryan, sydd bellach yn
rhedeg y busnes yng Nghorwen gyda'i fab hynaf, Robert, a
Gwenda fy chwaer, a aeth i ffwrdd i weithio i'r banc ac yna

dod yn ôl i Gorwen. Y ddau ohonyn nhw wedi mynd i wneud pethau call. Yn wahanol i mi.

Dros y blynyddoedd mae mwy nag un o'r teulu wedi dweud: "Mae 'na rywbeth od wedi bod amdanat ti erioed, Heulwen. Rwyt ti wastad ar ryw blaned arall." Heddiw, â gwên ar fy wyneb, gallaf gyfaddef bod yna gnewyllyn o wir yn hynny. Er pan oeddwn i'n blentyn mae pethau ysbrydol wedi bod yn bwysig i mi. Ail natur oedd dychmygu fy mod yn gallu hedfan a diflannu i'r gofod fel y mynnwn. I mi roedd hynny'n hawdd. Petawn i wedi hedfan llai a gwrando mwy yn yr ysgol, nid yr un fyddai fy hanes. Ond wedyn, nid y fi fyddwn i, nage?

Hyd heddiw mae dilyn y dychymyg a'r isymwybod yn rhan hanfodol o fy mywyd. Ac wrth oedi i gloriannu'r hyn rydw i wedi'i ysgrifennu yn y gyfrol hon, rwy'n ddiolchgar o sylweddoli 'mod i'n *falch* o'r hyn ydw i. Sy'n ddweud mawr. Felly dyma fi, ffrindie, yn agor y drws i chi gael cipolwg ar fy mywyd. Nid ar chwarae bach y mae gwneud hynny, wyddoch chi. Ond rwy'n gobeithio y cawn ni fudd o hyn: y fi o'r rhoi, y chi o'r rhannu.

A gadewch i mi rannu gyda chi lle rydw i ar hyn o bryd. Wrth ymyl y pwll nofio – y pwll nofio yn sba Gwesty Dewi Sant ar gwr y bae yng Nghaerdydd, lle rydw i'n aelod – wedi fy lapio mewn tyweli trwchus, gwyn ac yn syllu allan i bellteroedd yr awyr las, mewn gwisg nofio ffasiynol, fy ngwallt yn dechrau sychu yn y gwres (byr, ond wedi'i dorri'n chwaethus, wrth reswm), yn syndod o fodlon fy myd.

Nid peth hawdd ydi edrych yn ofalus arnoch chi eich hun. Weithiau fyddwn ni ddim yn hoffi'r hyn welwn ni. Yn rhy aml o'r hanner ryden ni'n cuddio ein hunain rhag y pethau ddaw i'r golwg. Ond dydw i ddim yn amau nad oes yna fudd yn y broses hefyd, oherwydd os deuwn ni o hyd i bethau nad yden ni'n eu hoffi, o leiaf mi allwn ni benderfynu yden ni isio gwneud rhywbeth amdanyn nhw. Wrth gwrs, weithiau mae yna bethau nad ydi pobol eraill yn eu hoffi, ond ein bod ni'n eithaf hapus â nhw… oes angen newid y rheiny?

Fyddwn i ddim yn dweud fy mod i'n rhywun confensiynol fy ffyrdd, ac rwy'n siŵr fod yna sawl un sy'n edrych arna i yn ddigon beirniadol. Beth maen nhw'n ei feddwl ohona i, tybed? Fy mod i'n byw mewn byd afreal? Yn meddwl am ddim ond steil a swanc? Yn gorfod meddwl am neb arall, wedi fy sbwylio erioed? Beth bynnag yw'r gwirionedd (a phwy sydd i ddweud, p'run bynnag?), erbyn hyn, ychydig iawn y bydda i'n ymboeni am ymateb pobol eraill i mi. Y dyddiau hyn rwy'n gallu gweld yr ochr eithafol ohona i fy hun, yn ddwys neu'n ddoniol, a chwerthin am fy mhen fy hun hefyd.

Cofiwch chi, proses a gymerodd amser oedd hi ac aeth y daith â mi o Gorwen i Lundain, Lerpwl, Harrods yn Llundain, Ysbyty Meddwl Dinbych, noddfa gyfarwydd Corwen eto fyth, yna maes o law yma i Gaerdydd. Rydw i wedi snipio gwallt, modelu, canu ar *Disc a Dawn*, gwerthu ffisig, actio mymryn, gwenu ar gamerâu S4C, trin crisialau, troi at iacháu a dod yn Feistr Reiki. Yn fwy diweddar, a chyda pheth ofnadwyaeth, dewisais ddangos fy mronnau briw i'r byd.

Llwyddais i ddod i wynebu a derbyn fy rhinweddau a'm gwendidau i gyd trwy ddilyn y ffordd holistaidd o fyw. Bellach, gallaf edrych trwy chwyddwydr ar y gore a'r gwaethaf y tu mewn i mi fy hun a bod yn driw i fy nghalon a'm hysbryd. Mae mwy i bawb bob tro na'r hyn welwch chi ar yr wyneb; dyna un peth rwy'n sicr wedi'i ddysgu wrth i fy niddordeb yn y maes holistaidd dyfu. Ac mi ddysges i gymaint o bethau yn ystod y blynyddoedd diwethaf yma hefyd wrth ymdopi â salwch; pethau amdana i fy hun, am bobol eraill, am fywyd.

Mi hoffwn i rannu rhywfaint ar y meddyliau hynny, ar fy meddylfryd wrth wynebu pob gris fach yn ei thro ar daith y blynyddoedd. Efallai, trwy ddisgrifio fy hanes, y gallaf dawelu meddyliau ambell un ddaw i gysylltiad â phrofiadau tebyg. Efallai y gallaf gynnig ambell syniad gwahanol am sut i ymdopi mewn sefyllfaoedd o'r fath. Waeth beth yw'ch ysgogiad wrth benderfynu mynd ati i ddarllen yr hanesyn hwn, y cyfan y gallaf ei ddweud wrthych yw fod pawb yn wahanol, ac weithiau, yn syml iawn, mae'n ddifyr clywed sut yr aeth rhywun arall i'r afael â'i fywyd.

Un rhan yn unig o fy mywyd i oedd canser y fron. Mae'r profiad yn eich tynnu i fyd sy'n llawn darnau bach dieithr, a'r dieithrwch hwnnw yn gallu rowlio at ei gilydd yn gwmwl bygythiol. Weithiau, yn fy mhrofiad i, mae'n well peidio â meddwl am y darlun mawr am dipyn. Lluniau bach sydd gen i yma: fi yn fan hyn, fi yn fan acw. O ble y des i, lle rydw i, a lle rydw i'n gobeithio mynd. Dyma fymryn o fy mywyd.

2

DROS Y BLYNYDDOEDD mae fy chwaer a minnau wedi hen arfer cael lympiau bach yn ein bronnau, ac wedi dod yn gyfarwydd â'r drefn. Mi fydda i'n mynd at y meddyg, wedyn at arbenigwr ac yn cael yr un driniaeth fel arfer. Maen nhw'n rhoi nodwydd i mewn ac yn sugno'r hylif o'r lwmp nes bod y goden yn wag. Triniaeth ddigon amhleserus ond ddim yn boenus, a fyddwn i ddim yn poeni'n ormodol am y peth. Haf oedd hi. Mis Gorffennaf 2007. Daria, dyma ddod o hyd i lwmp arall.

Draw â fi at y meddyg teulu a phenderfynu mynd yn breifat y tro hwn er mwyn arbed amser. Ychydig ddyddiau'n ddiweddarach roeddwn i ar fy ffordd i'r clinig. Wel, roedden nhw mor neis yno, a'r arbenigwr a'r nyrs yn cofio fy ymweliad diwethaf. Da, ynde? A dyna eistedd wedyn yn y dderbynfa gyda'r gweddill oedd yn disgwyl mynd mewn. Ambell un yn trio torri sgwrs, rhywbeth dibwys, jest i lenwi'r gwacter; pawb yn hanner edrych ar gylchgronau neu bapurau newydd, yn smalio darllen ond yn gweld y nesaf peth i ddim, rwy'n amau. Roedd y pryder dan yr wyneb yn y ffordd roedd eu traed nhw'n shifftio'n anesmwyth, neu ddwylo'n symud yn sydyn i gyffwrdd â llaw gwraig neu bartner. Ac rwy'n cofio meddwl: diolch byth 'mod i yma ar fy mhen fy hun. Rwy'n gallu magu nerth rhyfeddol mewn llonyddwch a thawelwch.

Rwy'n byw ar fy mhen fy hun. Eto dydw i ddim yn unig. Ers ymddeol o'r gwaith 'bob dydd' yn S4C lle bûm yn cyflwyno rhaglenni am bymtheng mlynedd, rydw i wedi bod yn gwneud mwy o waith iacháu – gewch chi glywed am hynny nes ymlaen – ac un peth pwysig arall wnes i oedd ymaelodi â'r sba a'r clwb cadw'n heini (braidd yn ddrud ond buddsoddiad penigamp). Mae cyngor gwybodus i'w gael gan yr hyfforddwyr ffitrwydd personol yn y *gym* am y ffordd ore i roi siâp teidi ar y cyhyrau yma, a gwersi ioga a pilates sy'n rhoi'r pleser rhyfeddaf i'r corff a'r enaid. Mi ddysges i nofio am y tro cyntaf yn fy mywyd a finnau'n 60 mlwydd oed: tydi hi byth yn rhy hwyr i wynebu ofnau a'u gorchfygu.

Mae cymdeithasu gyda chriw newydd o wahanol gefndir wedi bod yn beth da i mi hefyd; mae hi mor hawdd tindroi yn yr un cylch heb ehangu gorwelion a diddordebau. Mantais arall yn y sba arbennig yma ydi fod yno stafell goffi, a theras ysblennydd i ymlacio arno wrth edrych allan dros y bae. Gwerth pob punt dalais i pe na bai ond yn esgus i godi allan o'r tŷ a swancio am awr neu ddwy: nofiad, paned, pori trwy'r papurau dyddiol, sgwrs fach a rhannu profiadau a, weithiau, ar achlysur go sbesial, mynd am un o'r triniaethau bendigedig sydd i'w cael yno. Balm i'r enaid.

Dydw i ddim yn treulio fy holl amser yn y pwll, chwaith. Yn Llandaf, lle'r ydw i'n byw, ryden ni'n ffodus iawn fod y meddyg teulu, Dr Marina Arulamadan, yn derbyn bod iachâd i'w gael trwy fwy na'r ffyrdd arferol. Mae hi'n dod yn wreiddiol o Sri Lanka ac efallai fod a wnelo hynny rywbeth â'r ffaith ei bod hi'n credu'n gryf fod daioni i'w gael trwy dechnegau iacháu amgen hefyd. Gan hynny, bob dydd Gwener, mae yna stafell ar fy nghyfer yn y syrjeri er mwyn cynnig Reiki, a chasgliad o feddyginiaethau amgen eraill i'r cleifion hynny sydd wedi methu gwella trwy ddulliau meddygaeth gonfensiynol. A phob pnawn Mawrth, rwy'n gallu manteisio ar y profiad o flynyddoedd maith yn cadw'n heini wrth gynnal dosbarth Fit 4 Life yn y Church Hall. Mewn gwirionedd, rhyw ddosbarth plygu a sythu ydi o, gan fod y ledis bach delicet i gyd yn eu hoed a'u hamser ac yn eithaf bregus, os 'dech chi'n fy nallt i. Am y deng munud olaf, mae pawb yn eistedd ac rwy'n rhoi fy nwylo ar eu hysgwyddau neu'u pengliniau nhw ac anfon egni o dawelwch, iachâd a nerth trwyddyn nhw. Bydd pawb yn ymlacio'n llwyr, yn mynd yn bendrwm a thawel am gyfnod, cyn dod atyn nhw eu hunain yn barod i ailgydio yn nhrafferthion y byd sydd ohoni. Rhaid dweud, mae'r mwynhad rwy'n ei gael o roi'r gwersi yma yn rhyfeddol.

Ar wahân i'r pethau corfforol ac ysbrydol yma, rwy'n cael cyfleon hefyd i siarad yn gyhoeddus am rai o bleserau mawr eraill fy mywyd, fel colur, gwallt a dillad! Mae ymddangos o dro o dro ar raglen *Wedi 3* a chyfrannu rhyw bytiau i Radio Cymru bob amser yn hwyl.

Wrth gwrs, mae'n rhaid bod yn synhwyrol hefyd, on'd oes? Rhaid gofalu am y pethau ymarferol, ond mae'r morgais wedi'i glirio ac mae yna fymryn yn sbâr yn y banc. Dim digon i fynd yn wirion, o bell ffordd, ond o leiaf mae yna ddigon i roi bwyd ar y bwrdd ac ambell ddilledyn go neis ar fy nghefn... os bydda i'n ofalus. A phan fydda i'n cyrraedd adre, mae Seren, fy annwyl Seren – ci bach Lhasa Apso – yn 14 mlwydd oed ac yn gwmni bendigedig. Yna, ar bob tu i mi, mae gen i gymdogion gwerth chweil.

Ar un ochr mae Michael, sy'n dioddef o ME, yn dipyn o agroffobig ac yn cael trafferthion gyda mwy nag un afiechyd arall hefyd. Mae o'n un sy'n cadw golwg ar y geiniog, ac ar fy ngheiniogau innau pe câi o gyfle. Mae o'n awgrymu'n gyson y dylwn i newid fy ffordd o siopa bwyd. Ar ôl byw ar y *breadline* am flynyddoedd mae Michael yn giamstar ar dorri corneli. Roedd o'n benderfynol o fy 'helpu' innau.

Llai o wario yn M&S a throi am Lidl neu Aldi am well bargen oedd y plan. Doedd y syniad ddim yn apelio ond roeddwn i'n fodlon rhoi cynnig arni. Ar fin cychwyn, wrth fy ngweld yn troi allan – fel y bydda i yn naturiol – yn drwsiadus mewn côt laes, sgidie a handbag lledr moethus a sgarff liwgar, mi chwerthodd Michael yn uchel a dweud fod ganddo rywbeth mwy gweddus i mi i'w wisgo. Mae'n debyg 'mod i'n edrych yn rhy steilish i fynd i siopa *down-market*. Yn ei ôl â fo i'r tŷ a rhoi anorac fawr felyn a du i mi, a chap pig di-siâp i'w roi ar fy mhen a logo cwmni olew arno. Chwerthin! Roeddwn i'n gweld y sefyllfa yn ddoniol ryfeddol ac, ar ben hyn, roedd y cyfan yn drewi o saim *chips* a thamprwydd. Hei ho, i ffwrdd â ni. Ac mi gawson ni gymaint o hwyl. Chwarae teg i'r dyn am drio helpu. A phawb â'i ddoniau ydi hi, ynde? Heb ei help o, fyddwn i fyth wedi gallu ymdopi â'r cyfrifiadur dieflig fu mor hanfodol wrth i mi fynd ati i ddweud yr hanes yma.

A da o beth bod ein hanes ni i gyd mor wahanol, eto'n gallu cyd-fyw yn yr un gymdeithas yn ddidrafferth. Mae Michael yn byw ei fywyd trwy'r cyfrifiadur, prin yn mynd allan, felly mae o'n gweld fy mywyd cymdeithasol prysur i yn hunllef. Pan fyddwn ni'n dau yn mentro allan i siopa bwyd, mae o'n cadw'n agos ataf, yn sownd yn fy ysgwydd, fel petai arno fo ofn y lle mawr gwag o'i gwmpas. Finnau, wedyn, yn ymhyfrydu mewn bod 'owt and abowt'.

Dyn DIY ydi Delme, y cymydog arall sydd gen i. Druan bach, mae o'n treulio mwy o amser yn cywiro'r gwaith y mae o wedi'i wneud nag yn adeiladu'r pethau yn y lle cyntaf. Mae o'n byw a bod yn ciwio yn B&Q ond pa ots am hynny, ryden ni i gyd angen rheswm i fyw, yn tyden? Dyn ffeind mewn dipyn o oed ydi Delme, wedi byw yn ofalus erioed. Dwi'm yn amau nad oes ganddo fo gelc bach 'dan y fatres' ond mae'r tŷ wedi'i amddiffyn fel Fort Knox, yn gloeon, powltiau, baricêds pren a phob math o larymau. Dau ddiléit pennaf Delme ydi bocha gyda cheir a gofalu am fy Seren i – wel, ein Seren ni; mae o'n hoffi cael ei alw'n 'Daddy Delme'! A dweud y gwir, byddai'n fodlon rhoi ei fywyd i gadw Seren dlos yn saff. "Good as gold" mae o'n ei ddweud amdani; mae yntau hefyd yn werth y byd.

Rhyw fywyd felly. Pob dim yn ei le, dim byd i boeni amdano heblaw penderfynu pwy i'w ffonio er mwyn trefnu paned, neu ginio bach, neu freuddwydio i ble yr af i nesaf ar wyliau.

Ond yn y clinig roedden nhw wedi galw fy enw. I ffwrdd â fi yn wên i gyd a sgwrsio'n hamddenol gyda'r nyrs wrth aros i'r arbenigwr ddod i mewn i'r stafell. Diosg fy nillad uchaf. Dim embaras – 'di hen arfer bellach. A dacw fo, dyn annwyl yr olwg ac yn glên ei gymeriad. Sgwrs fer a holi am hyn a'r llall cyn rhoi blobyn o'r *gel* dros y fron a rhedeg y camera ym mhadell ei law dros y croen gan edrych ar y sgrin. Clyfar ydi technoleg, ynde?

Chwilio, craffu, ac yna cyffwrdd, defnyddio'i ddwylo i chwilio... tra oeddwn innau'n trio ymlacio a meddwl am ganlyniad da.

O, y rhyddhad o glywed fod pob dim yn iawn!

"Dense tissue mass, larger than average, but nothing sinister..." meddai'r meddyg clên. Ac awgrymu efallai y byddai'n syniad i mi roi'r gore i'r HRT. O, diolch, diolch yn fawr.

Roeddwn i mor falch, nes fy mod yn pensynnu rŵan wrth feddwl yn ôl, tybed nad oeddwn i'n poeni mwy nag yr oeddwn i wedi'i sylweddoli. Beth bynnag, ailwisgo yn gyflym wnes i, cyn rhoi cwtsh i'r nyrs a'r doctor a llond y lle o ddiolch. Wedyn 'nôl i'r car a ffonio ffrindie a theulu i ddweud bod pob dim yn OK, cyn gyrru adre yn *happy girl*.

3

Roeddwn i'n blentyn hapus. A phwy oeddwn i'n ei ffonio i ddweud y newyddion da wrthyn nhw y bore hwnnw ond ffrindie bore oes – dwy o'r rhai fu'n tyfu i fyny gyda fi yr holl flynyddoedd yn ôl, sef fy chwaer fawr Gwenda Mair (Gwenda Bwtshiar), a Gwenda arall, Gwenda Griff (Pen Bont). Mi gawson ni'n tair ein magu yn agos iawn, ac roedden ni'n gwneud popeth gyda'n gilydd, o'r capel, i'r Band of Hope, Aelwyd yr Urdd, pob eisteddfod, dawns werin a phob dim arall oedd yn digwydd yn yr ardal ac yn yr ysgol.

Er, doeddwn i ddim yn arbennig o ddisglair yn yr ysgol. Yn Ysgol Ramadeg y Merched yn y Bala roeddwn i'n gwneud yn ddigon del yn y gwersi Cymraeg a Saesneg, *Art*, *Needlework*, *Domestic Science* a *Sports*, ond yn casáu ffigurau. *Mathematics? Geography?* Anobeithiol. O gofio cyn lleied oeddwn i'n ei ddeall ar y sgwariau a'r llinellau yn y gwersi Daearyddiaeth, y rhyfeddod ydi 'mod i wedi crwydro cymaint ers hynny. Rydw i wedi teithio cyn belled â China, Seland Newydd, America, Awstralia, Dubai a'r rhan fwyaf o Ewrop, ond, wyddoch chi, pobol sy'n fy nghyfeirio ar fy nhaith bob tro, nid map. Do, mi deithiais ar fy mhen fy hun droeon, a'r peth arbennig am hynny ydi ei fod yn eich gorfodi i siarad â phobl. Fel magned, cawn fy hun yn denu pobol dda bob tro. Peth gwych ydi mentro cich hun, a chael bod pobol eraill yn gofalu amdanoch chi, yn edrych ar eich ôl bob cam o'r ffordd, rywsut.

Mae'r bobol oedd gyda fi gartre ac yn yr ysgol yn dal o fy nghwmpas heddiw, yn gofalu amdana i. A wir i chi, allwn i ddim gwneud hebddyn nhw. Gwaetha'r modd, mi allai Ysgol y Merched wneud hebdda i'n iawn. Felly dyna fi, yn un ar bymtheg oed, wedi gadael.

Lle'r awn i? Mi allwn fod wedi aros gartre, gallwn. Mi allwn fod wedi mynd i weithio i Dadi yn y siop. Roeddwn i'n hen gyfarwydd â'r cig a'r gwaed. Wedi'r cwbl, roedden ni i mewn ac allan o'r siop drwy'r adeg pan oedden ni'n blant. Ac roedd y lladd-dy lawr y ffordd. Cyn dyddiau swings a si-so a llefydd chwarae i blant bach, dyna lle bydden ni'n swingio ar y bachau oedd yn hongian o'r nenfwd yn y tŷ lladd. Cofiwch chi, hyd yn oed yr adeg hynny roedd gen i synnwyr digrifwch digon rhyfedd. Rwy'n cofio mynd â llond bag o lygaid defaid i'r ysgol un diwrnod ond doedd yr athro ddim fel petai o'n gwerthfawrogi fy anrheg, am ryw reswm.

Ond doedd gwaith cigydd ddim yn apelio. Beth, felly, oedd o fy mlaen? Wel, gweithio mewn siop arall am gyfnod. A dyna, o bosib, y cyfle cyntaf i ddechrau datgelu fy niddordeb yn y pethau artistig, mewn golwg a diwyg pethau. Mi gefais i waith yn y Wright's Corner House yn Wrecsam, yn cael fy hyfforddi i osod dillad crand yn y ffenestri. Roeddwn i'n mwynhau fy hun yn gwneud hynny, yn cael rhwydd hynt i ddewis y dillad eu hunain a bag, het, sgarff, sgidie ac ati fyddai'n cyd-fynd â nhw. Cynllunio 'stori ffasiwn' yn y ffenestri oedd y gamp, ac roeddwn i'n cael hwyl dda arni, yn creu darluniau fyddai'n denu llygaid y cwsmeriaid. Ai dyna fyddai trywydd fy ngyrfa, tybed? Ond ifanc oeddwn i, ac roedd bywyd cymdeithasol cyn bwysiced i mi bryd hynny ag ydyw heddiw. Yn anffodus, aeth fy nghymdeithasu, neu fy hunaniaeth Gymreig efallai, yn drech na'r swydd.

Roeddwn i wedi dechrau canu gyda Chôr yr Aelwyd yn Wrecsam ac roedd y criw am fynd i ganu yn yr Eisteddfod Genedlaethol. "No holidays will be taken during the month of August," meddai'r Musus oedd yn cadw'r siop.

"Cei, siŵr, Heulwen bach," meddai'r Mistar. Gwaetha'r modd, pan gyrhaeddais i'n ôl, y Musus a orfu a doedd gen innau ddim job.

Cwrs coleg amdani, felly. Trwy fy nhad a'i gysylltiadau y landiais i yn Llundain yn y Morris School of Hair and Beauty. Lle roeddwn i wrth fy modd.

4

YCHYDIG FISOEDD AR ôl yr apwyntiad hwnnw ym mis Gorffennaf 2007 gyda'r meddyg clên a dawelodd fy meddwl am y lwmp, rwy'n gweld yn fy nyddiadur i mi gael pwt o lythyr gan Gymdeithas Canser y Fron Cymru yn dweud ei bod hi'n amser cael mamogram eto. Da yden nhw'n de, yn atgoffa rhywun? Mi ffonies i ddweud fy mod i eisoes wedi cael un yr haf hwnnw. Gofynnwyd i mi ffonio'n ôl ymhen chwe mis arall, y mis Mawrth canlynol, i aildrefnu. Ac felly y bu.

Y gwanwyn hwnnw, cyn diwrnod yr apwyntiad roedd yna ddathliad teuluol pwysig yn y dyddiadur. Sôn am ecseitment. Roedd pawb yn edrych ymlaen at briodas Mari, fy nith (merch Gwenda a Glyn). Mi baciais fy nghês ac anelu am Gorwen, wedi dewis fy owtffit yn ofalus. Erbyn hyn roedd y lwmp wedi tyfu tipyn, ond doeddwn i'n poeni dim. On'd oedd y doctor wedi dweud, "dense tissue mass" a dim byd i boeni yn ei gylch? I ffwrdd â fi yn swanc i gyd i ddathlu priodas Mari a Nick. Diwrnod bendigedig.

Rwy'n cofio gadael y parti a sŵn y canu a'r chwerthin y noson honno a mynd 'nôl i fy stafell, ymdawelu, a dod yn ymwybodol bod rhan uchaf fy nghorff ar yr ochr dde yn brifo i gyd. Roedd hi fel petawn wedi ei anwybyddu tan hynny a'i fod rŵan yn mynnu fy sylw. Yn y diwedd, mewn poen, mi rois y teledu ymlaen a thrio mynd i gysgu i sŵn cerddoriaeth.

Rwy'n hoff iawn o gerddoriaeth. Mi fydda i'n aml yn defnyddio miwsig wrth weithio. Un profiad gwerth chweil gefais i ychydig yn ôl oedd paratoi CD o fiwsig tawel gyda fy llais i yn eich tywys i ymlacio. Gofynnais i Myfyr Isaac – ffrind annwyl iawn i mi – a fyddai o'n ystyried cyfansoddi'r gerddoriaeth arbennig yma i mi ac, yn wir, mi wnaeth. Pleser pur oedd y broses. A dyna rydw i wedi galw'r CD hefyd. Pleser pur ydi cael ymlacio i'r miwsig hyfryd yma sy'n llifo fel tonnau drosoch chi. Ffantastig.

Petai angen i mi ddewis hoff gân, un fyddai'n agos iawn at y brig fyddai cân gan Caryl Parry Jones – priod Myfyr Isaac, wrth gwrs. Dyna i chi deulu talentog, a llawn cariad. Rŵan, mae Seren fy nghi bach yn bwysig iawn iawn i mi, fel y gwyddoch. Felly pan fydda i'n clywed y gân 'Adre' gan Caryl, mae fy nghlustiau'n codi yn syth bin. Oherwydd geiriau cyntaf y gân ydi: "Os yw'th seren di ar goll ar noson ddu..." Wel, dychmygwch y fath hunllef. Seren, ar goll! Diolch byth, wrth gwrs, mae gwell i ddilyn. "Os yw'th seren di ar goll ar noson ddu, Tyrd adre'n ôl, 'nôl ata i..."

Pan oedden ni'n blant ac wedi bod yn crwydro i rywle neu'i gilydd yn y car gyda Mami a Dadi, ar y daith hwyr yn ôl mi fyddai Dadi bob amser yn gweiddi i'n deffro cyn cyrraedd y dref. "Am y cynta i weld golau Corwen!" fyddai o'n ei ddweud bob tro. A phan fydden ni wedi cyrraedd y stryd, a Mami wedi agor drws y siop, mi fyddwn i'n cogio 'mod i'n dal i gysgu fel bod raid iddo fo fy nghar" io i fyny'r grisiau i fy ngwely. Ac yn gwybod yn iawn beth oeddwn i'n ei wneud!

Felly, heb sôn am fy Seren fach i, mi fydda i'n meddwl am yr adre hwnnw, pan oedden ni'n blant, gyda thynerwch a chariad mawr, pan fydda i'n clywed geiriau'r gân.

"...Gad i bob un golau weli di
Dy arwain 'nôl, 'nôl ata i."

Yn llawn storïau am y dathlu, a'r camera'n llawn lluniau'r briodas, yn ôl â finnau am adre i Gaerdydd i ddweud hanes yr hwyl i gyd. Mi es i nofio, ac yno y sylwodd un o fy ffrindie ar fy mron dde a dweud nad oedd hi, wir, wedi gweld lwmp mor fawr erioed.

5

Roedd y mamogram i ddigwydd mewn maes parcio yn y Barri. Mae hyn bob amser yn fy nharo'n ddoniol ond mae o'n fendigedig o drefniant; mae'r uned bwrpasol yn cael aros mewn lle canolog ac mae digonedd o le parcio wrth law.

I mewn â fi. Nyrsys neis eto. O le maen nhw'n dod, dudwch? Mi wnes fy ngore i aros yn llonydd wrth gael tynnu'r llun ond roedd y cyfan wedi dechrau brifo. Wel, nid y lwmp ei hun, ond cefn yr ysgwydd, y gwddw a'r fraich. Mi wnaeth y nyrs ei gore, ond roeddwn i fel rhyw gnonyn braidd a synnes i ddim ei chlywed yn dweud ei bod hi'n fwy na phosib y bydden nhw'n fy ngalw'n ôl i roi cynnig arall arni. Felly, o fewn pythefnos, pan ddaeth y llythyr i fynd draw i'r brif swyddfa yn Heol y Gadeirlan yma yng Nghaerdydd, i mewn â fi yn sionc fy nghalon, a 'nhroed yn dalog. Dyna syniad da gan rywun yn y stafell aros: pelen o wlân ar ei hanner a nodwyddau breision i unrhyw un ychwanegu rhesi at y sgarff. Fentres i ddim; do'n i ddim am sbwylio'r gwaith da oedd ar y gweill.

Mamogram arall. Wwww roedd hwnna'n brifo. 'Nôl allan i aros fy nhro. *Hold on*, cael fy ngwahodd i ryw stafell arall. Hmm… Be sy'n digwydd? Dyn seriws yr olwg, nyrs arbenigol a'r nyrs arferol yn eistedd o fy mlaen. Roedd angen i mi gael rhagor o brofion. Geiriau fel *biopsy*, *ultrasound*. Oedd hynny'n iawn gen i? Oedd, debyg. (Oedd gen i ddewis?) Yfory, medden nhw. Dewch yn ôl yfory. Ac efallai yr hoffech chi ddod â rhywun gyda chi?

Mi alwais heibio i Pat, fy nghyfnither. Mae hi a'i gŵr David yn byw yn f'ymyl. Wrth ddweud yr hanes wrthi, roedd yn amlwg nad oedd fawr ddim wedi glynu gen i. Dynes ddoeth sy'n gweld a chlywed y cyfan ac yn dweud ychydig ydi Pat. Diolch amdani; tydi hi byth yn cynhyrfu, yn allanol beth bynnag, ond mae'n deall yr hyn sydd ei angen mewn amser ofnus neu ofidus. Mi ddeuai hi gyda fi drannoeth. A David yn dacsi.

A bod yn onest, dydw i'n cofio fawr ddim wedyn. Roedd Mr Eifion Vaughan Williams, y llawfeddyg, yno a nyrs a dwy ledi arall, a thrwy niwl o nerfau clywais eiriau fel cemotherapi, radiotherapi, llawdriniaethau, Felindre ac ysbyty'r Royal Glamorgan. "Oh, that's the one for me," meddwn i, fel rhyw lolyn. "Royal and Glamorous!" Roedd gwres afreal yn llifo trwy fy nghorff, fy mhen fel gogor a 'nghalon yn pwmpio fel y cythrel. Beth ar y ddaear ydi *Invasive Lobular Carcinoma*?

A dyna sut y cyrhaeddon ni gegin Pat a David y mis Ebrill hwnnw yn 2008, ac y gwnaeth hithau baned o de gyda dwy lwyed o siwgr.

"Yden nhw'n deud wrtha i fod gen i ganser yn fy mron, Pat?"

Roeddwn i'n gallu teimlo'r dagrau'n dechrau chwyddo yng ngwaelod fy stumog, yn dod i fyny heibio fy ngwddw, a chydag ochenaid o ofn a rhyddhad, mi ddechreuais i grio. Sioc! Sut yn y byd oedd rhywun yn delio â'r fath beth?

6

Sut yden ni'n dysgu ymdopi, dudwch? Yn ystod fy mywyd rydw i wedi gorfod wynebu nifer o sefyllfaoedd lle nad oeddwn i'n gwybod ar y dechrau i ble y byddai'r llwybrau'n fy arwain. Ond ryden ni'n dod drwyddyn nhw'n rhyfeddol, ar y cyfan, tyden?

Dyna i chi'r adeg honno pan gyrhaeddais i Lundain yn gwta ddwy ar bymtheg. Dyna le mawr a chyffrous i ferch o Gorwen. Am gyfnod, tra oedd fy rhieni yn chwilio am rywle i mi fyw, bues yn aros yn y Regents Palace, lle'r oedd yna griw go lew o Gymry yn mynd ar y pryd. Roeddwn i wrth fy modd yno yn eistedd yn y *lounge* yn gwylio'r bobol yn mynd a dod a dychmygu pwy oedden nhw a lle oedd pawb yn mynd. Mi fyddwn i'n mynd â phapur a phensil ac yn tynnu lluniau. A wyddoch chi, rwy'n cofio meddwl yr adeg hynny mor ffeind oedd pobol Llundain, a chynifer ohonyn nhw'n dod draw ataf i dynnu sgwrs a thrio dod yn ffrindie efo fi. Wel! Doedd gen i ddim syniad, yn nag oedd? Dyna ddiniwed oeddwn i, a'r dynion yma, siŵr o fod, yn trio fy hudo am y noson. Cystal bod yn ddwl weithiau!

Mi gychwynnais yn y Morris School of Hair and Beauty. Yn y chwedegau, cofiwch. Pan oedd hi'n Flower Power a sgertiau mini a gwalltiau pob lliw dan haul. Roeddwn i'n byw yn Major Stewart's Home for Young Ladies ym Maida Vale, ac roedd o'n lle gwych. Llond y lle o ferched ecseiting o wahanol wledydd a gwahanol gefndiroedd a phawb yn gwneud pethau cyffrous nad oeddwn i wedi clywed eu hanner o'r blaen. Ac yn y coleg, roeddwn innau yn fy elfen.

A siswrn yn fy llaw a photel o liw, roeddwn i wedi ffeindio fy *niche*. Roeddwn i'n cael cymdeithasu gyda'r bobol yma oedd yn fodlon i mi wneud pob math o bethau cyffrous i'w gwalltiau er mwyn gwneud iddyn nhw edrych yn dda, a gwneud iddyn nhw deimlo'n well. Ac roedd hynny'n rhoi pleser rhyfeddol i mi. Ydech chi'n gweld y cysylltiad? Hyd yn oed bryd hynny roeddwn i'n mwynhau gwneud i bobol deimlo'n well amdanynt eu hunain. Roeddwn i'n cael cystal hwyl, mi ofynnon nhw i mi aros ymlaen ar ddiwedd y cwrs. Ond roeddwn innau'n cael fy rhwygo. Tra oedd y coleg ar un llaw yn cynnig cyfleon gwych i mi, roedd tynfa adre hefyd.

Gadewch i mi ddisgrifio fy mhenbleth. Dyma enghraifft o'r cyfleon oedd ar gael i mi yn Llundain. Roedd yna gysylltiad rhwng y coleg a chwmni cynnyrch gwallt enwog Schwarzkopf. Un diwrnod daeth rhywun o'r cwmni heibio yn chwilio am fodel â llond pen o wallt hir. Wel, doedden nhw wedi dod i'r lle iawn! Mi wnaethon nhw gannu fy ngwallt yn wyn i gyd, cyn cychwyn ei liwio fesul darn yn holl liwiau'r siart lliw roedd Schwarzkopf yn eu cynnig ar y pryd. Wedyn roedd yn rhaid i mi orwedd ar lawr, a'r gwallt amryliw fel enfys o fy nghwmpas i gael tynnu'r llun fu ar holl bosteri a deunyddiau hyrwyddo'r cwmni y flwyddyn honno. Meddyliwch!

Ond wedyn, yr un pryd, daeth fy nhad i wybod am le bach yng Nghorwen fyddai'n grêt ar gyfer siop trin gwallt. Gallwn agor fy mharlwr gwallt fy hun. Mi fyddwn i reit drws nesaf i Anti Gwladys... Allwch chi ddyfalu pa lwybr ddewisais i?

"Tyrd adre'n ôl, 'nôl ata i..."

Mi fues i'n hapus iawn yn rhedeg y Parlwr Gwallt. Pedair blynedd hapus iawn oedd y rheiny. Cyn i mi syrthio mewn cariad. Ac i bethau ddechrau mynd o chwith.

Ond sôn am ymdopi oeddwn i. Ac un o'r pethau rwy'n eu gwneud erbyn hyn ydi defnyddio technegau iacháu amgen i helpu pobol eraill wella'r ffordd y maen nhw'n ymdopi â gwahanol bethau yn eu bywyd. Flwyddyn neu ddwy yn ôl, rwy'n cofio mynd ar raglen *Beti a'i Phobol* ar BBC Radio Cymru a hithau'n holi am yr iacháu yma ac yn gofyn yn blaen, "Beth yn union ydech chi'n ei wneud?" Ond mae'n eithaf anodd esbonio, os nad ydech chi wedi bod ata i, neu rywun tebyg, am driniaeth eich hun. Roedd Beti'n tynnu fy nghoes, yn dweud fod gen i lais rhywiol ac yn gofyn oedd hwnnw'n helpu gyda'r gwaith. Wel, un peth yn sicr rwy'n ceisio'i wneud ydi annog pobl i ymollwng, eu swyno i drwmgwsg ymlaciol, er mwyn eu helpu i wella, gorff ac enaid.

Rwy'n gweithio gydag egni'r corff, ac yn gweld goleuni'r corff pan ydw i'n gweithio. Peidiwch â chymryd atoch, ond rydw i wedi dod i sylweddoli fy mod i'n gallu gweld yr awra sy'n amgylchynu cyrff pobl wrth wneud fy ngwaith. Mae'n debyg y medren ni i gyd wneud hynny, wyddoch chi, petaen ni isio, petaen ni'n cael ein hailddysgu i wneud hynny, oherwydd greddf sydd wedi cau i lawr ydi hyn yn y rhan fwyaf o bobol, rwy'n sicr o hynny. Ond pan ydech chi'n agored i'r syniad bod hynny'n bosib, a bod negeseuon yn yr awra, yna mi allwch chi eu darllen a'u defnyddio.

Rwy'n trio deall y corff, deall poen. Ac er mwyn gwneud hynny, ymysg pethau eraill, mi fydda i'n dal fy nwylo uwch y corff, yn rhoi fy nwylo yn ysgafn ar y corff ac weithiau'n defnyddio symbolau Reiki i weithio gyda'r egni.

Beth ydi'r Reiki yma, meddech chi? Wel, o'r Dwyrain Pell y daw Reiki yn wreiddiol ac mae'r gair yn golygu 'egni bywyd cyffredinol'. Mae'n cyfeirio at yr egni anweledig sy'n llenwi pobman ac yn rhoi bywyd i bob peth. Bu pobol yn defnyddio'r math yma o iacháu ers canrifoedd ond mi gafodd ei ddarganfod o'r newydd tua diwedd y bedwaredd ganrif ar bymtheg trwy waith Mikao Usui yn Japan.

Yn ôl yr hanes a gafodd ei adrodd wedyn gan ei ddilynwyr, roedd gan Mikao Usui ddiddordeb mawr iawn yn y syniad fod Iesu Grist yn gallu iacháu pobl trwy roi ei ddwylo arnyn nhw. Roedd o'n benderfynol o ddysgu mwy am syniadau o'r fath. Trwy astudio pob math o arferion, yn enwedig rhai'r Bwdist, datblygodd y math o Reiki sy'n dal i gael ei ddefnyddio heddiw, sef math o therapi sy'n defnyddio technegau syml o ddal y dwylo uwchben y corff, heb ei gyffwrdd, a darlunio neu ddelweddu (*visualisation*), a'r cyfan er mwyn gwella llif yr egni bywiol yma yng nghorff yr unigolyn sy'n cael ei drin. Mae egni Reiki, medden nhw, yn dod i mewn i'ch corff trwy wahanol bwyntiau arno. Mae yna saith *chakra*, a symbolau a lliwiau yn perthyn iddyn nhw, ac os bydd llif yr egni i unrhyw un o'r rhain yn cael ei rwystro, am ba reswm bynnag, yna mi fydd 'salwch' yn y corff. Gwaith unrhyw un sy'n defnyddio Reiki ydi ceisio symud y rhwystrau a dod â'r llif yn ei ôl, ar ei ore. Ac rwy'n defnyddio Reiki i iacháu, yn ogystal â thechnegau eraill, ers rhai blynyddoedd. Oherwydd, yn ogystal â gwellhad corfforol trwy'r iacháu yma, mae yna fudd i'ch meddwl hefyd. A phwy fyddai'n gwadu nad ydi'r ddau yn gweithio ynghlwm â'i gilydd, llawer mwy nag yden ni'n ei sylweddoli. Rwy'n credu'n bendant, os yw eich meddwl yn gryf, yna bydd eich corff yn dilyn.

Wnes i erioed wynebu cymaint o her â'r cyfnod pan gefais i'r diagnosis canser. Roeddwn i wedi gwneud fy ngore i ddefnyddio fy ngalluoedd i helpu pobol eraill. Allwn i, rŵan, fy helpu fy hun?

Ond ar y dechrau, dydw i ddim yn meddwl 'mod i mewn unrhyw gyflwr hyd yn oed i feddwl mor rhesymegol â hynny. Un gair! Un gair bach, dyna'r cyfan, ac mae bywyd yn newid mewn chwinciad. Canser. Ac wedyn y cwestiynau.

Pwy ydw i? Pwy fydda i? Beth wna i? Beth ddigwyddith i mi? Pwy wneith edrych ar ôl Seren? Pwy wneith edrych ar f'ôl i? Wna i golli 'ngwallt? Wna i fyw? Wna i farw?

Rhaid gwneud ewyllys.

Rhaid rhoi trefn ar y tŷ.

Beth wna i gynta?

Roedd y cyfan yn drobwll hyll diwaelod.

Anadlu... Dyna ydi'r peth i'w wneud.

Anadlu... Dal i anadlu.

7

UNWAITH MAE'R UN gair yna wedi'i ynganu, cyn i chi gael cyfle i ddechrau dod i delerau â'r hyn sy'n digwydd, mae'r olwyn yn troi; yn troi mor gyflym nes bod rhywun fel llygoden ddall ar felin droedlath, yn rhedeg yn ddi-stop ac eto'n sefyll yn ei hunfan.

Yn sydyn, roedd apwyntiadau'n cael eu trefnu ar fy nghyfer yn yr ysbyty, a phob diwrnod yn dechrau llenwi. Mi feddyliais am drio cael apwyntiad gyda'r deintydd. Pam, meddech chi? Wel, rhag ofn bod haint yn y geg, yn y dannedd neu o'u cwmpas. Cystal cael pob dim mewn cyflwr da cyn cychwyn, debyg. Gwaetha'r modd, doedd dim digon o amser yn sbâr.

Ddeuddydd yn ddiweddarach roedd Pat a minnau'n parcio fel cannoedd eraill o'n blaenau dros y blynyddoedd, ac yn cerdded dros y bont fach ddel yna dros yr afon ac i mewn trwy ddrysau'r Royal Glam. Amynedd oedd ei isio wedyn. Cwestiynau, atebion, ffurflenni, llofnodi. Eistedd, aros, tynnu gwaed, symud, eistedd, aros, eto ac eto. Rwy'n cofio meddwl tybed beth oedd ystyr gwahanol liwiau yr holl iwnifforms, a bod bore mor llwyd mor od o liwgar.

Os oeddwn i'n ymfalchïo mewn bod ar fy mhen fy hun o'r blaen, y bore hwnnw roeddwn i'n andros o falch o'r cwmni a bu Pat a finnau'n llenwi'r amser trwy hel atgofion am ein plentyndod a Nain a Taid Gwyddelwern.

Pan oedden ni'n blant bach, roedd cael mynd i aros efo Taid a Nain Gwyddelwern yn amser sbesial iawn. Bu Taid, Elis Ifan, yn ei ddydd yn gweithio yn chwarel Craig Lelo, ond bellach fo oedd â gofal am ganu cloch yr eglwys a thorri beddi. Nid nepell o'r eglwys, fel mewn llawer pentre bach arall, roedd tafarn y Rose and Crown. Gwendid Taid oedd galw am beint i dorri syched ar ôl chwysu yn y fynwent. Gyda llwyth o ffrindie direidus i rannu hei-jincs doniol am oriau, a llond ei fol o ddiod yn ddiweddarach, byddai'n cerdded i fyny'r allt i 3, Llywelyn Terrace, oedd yn daith ddiddiwedd ac yn llawer hirach nag oedd raid gan na fyddai o'n gallu gweld na cherdded yn syth yn ei gyflwr.

Ar ben yr allt byddai Magi Roberts yn aros amdano: dynes na fyddech chi isio ei chroesi ar frys oedd Nain. Sgidie lasie teidi am ei thraed, yn sylfaen i gorff soled na welodd symudiad tebyg i ddawns erioed yn ei oes. Gwallt yn bupur o ddu a gwyn ac wedi'i glymu'n ôl yn dynn mewn bynsen a'i gadw'n dwt dan gap gwau neu het ffelt. Dim ond dwywaith y flwyddyn y byddai'r gwallt yn cael ei olchi, a chan mai *wash-down* yn y sbensh dan y grisiau oedd yr unig ffordd o gadw'n lân y dyddiau hynny, dydw i'n synnu dim.

Berwi tegell dros y tân i Taid gael shafio. Gollwng ei grys a'i fresys dros ei felt a'i drowsus *rips*, ond dal i wisgo'i fest. Tywallt y dŵr berwedig i bowlen dun-enamel ar y bwrdd, ysgwyd manion o sebon caled mewn cawell fechan fel rhidyll i gael mymryn o ffroth, yna troi at gefn drws y sbensh i finio'r rasel trwy lithro'r llafn i fyny ac i lawr ar hyd y lledr gan fwmian ganu rhyw emyn neu'i gilydd. Roedd cael bod yn rhan o'r perfformans yma yn fy hudo'n llwyr, yn enwedig os cawn i gyrlio i wylio yn fy mhyjamas wynsiét yn y gadair freichiau fawr o flaen y tân. Nid cadair freichiau feddal mohoni ond un bren a'i chefn yn uchel a syth, pob un slaten yn sgleinio gyda pholish blynyddoedd o benolau. Wedyn bowlenaid o uwd a phaned o de ac mi fyddai Taid allan yn torri pricie tân, poetsian yn y sied, torri'r gwrych gwsberis, nôl glo, neu'n hel helynt yn y Llan.

Roedd cael bod yn gynffon i Taid yn hwyl bob amser ac mi fyddwn wrth fy modd yn mynd i'r eglwys efo fo tra oedd o'n gweithio. Mynd i fyny i'r pulpud fyddwn i a chanu emyn, neu'n well byth un o ganeuon Petula Clark. Roedd clywed fy llais yn adleisio trwy gorff yr eglwys yn gyrru iasau i lawr fy nghefn, wrth i mi adrodd gweddi y byddwn wedi'i dysgu yn y

Band of Hope, neu'n creu gweddi newydd i mi fy hun. Roedd
y ffenestri lliw yn rhyfeddod i mi hefyd, a chymaint mwy o
grandrwydd yno na rhwng muriau cyfarwydd Capel Seion,
Corwen.

Os byddwn i'n eneth dda, mi fyddwn i'n cael dilyn Taid
i'r tŵr. Coesau bach tew yn camu i fyny'r grisiau carreg, ogle
hen bethau yn fy ffroenau ac oerfel annisgwyl o'n cwmpas i
gyd. Wedi cyrraedd y top, cael y *final warning* i sefyll yn ôl
a gafael yn sownd, rhag ofn i raff y gloch fy chwipio. Yna y
swŵŵŵŵwn! Sŵn byddarol hyd nes y byddai fy nghlustiau, fy
ngheg a fy nannedd yn tincian. Mi daerwn hyd heddiw fod
y tŵr yn symud hefyd dan atsain cloch y Llan. Yr achlysur,
y sŵn, a'r cyffro o wybod y byddai pawb yn clywed. Tybed
ai yn y diléit o ddringo'r tŵr ar ôl Taid y deffrowyd gwefr
perfformio ynof finnau?

Yn ôl at Nain yn ei ffedog fras, cerpyn yn ei llaw ac wyneb
digon sur i droi llefrith yn gaws. "Lle 'dech chi 'di bod, Elis
Ifan, i'r tŷ 'ne rŵan cyn i neb arall 'ych gweld chi," oedd y
geiriau a glywid yn amlach na pheidio. Ond di-wên oedd
Nain, nid blin, ac roedd hi'n glên ei chalon a'i gofal. Roedd hi
wedi rhedeg y tŷ a'r teulu fel watsh, gan fagu dau fab a thair
o ferched (fy mam, Gwyneth, oedd y ferch hynaf) yn gynnil a
glân, yn ofalus o bob ceiniog, a phob briwsionyn o fwyd, pob
diferyn o ddŵr, pob clwt golchi llestri a chlwt llawr yn cael ei
ailgylchu dro ar ôl tro. Hen oes heb le i wastraff na nonsens
oedd yr oes honno, a Nain fel *sergeant major* yn fythol *on
parade*.

Fy nhro i i gael *wash* rŵan. Sefyll ar stôl bren drithroed,
yn fy nicars gwyn a *liberty bodice* â botymau rwber, er mwyn
cyrraedd y bwrdd. A gwlanen fel papur tywod yn ei llaw, mi
fyddai Nain yn dechrau gyda'r wyneb ac yn gweithio'i ffordd
i lawr y corff gan rwbio fel petai hi'n rhoi sglein ar y brasys.
Gafael yn dynn yn fy mhen i sgwrio fy nghlustiau a phob
modfedd sgwâr o wddw oedd yn y golwg, a minnau'n siglo ar
y stôl, yn gwybod yn well na chwyno na chrio.

(Go brin 'mod i'n sylweddoli wrth hel atgofion fel hyn y byddwn innau cyn bo hir yn cael fy ngorfodi i droi'n ôl at arferion ymolchi plentyn wrth ymwrthod â sebon a phersawr yn ystod y driniaeth.)

Cyn gwisgo yng Ngwyddelwern, rhaid oedd mynd allan trwy ddrws y bac. Www, yr oerfel o groesi'r llawr llechi llwyd dros y ffynnon ddŵr cyn dringo'r stepie carreg, yna gwibio ar draws y pwt o ardd ac i'r tŷ bach. *Double seater back to back* oedd hon, gyda phobl drws nesaf yn rhannu'r un un confîniens! Dau dwll crwn mewn mainc hir o bren pîn wedi'i sgwrio fel fy nghlustiau nes ei bod yn bron yn wyn; bwcedi tun islaw a darnau papur newydd fel y *Corwen Times* wedi'u torri'n sgwariau bras a'u rhoi ar gortyn. Prin bod fy nhraed yn cyffwrdd y llawr ac roedd balansio i gyrraedd y papur hanfodol yn gamp. Ond fyddai dim croeso i mi yn ôl yn y tŷ hyd nes y byddwn wedi cael *clearance*... Tydi dyddiau wedi newid!

Wedi gwisgo, fel rwy'n cofio, mewn siwmper Fair Isle a chardigan i fatshio, siorts gwlanen *box pleats* at y pen-glin, sanau gwyn a sgidie *ankle-strap* patent du, cawn fynd allan i chwarae. Sgipio, bownsio pêl neu ei lluchio o dan fy nghoes yn erbyn y wal a thrio'i dal, neu chwarae hop-sgotsh gyda 'nghyfnither Sylvia Santer (oedd yn mynnu bod yn Alma Cogan pan oedden ni'n canu o flaen y cwpwrdd gwydr crand yn ffrynt rŵm tŷ Nain a dawnsio ar y leino). Neu ddilyn ein trwynau...

Un ddrwg oeddwn i am grwydro; doedd wybod lle y caen nhw hyd i mi. Mi fyddwn i wedi cyrraedd tŷ rhywun neu'i gilydd ac wrthi'n cael Vimto a bisged a sgwrs, yn mynd â chŵn rhywun arall am dro, neu'n anelu lawr am y nant trwy gaeau'r Deunant, a'r rheiny'n llawn llygaid y dydd a blodau menyn, a'r prynhawn yn troi'n un gadwyn hir yn ein gwalltiau. Rhoi fy nhraed yn y dŵr croyw, oer a theimlo llyfnder llithrig y cerrig. Wps – rhy hwyr, ar fy nhin yn y nant. Pa esgus neu gelwydd golau fyddai ore gan Nain y tro yma!?

Cuddio yn y gwrych a chogio 'mod i'n *fairy*. Llosgi 'nghoese mewn dalan poethion a rhedeg adre at Nain am gymorth. Poeri arno fyddai'r ateb bob tro, a rhoi Mint Imperial neu dablet Horlix yn fy ngheg cyn fy hel allan drachefn gan siarsio: "Paid â gneud hynna eto, Heulwen, a ty'd ti'n ôl mewn deg munud i gael dy swper neu mi fydd 'na helynt!" Dim saib rhwng y geiriau. Gorchymyn a rhybudd yn llifo'n un. Mae'n siŵr na wnaeth o ddim drwg: ffiniau, a minnau'n byw mewn byd ffantasi.

A beth fyddai'n disgwyl amdanon ni amser swper? Rhywbeth syml, fel cig oer (lot o ffat), tatws 'di berwi, cabaij efallai a *pickled onions*. Roedd *manners* wrth y bwrdd yn bwysig, hyd yn oed bryd hynny, a dweud diolch wrth Nain a Taid yn bwysig iawn. Wedyn, yn fwy na pharod am fy ngwely, tynnu amdanaf ar y mat *rags* o flaen y tân (cadw'r *liberty bodice* dan y pyjamas) a llithro heibio'r garthen *Chenille ruby-red* oedd yn hongian ar waelod y grisiau, wedi'i dal yn ôl yn rhannol gan gadwen o beli bach gwydr gwyrdd a thasel ar ei gwaelod.

Llofft fechan oedd f'un i, yn ogle o *mothballs* a lafant. Roedd clamp o *chest of drawers* mawr ar un ochr, lluniau ar y wal – lluniau sepia o'r hen deulu, lluniau angylion a llun mawr o Iesu Grist â'i ddwy law yn ein hannog tuag ato, a golau llachar yn ei amgylchynu (awra, debyg!) – yna'r gwely plu mawr yn disgwyl amdana i, ei ffrâm o dderw, yn sbrings weiars gwichlyd ac o leiaf dair troedfedd oddi ar y llawr. Clustogau plu, dillad gwely winsiét a'r carthenni trymion yn wlân bras, pigog. Gollwng gafael ar y dydd wrth olau cannwyll... ac ogle'r gwêr yn llenwi'r llofft ar ôl ei diffodd. Nefoedd!

Gallech ddychmygu 'mod i'n siarad am gyfnod ddegawdau lawer yn ôl, ond tydw i ddim mor hen â hynny! Diwedd y pedwardegau fyddai hyn, neu ddechrau'r pumdegau efallai, erbyn yr adeg pan fyddwn i'n cael fy rhoi ar y bws yng Nghorwen a'r cês bach cardbord yn fy llaw a label gyda fy enw wedi ei fachu ar lawes fy nghôt efo *safety pin*. Tair milltir o daith a dyna ni, roeddwn i yng Ngwyddelwern.

Diar, mi gawson ni addysg yn nhŷ Taid a Nain – fi, fy mrawd Bryan, fy chwaer Gwenda, fy nghyfnitherod Pat a Sylvia a 'nghefnder John Emlyn – gwersi ar sut i fod yn blant da gyda Nain a hwyl anhygoel gyda Taid. Am wn i mai yn 3, Llywelyn Terrace ar ddiwrnod cynhebrwng Taid y des i wyneb yn wyneb â cholled deuluol am y tro cyntaf. A sylweddoli mai rhywun arall oedd yn canu cloch y Llan y bore hwnnw.

8

DYDW I DDIM yn meddwl i Pat a minnau eistedd a rhannu atgofion fel hyn erioed o'r blaen. Rhyfedd fel mae gorfodaeth allanol wedi golygu ein bod ni'n dwy wedi eistedd am oriau mewn ysbytai a llefydd o'r fath a siarad; sut mae amgylchiadau yn ein tynnu'n nes at bobol nad yden ni, o bosib, wedi rhoi amser iddyn nhw o'r blaen. Mae gen i fymryn o gywilydd wrth ysgrifennu hyn, ond yn f'achos i mae o'n ffaith.

Helô... roedd pethau'n symud. Cael fy ngalw am sgan am y tro cyntaf. Wel, dyma oedd profiad rhyfedd. Chwistrell o rywbeth i'r gwythiennau cyn cael fy hebrwng i stafell fawr olau lle'r oedd peiriant fel Polo Mint mawr yn disgwyl amdana i. Gorwedd ar fy nghefn ac edrych i fyny ar y nenfwd a chael syrpréis bach neis o weld sbrigyn o flodau pren afalau yno, wedi'i oleuo'n ddel. Da yden nhw'n meddwl am y fath dlysni i fynd â'ch sylw... Mae cof gen i hefyd o'r gŵr annwyl oedd yn gofalu amdana i'n plygu drosodd er mwyn sicrhau 'mod i'n deall beth fyddai'n digwydd, a'r cyfan y gallwn ei weld oedd y golau llachar oedd yn sgleinio trwy groen ei glustie ac yn gwneud iddyn nhw edrych fel rhywbeth pinc o gartŵn. Gigl bach mewnol cyn tawelu fy enaid a dechrau myfyrio. Llonyddwch.

Clywn leisiau digyswllt yn gofyn oeddwn i'n barod i ddal fy ngwynt tra oedd y peiriant yn symud. "Barod," meddwn innau, wedi hen arfer anadlu'n ddwfn wrth fyfyrio, a chyn hynny wrth baratoi i fynd ar yr awyr i gyflwyno rhaglenni ar S4C. A dyma fi'n barod i berfformio eto, ar lwyfan bod yn llonydd. Mae fy llygaid ar gau ac rwy'n dychmygu fy hun yn gorweddian mewn man hudolus lle mae 'nghorff yn nofio ar wyneb dŵr nant glaear, ac o'm hamgylch mae yna flodau haul yn llifo gyda mi; mae'r awyr yn las a'r deiliach yn wyrdd... Mae o'n lyfli.

9

PRYD DDECHREUODD Y diddordeb yma mewn myfyrio, meddech chi? Wrth gwrs, erbyn hyn mae o'n llawer mwy na diddordeb, bron na ddwedwn i ei fod o'n anghenraid, ac angen ddaeth â mi i gysylltiad â'r maes yma am y tro cyntaf. Yn ôl yn 1997, mi fûm i'n dioddef o boen cefn drwg am fisoedd lawer. Doedd dim byd yn helpu ond un diwrnod cefais wahoddiad i ginio. Roedd yna griw o ferched yng Nghaerdydd yn trefnu i gyfarfod yn nhŷ'r naill a'r llall am ginio bach o bryd i'w gilydd; wyddech chi fyth pwy yn union fyddai yno, ond mi fydden nhw'n siŵr o fod yn griw diddorol a blaengar. Yn eu plith y diwrnod hwnnw oedd Iona Wiliam. Dros sgwrs, dysges fod Iona yn cynnig sesiynau Reiki, ac am wn i mai dyna'r tro cyntaf i mi drafod y ffordd yma o gael gwellhad trwy egni ysbrydol. Mynnais innau sesiwn gyda hi, gan obeithio y gallai wneud rhywbeth, unrhyw beth, i leddfu fy mhoen cefn.

Yn fuan iawn roeddwn yn cael triniaeth. Cyn pen dim, wedi iddi roi ei dwylo arna i, gallwn deimlo gwres afreal yn symud trwy 'nghorff. Profiad cwbl anghyffredin. Theimlais i erioed beth o'r fath o'r blaen. Allwn i wneud dim ond torri i lawr i grio ac, yn rhywle, yng nghanol y dagrau, mi glywn gân a'r geiriau:

Hoff yw'r Iesu o blant bychain,
Llawn o gariad ydyw Ef;
Mae yn gwylio drostynt beunydd,
Ar ei orsedd yn y Nef.

Mae'n fy ngharu; 'r wyf yn gwybod
Mai ei eiddo byth wyf fi;
Mae'n fy ngharu, diolch iddo,
Prynodd fi ar Galfari.

35

Dyna brofiad hollol ryfedd i mi, ar y pryd. Ai math o weledigaeth oedd hyn? Rhyw fath o dröedigaeth? Trobwynt, yn sicr, a'r cam cyntaf i mi o ran dechrau dod i ddeall bod mwy yn bod na'r hyn sy'n gyfarwydd a dealladwy i ni. Wedi sawl sesiwn gyffrous o weld rhyfeddodau a theimlo'r poen cefn yn graddol gilio roedd fy ffydd yn y math yma o driniaeth yn cryfhau. Rhoddais fy hun yn nwylo pwerus Iona ac o dipyn i beth penderfynais gymryd y cam naturiol nesaf, sef ymddiddori rhagor a dod i ddysgu am hyn fy hun.

Roeddwn i fel sbwnj, doedd dim digon i'w gael; mi fues i'n darllen, mynd ar gyrsiau datblygu, cwrdd a siarad â phobl o'r un diddordeb ac anian, a chyn bo hir cefais y cymhwyster cyntaf yn y maes, sef Reiki Gradd 1.

Agorwyd drysau i egni a bydoedd eraill yn ddi-ofn, eto ddim yn ddi-boen. Wrth fynd ymlaen i astudio rhagor roedd yn rhaid edrych yn ddwfn i mi fy hun. Oherwydd yn ôl y ddysgeidiaeth yma, er mwyn glanhau a phuro corff ac enaid, mae'n rhaid i chi wynebu a dygymod ag amherffeithrwydd personoliaeth a ffordd o fyw. Weithiau roeddwn i'n teimlo'n swp sâl wrth fynd drwy'r broses, a'r profiad yn un llafurus. Ar y llaw arall, mi wnes i ddarganfod gydag amser bod myfyrio yn dod yn hawdd i mi.

Myfyrio. Y peth pwysicaf oll, yn gyntaf, yw tawelu'r anadl. I wneud hynny byddaf yn gorwedd yn dawel, un ai ar fy ngwely neu allan yn yr awyr agored, os bydd cyfle. (Wrth ddechrau myfyrio, mae gwrando ar CD pwrpasol yn gallu bod yn werthfawr.) Rwy'n canolbwyntio ar anadlu'n naturiol a rheolaidd, yn dychmygu'r pwysedd gwaed yn gostwng a llif y gwaed yn arafu, ac weithiau bydd fy nghorff i gyd yn teimlo'n rhyfeddol o drwm neu weithiau'n ysgafn fel pluen. Does dim dal beth fydd yn digwydd. Dyna ydi'r gyfrinach – bod yn agored i unrhyw beth a ddaw. A gadael i'r teimlad tawel hwnnw gyfuno â pha bynnag luniau neu synau neu deimladau a ddaw i ddwyn y meddwl prysur o'i fan arferol i fan lle y gall dderbyn negeseuon yr isymwybod.

Ew, roeddwn i'n mwynhau dysgu am y pethau yma, a

gallwn deimlo'r daioni roedden nhw'n ei wneud i mi. Dysges fod crisialau yn ffordd arall o gysylltu ag egni daearol ac ysbrydol, a dod i ddeall mwy am adweitheg, aromatherapi ac aciwbwysedd (*reflexology, aromatherapy* ac *acupressure*). Cyn bo hir cwrddais â Pam Griffiths o Borth Tywyn, cymeriad annwyl a chanddi'r rhodd anhygoel o fedru helpu iacháu. Mae hithau, fel Iona, yn un â chefndir meddygol, ac mae ei hysbrydoliaeth wedi bod yn amhrisiadwy. Byddwn wedi bod ar gyfeiliorn yn aml heb help Pam.

Wrth ddysgu am Reiki mae tair o wahanol raddau, neu *attunements*. Trwy gymorth Pam cefais yr ail a'r drydedd radd hefyd, sy'n fy ngwneud yn Feistr mewn Reiki. Felly rŵan, yn ogystal â fy ngwella fy hun ac eraill, a helpu pobol o bell, rydw i hefyd yn gallu hyfforddi pobol i wneud Reiki. Rwy'n cael y pleser mwyaf o ddefnyddio'r hyn sydd gen i i helpu gwella pobol eraill.

Gwaith sy'n digwydd trwy brofiad, ac addysg nad yw byth yn dod i ben yw gwaith yn y maes yma. Rŵan, rwy'n siŵr y bydd yna sawl un yn eich plith yn crychu'ch trwyn erbyn hyn ac yn meddwl yn siŵr mai rwtsh ydi hyn i gyd. Ond rydw i'n grediniol bod yna werth yn y math yma o driniaeth a bu'r hyn ddysges i'n gaffaeliad anhygoel o fuddiol i mi. Ers blynyddoedd bellach rwy'n cyfuno Reiki â'r tair disgyblaeth arall wrth gynnig sesiynau ymlacio ac iacháu (mi fyddai'n werth i chi weld sut rydw i wedi trawsnewid y garej yn ystafell driniaeth lonydd, dawel, gyda mwslin lliw gwyn yn gorchuddio'r waliau a'r nenfwd fel pabell, a golau'r canhwyllau'n wincio yng nghrisialau'r siandelïer). Wrth gwrs, y person cyntaf rydech chi'n ei drin â syniadau fel hyn ydi chi eich hun. Does gen i ddim amheuaeth na lwyddais i arbed sawl salwch a phryder rhag cael gafael niweidiol ynof dros y blynyddoedd.

Felly beth i'w wneud o'r diagnosis diweddaraf? Os am wers mewn *practice what you preach*, cefais y cyfle y munud y clywais fod canser yn fy mron.

Y noson honno, mewn sioc syfrdanol, y peth naturiol i'w
wneud oedd myfyrio. Prin i mi gau fy llygaid cyn i'r blodyn
haul prydferthaf ymddangos. Fe'i gwelwn yn lle'r oedd y
lwmp yn fy mron. Roedd canol y blodyn haul yn ddu, fel y
mae ym myd natur, ond roedd yr hadau duon yma fel peledi
bach a'r rheiny'n ffrwydro, ac roedd adar fel y titw tomos
las a *hummingbirds* amryliw yn hedfan i mewn ac yn pigo'r
düwch oddi yno.

Heb os nac oni bai, roedd hyn yn fy argyhoeddi fod popeth
yn iawn a bod dim lle nac achos i bryderu'n ormodol. Roedd
y canser ar ei ffordd allan.

O hynny ymlaen bu'r blodyn haul yn gwmni cysurlon wrth
i mi fyfyrio. Byddai'n troi ei ben at yr haul ac yn gwneud
i mi wenu. Weithiau, gwelwn gaeau o'r blodau yn llenwi fy
myfyrdod, ac o dro i dro byddai haid o adar yn hedfan i'w
canol ac yn cludo cymylau o ganser i ffwrdd gyda nhw.

10

 OND ROEDDWN I'N dal i fod y tu mewn i'r peiriant Polo Mint mawr yn yr ysbyty a bwtwm yn fy llaw i'w bwyso petai angen. Roeddwn i wedi ymlacio'n braf a sioc oedd clywed y radiolegydd yn dweud wrtha i am anadlu rŵan, am fanteisio ar y cyfle i anadlu'n drwm, cyn iddyn nhw fy symud yn ddyfnach i mewn i'r olwyn fawr i dynnu rhagor fyth o luniau. Ar y trydydd neu'r pedwerydd tro roedd y patrwm yn wahanol.

Y tro hwn roedd gofyn dal yr anadl ychydig yn hirach tra oedd hylif o ryw fath yn cael ei chwistrellu i'r gwythiennau. Wel, sôn am deimlad rhyfeddol. Er 'mod i'n dal yn hanner myfyrio yn rhywle ar lif y nant gyda'r awyr las a'r dail gwyrdd, roedd hwn yn sbesial. Gallwn fod wedi teimlo'n ofnus, oherwydd roedd llif annaturiol o wres cynnes yn golchi drosta i, o'r pen i lawr drwy'r corff ac yn gorffen rhwng y coesau… ie, yn wir i chi. Pe na bawn i'n gwybod yn well, mi goeliwn 'mod i un ai wedi pi-pi fy hun neu wedi cael y fath orgasm na welodd y byd erioed o'r blaen! Wel, ar f'enaid i, beth nesaf?

Ar ôl sgan neu ddau arall ar y pen a'r ysgwyddau, gan aros yn llonydd am hyd at ddeng munud ar y tro, aeth symud yn angof. A dweud y gwir, roeddwn i'n cysgu mor drwm erbyn hynny, mi gawson nhw drafferth fy neffro.

"Heulwen? Heulwen, are you OK?"

"Lovely, thank you," meddwn innau. "Floating on my stream with my sunflowers…"

Doedden nhw ddim wedi clywed honna o'r blaen.

A'r peth nesaf, roeddwn i ar fy ffordd yn ôl at Pat a bywyd bob dydd. Rhyfedd o beth yn y coridor wedyn: pobol yn dweud helô a finnau ddim yn eu hadnabod. Gwylwyr S4C, coeliwch, wedi fy ngweld ar y sgrin yn cyflwyno rhwng rhaglenni ers blynyddoedd ac yn teimlo fel petaen nhw'n fy "nabod yn iawn"... a phawb yn wên i gyd a neis eich cyfarfod chi... ac wedyn... wyddoch chi'r teimlad yna pan ydech chi'n gweld rhywun yn y syrjeri ac yn gofyn "sut ydech chi?" ac yna'n sylweddoli'n syth cwestiwn mor anaddas allai o fod... wel, rhyw deimlad felly oedd hwn. Roeddwn i'n sobor o falch eu bod nhw wedi dweud helô, oeddwn siŵr, er efallai nad ar goridor ysbyty dan amgylchiadau o'r fath oedd y lle gorau... Ond, beth wnewch chi ond chwerthin! Mi ddois i sylweddoli yn y cyfnod yma, fwy nag erioed o'r blaen o bosib, mor bwysig ydi eich agwedd. Ac mae chwerthin mor llesol.

Dyna un peth ydw i wrth sgwennu'r hanes yma: diolchgar. Dyna lwcus yden ni o gael ysbyty a staff mor arbennig ar garreg y drws. Ac wedyn, dyna i chi Pat, sy'n aros amdana i yn y coridor, yn darllen pob dim ac yn gwylio popeth yn dawel bach, fel tylluan, yn methu dim, nos na dydd. Dyden ni ddim hanner digon diolchgar, wyddoch chi.

Ac adre â ni yn hen gar Pat, sy'n llawn ogle cŵn a blew Winnie, Scampi a Sacha. Cymeriadau direidus ac annwyl. A dweud y gwir, pan ddaethon ni'n ôl i'r tŷ y tro cyntaf ar ôl cyfarfod Eifion Vaughan Williams a'r tîm a chael y diagnosis fod canser arna i, Sacha oedd yr un ddaeth i wneud ffws ohona i. Daeth i eistedd ar fy nglin a fy hawlio'n ffrind. Hyn gan gi oedd yn fy anwybyddu'n llwyr o'r blaen neu weithiau'n chwyrnu arna i'n filain. Mae 'na sôn fod rhai cŵn yn gallu synhwyro canser, yn sicr yn gallu synhwyro salwch; rwy'n ffyddiog fod yr hen Sacha yn un o'r rhain. Y hi oedd piau fi o hyn ymlaen.

A chanlyniad yr holl apwyntiadau hynny? Penderfyniad. Roedd profiad y meddygon yn dweud bod y lwmp – y tiwmor – mor fawr fel y byddai'n well dechrau gyda chemotherapi i'w leihau, os yn bosib, cyn mynd ymlaen wedyn i drafod llawdriniaeth.

Wel, dyna ni 'te, dyna wnawn ni.

11

BETH AMSER CYN i'r holl helynt gyda'r canser ddechrau, roedd cwmni teledu Fflic, cwmni Gwenda Griff, fy hen ffrind, wedi cysylltu i ofyn a fyddai gen i ddiddordeb cymryd rhan yn y gyfres boblogaidd, *Cwpwrdd Dillad*. Wyddoch chi, y rhaglen lle'r oedd Nia Parry yn ymweld â chartrefi pobol sydd â chypyrddau yn llawn dillad diddorol a gwahanol. Y fi? Diddordeb?

Mae dillad a ffasiwn, colur a steil wedi bod yn rhan annatod o fy mywyd i erioed. Hyd yn oed pan oeddwn i'n gwisgo iwnifform ysgol, roedd yn rhaid i mi gael rhoi fy stamp fy hun arni. Mi fyddwn i'n troi coler fy nghrys gwyn i fyny, yn llacio'r tei streips coch a nefi blw, yn clymu'r sash rownd canol fy *gymslip* nefi blw â chwlwm ffansi, ac yn cario fy *satchel* (hen un fy mrawd) gyda swanc; pan fyddwn i'n gwisgo *blazer* neu facintosh, allwch chi fentro bod swagar a steil iddyn nhw bob un.

Pan gefais i swydd yn wyneb y cyhoedd bron bob dydd ar S4C, ar y tîm cyflwyno rhaglenni gyda Robin Jones ac eraill – mi chwerthwch – doedd dim angen newid llawer iawn ar fy ngwisg na 'ngwallt na'r colur. Roeddwn i'n rhoi sylw i hynny erioed ac roedd gofalu fy mod yn edrych ar fy ngorau o flaen y camera yn dod yn ail natur.

Petawn i'n trio dadansoddi fy steil unigryw, fyddwn i ddim yn gwybod lle i ddechrau, oherwydd mae'r ffordd rwy'n edrych ac yn gwisgo yn llifo fel llanw a thrai. Does dim dal pa edrychiad y bydda i'n ei ddewis o ddydd i ddydd. O ran parch at eraill ac ataf i fy hun, anaml y gwelwch chi fi'n troi allan heb fod yn eithaf trwsiadus. Y peth ydi, tydi gwisgo a choluro i wneud y gore ohonoch eich hunan yn cymryd dim mwy na llai o amser na'r ymdrech i luchio unrhyw hen beth amdanoch a pheidio â thrafferthu pincio.

Diddordeb mewn cymryd rhan yn y gyfres *Cwpwrdd Dillad*? Be ydech chi'n ei feddwl?

Rŵan, roedd hi'n ganol Ebrill a threfniadau recordio'r rhaglen wedi bod ar y gweill ers sbel. Dyddiad ffilmio ym mis Awst oedd yn y dyddiadur ond gan fod 'pethau' wedi newid, roedd yn rhaid ailfeddwl. Ar ôl sgwrs hir gyda Gwenda Griff, roedd ganddon ni dri dewis: canslo yn gyfan gwbl; aros tan fis Awst a gobeithio y byddai popeth yn dal yn ddigon da i ni ffilmio bryd hynny; neu'r trydydd dewis – mynd amdani o fewn tridiau. Fy newis i oedd mynd amdani syth bin.

Roedd paratoi ar gyfer ffilmio *Cwpwrdd Dillad* yn donic o'r fath ore ar y pryd, yn y dyddiau cynnar hynny pan oedd cynifer o gwestiynau yn troi yn fy mhen a chymaint o bethau mor ddieithr ac ansicr. Daria, yr hyn oedd yn troi a throi yn fy meddwl oedd 'mod i'n colli rheolaeth ar fy mywyd – doedd gen i ddim syniad o'r hyn y byddai canser y fron yn ei wneud i fy nghorff (oedd yn ddigon o ddychryn ynddo'i hun, ar y pryd) – ac roeddwn i'n dechrau sylweddoli bod bywyd ar fin newid yn gyfan gwbl o fewn amser byr iawn a doedd gen i ddim syniad beth y byddai hynny'n ei olygu. Ond yn sydyn roedd gen i raglen i ganolbwyntio arni. Does dim byd yn debyg i *'dead-line'* – maddeuwch y dewis o eiriau – i gyfeirio'r synhwyrau. A dweud y gwir, gan fod canolbwyntio ar ddarllen neu wneud unrhyw waith cyfrifol yn ormod o ymdrech, roedd mynd drwy fy wardrob a thwtio droriau, clirio cypyrddau, rhoi trefn ar lwyth o luniau a gwnïo ambell hem a oedd wedi disgwyl sylw ers misoedd yn therapi gwerth chweil.

Roedd yn ffordd o fy atgoffa o 'pwy ydw i' – sef un o'r pethau roeddwn i'n eu cwestiynu ar y pryd. Welwch chi, er 'mod i'n cerdded o gwmpas gyda chanser yn fy mron, doeddwn i ddim gwahanol i'r person oeddwn i cyn i mi glywed y newyddion. A dim ond wrth fynd drwy'r cwpwrdd dillad y dechreuais sylweddoli hynny. Mewn gwirionedd, yn y cyfnod cynnar hwnnw rwy'n amau fy mod i'n dal mewn sioc; yn sicr allwn i wneud fawr o synnwyr o'r hyn oedd ar fin digwydd i mi. Ond doedd ots am hynny, oherwydd doedd yna ddim y gallwn ei wneud i newid y sefyllfa.

Felly, dillad amdani. Un dilledyn fyddai'n sicr yn cael sylw oedd y gôt o siop Jays yng Nghaer – mi gostiodd ffortiwn, er i mi weithio yn rhan-dâl amdani trwy helpu i gynllunio ac aildrefnu gosodiad y siop – ond roedd y gôt laes o groen Sheerling du yn anhygoel o foethus ac yn rhyfeddol o hardd. Pan brynes i'r gôt roedd hi'n llusgo'r llawr, a chan ei bod hi tua wyth modfedd yn rhy hir, es ati i'w thorri â siswrn miniog i gael yr hyd perffaith a'i phwytho o'r newydd. Gyda'r gweddill, cynlluniais fag bach twt a rhoi brêd trwchus i'w ddal dros ysgwydd y gôt ac ynghlwm wrthi. Www, roeddwn i'n mwynhau ei gwisgo! Ac wrth fy modd ei bod bellach yn unigryw. Un felly fues i erioed, o hyd isio rhoi fy stamp fy hun ar bethau. Er pan oeddwn yn bwten ifanc, roedd gen i lygad at droi cyrtens yn sgert neu'n gwshin. Rwy'n cofio lliain bwrdd gingham a gafodd ail fywyd fel top bach del i gyd-fynd â throwsus pen-glin coch...

Ond, o ran ffilmio *Cwpwrdd Dillad*, er bod fy nghasgliad o ddillad yn fawr, does yna ddim llawer o le yn y tŷ. Er mwyn hwyluso pethau, penderfynwyd mai'r peth callaf fyddai i mi ddewis y dillad yr oeddwn i am eu dangos a siarad amdanyn nhw ar y rhaglen, yna byddai criw Fflic yn eu cludo i dŷ Gwenda. Lleoliad bendigedig; gardd anhygoel, lawnt fel melfed yn llifo i lawr oddi wrth y teras at ffoli hudolus ar lan llyn; ymylon y dŵr yn lilïau yn eu blodau, a dau fflamingo dur hardd yn codi'n annisgwyl uwch ei wyneb llonydd. Tŷ braf i'w ryfeddu, a chan fy mod i wedi hen arfer treulio amser yno gyda Gwenda a'r teulu, roedd ei fenthyg am ddiwrnod yn teimlo'n naturiol. Criw hwyliog, wedi'u dewis yn benodol, ac wedi cytuno i weithio ar y Sadwrn a'r Sul er mwyn cael y rhaglen frys yma 'yn y can'.

O fewn deuddydd i ni wneud y penderfyniad, roedd pob dim yn barod ar gyfer llygad y camera. Rŵan, mi allai brys a bwrlwm fel hyn wrth baratoi fod yn hunllefus ond, i mi, roedd y gwaith yn felys fwyn. Cefais ganolbwyntio ar bethau pleserus mewn cyfnod o ansicrwydd, a siarad am bethau cyfarwydd pan nad oedd gen i unrhyw syniad beth fyddai'n digwydd nesaf.

Mewn gwirionedd, does gen i ddim cwpwrdd dillad! Rheilen hir mewn alcof yn y stafell wely, a llen sidan lliw hufen ar ei draws, sy'n dal fy nillad. Mae'r casgliad sydd yno yn gallu cyfuno i roi pob math o wahanol wisgoedd. Ar y cyfan, ychydig iawn o ddillad 'saff' sydd gen i – rhai â ffurf a chynllun confensiynol. Does yno ddim siwt gonfensiynol deidi na dim un dilledyn sy'n cyfyngu ar symudiad, sy'n dweud llawer am fy nghymeriad, mae'n debyg, dydi? Ar y llaw arall, mae yna fwy o leicra yn fy nillad na sydd mewn elastig band, a chan fod yn rhaid dod o hyd i ffordd o gywasgu'r holl gasgliad i hyn a hyn o gypyrddau a droriau, da o beth ydi hynny; maen nhw'n troi allan yn tip top. O, gyda llaw, mae'r atig yn llawn hefyd!

Does dim dwywaith mai fy hoff ddefnydd ydi cashmir. Mae o'n foethus, yn ferchetaidd, yn feddal ac yn rhyfeddol o gyfforddus nesaf at y corff. Boed yn sgarff, yn sgert, yn drowsus, ffrog, jympar neu gôt, mae gwisgo cashmir yn fy mhlesio bob tro.

Ond mae gen i hoffter at grwyn hefyd – peidiwch â darllen y paragraff nesaf yma os ydech chi'n sensitif am hyn. Fel cashmir, mae crwyn yn eu benthyg eu hunain i gynlluniau sy'n hawdd eu gwisgo ac sy'n para am oes. Oes, mae gen i gôt minc laes ers deugain mlynedd a bu'n fendith trwy aeafau caled tua Chorwen a thu hwnt. Un tro, rwy'n cofio mynd i gampio mewn tent gyda Dei Chem, Hywel a Jon ac Andrew, Rhiannon, Mark a Martin. Roedd cyrlio yn y gôt minc a chysgu ynddi drwy'r nos yn hollol ridiciwlys ond yn ymarferol dros ben ac yn llond bol o hwyl. Pwy oedd gynhesaf trwy oerfel y nos? Y fi, wrth gwrs. Ha ha! Ryden ni'n dal i chwerthin am yr owting hwnnw. Ond y peth ydi, tydw i ddim yn credu mewn cadw dillad at ryw achlysur arbennig. Mae pob dydd yn sbesial ac mi ddylen ni gofio hynny.

Yn fy nghasgliad dillad, mae yna rai eitemau gostiodd ffortiwn ond sawl un hefyd sydd wedi dod o siop ail-law a siop elusen. Does dim swildod yn perthyn i mi pan mae dilledyn neu bâr o sgidie yn apelio. Un gair rydw i wedi'i glywed wrth i bobol ddisgrifio fy steil ydi "glamorous". Ond os ydi'r mwyafrif yn credu hynny, disgrifiad arall ydi "dros y top". "Elegant" glywes i, a soffistigedig... dewiswch chi'r ansoddair! Un peth sy'n sicr, er i mi drio sawl gwaith, alla i yn fy myw â gweithio'r steil ffwrdd-â-hi yna sydd mor effeithiol ar ambell un. Nid y fi fyddwn i wedyn. Ond beth bynnag y byddaf yn dewis ei wisgo, yn ôl fy hwyliau ar y pryd, y peth pwysicaf yn fy marn i ydi 'mod i'n hapus yn fy nghroen ac yn fy edrychiad. Wedyn, mae popeth arall yn disgyn i'w le.

Os gwelsoch chi'r rhaglen honno yn y gyfres *Cwpwrdd Dillad*, mi fyddwch yn gwybod 'mod i wedi gafael yn llaw Nia Parry ar ddiwedd y rhaglen, tra oedd y ddwy ohonom yn sefyll ar y bont wrth y llyn, a dweud 'mod i'n dechrau cwrs cemotherapi o fewn tridiau. Druan bach, cafodd y fath sioc, a llanwodd ei llygaid â dagrau. Yn broffesiynol i'r carn, cadwodd y cyfan dan reolaeth hyd nes daeth llais y cyfarwyddwr a'r gair 'cut'. Alla i ddim diolch digon i'r criw i gyd am eu hymateb i'r newydd syfrdanol wnes i ei luchio atyn nhw y diwrnod hwnnw.

Ac os oedd y ffilmio'n dod i ben, roeddwn i'n benderfynol na fyddwn i'n torri cysylltiad â phethau, ddim yn torri cysylltiad â fi fy hun. Roedd fy nghadw fy hun yn edrych y gore gallwn i tra oeddwn i'n mynd drwy gyfnod y canser yn hanfodol bwysig. Roedd yn estyniad naturiol o'r hyn oeddwn i hyd at hynny, a'r hyn fyddwn i bob dydd o hynny ymlaen.

12

AR Y CHWECHED o Fai, am chwarter i naw y bore, roedd Pat a minnau ar y ffordd i Ysbyty Felindre i mi ddechrau ar y cemotherapi. Hon fyddai'r gyntaf o chwe dos, un bob tair wythnos, felly byddai'n fis Awst erbyn dod i ddiwedd y driniaeth... gyda lwc.

Roedden ni wedi gadael digon o amser i gyrraedd Felindre, er mai rhyw chwarter awr o daith ydi hi ar y mwyaf. Ond am ryw reswm roedd hi'n "well mynd yn gynnar". Pwy sy'n ein cyflyrru ni i fynd yn gynnar hyd yn oed i rywbeth nad yden ni'n edrych ymlaen ato, meddech chi? Ta waeth, ar y rowndabowt, cyn i ni sylweddoli, roedden ni'n gyrru ar ein pennau am faes parcio Tesco. Chwerthin! A'r ddwy ohonon ni'n dotio ein bod mor dwp. Ond fel y dywedodd David, gŵr Pat, wedyn wrth glywed yr hanes, mae'r car wedi hen arfer mynd i Tesco a bron na allai o gyrraedd yno ar ei ben ei hun wrth fod cypyrddau bwyd Pat mor llawn o fargeinion 3 am 2, a phrynu un cael un am ddim... Troi rownd, a dal i gyrraedd drysau Felindre mewn da bryd.

Cwmni gwirion ydi'r nerfau ac rydw i ar fy ngore (neu fy ngwaethaf) yn dweud a gwneud pethau chwerthinllyd dan amgylchiadau brawychus. Diolch bod Pat yn cofio'r cyfarwyddiadau sut i fynd o'r cyntedd i'r stafell cemo achos, er bod yna arwyddion, rydw i wedi ffeindio 'mod i'n dueddol o fynd yn ddall a byddar wrth drio gwneud sens o'r angenrheidiol. Cyrraedd gwaelod y grisiau cywir a gweld rhes o luniau du a gwyn o wahanol gymeriadau'n hongian mewn fframiau yno. Yn eu plith roedd dau ddyn noeth, glowyr yn ôl eu golwg, yn sefyll yn browd a'u cefnau at y camera. Am ryw reswm, cefais yr awydd i roi sws ar flaen fy mysedd a'i rhoi wedyn ar eu tine bach twt. Lwc dda i mi! Ac felly y bu'r patrwm bob tro ar ôl hynny. O leiaf roedd o'n rhywbeth i edrych ymlaen ato.

Aros wedyn. Mae'n rhaid dygymod â llawer iawn o aros... Aros ein tro gydag eraill sy'n yr un cwch. Yden, ryden ni'n bob lliw, siâp a llun, yn ifanc, canol oed a hen. Mae rhai yma am yr eildro, rhai am y tro olaf, a finnau am y tro cyntaf, a ddim yn siŵr iawn beth i'w ddisgwyl. Ond un o'r pethau cyntaf ddigwyddodd oedd cael fy ngalw i roi gwaed eto, mewn stafell fechan ac ystlum plastig yn hongian dros y drws – *vampire* oedd o – sugnwr gwaed a hanner. Diolch bod hiwmor yn rhan o fywyd dyddiol yma.

Aros eto a chael ein galw i stafell oedd fel petai'n dod o ffilm *sci-fi*; yn fwy fel labordy arallfydol na rhan o ysbyty. Ond wedyn, beth oeddwn i'n ei ddisgwyl? Mae'r triniaethau yma i gyd ar flaen y gad. Myrdd o gwestiynau yno – *check* a *double check* – a chystal hynny, eglurodd un o'r nyrsys, gan fod pob dos o'r cemo yn cael ei pharatoi'n gwbl arbennig ar gyfer pob claf. Minnau'n sylweddoli, gyda chwilfrydedd, mai dyna'r tro cyntaf i mi feddwl amdanaf fy hun fel 'claf', a wyddwn i ddim yn iawn sut roedd hynny'n gwneud i mi deimlo. Fi – yn glaf? Nac oeddwn. Oeddwn? Waeth pa un a ddewiswn, yr un Heulwen oeddwn i, ynde? A sylwch mai cwestiwn oedd hwnnw hefyd, ar y pryd.

Ond beth oeddwn i'n ei wneud yn neidio am y driniaeth gonfensiynol yma beth bynnag, meddech chi, a finnau mor huawdl am iacháu amgen? Cyn cyrraedd Felindre i gael y cemo cyntaf roeddwn wedi pendroni ai dyma'n wir oedd y ffordd i mi – oeddwn i isio rhoi cemegion gwenwynig a'u sgil-effeithiau yn fy nghorff? Beth am edrych ar ffyrdd gwahanol o glirio'r aflwydd anweledig o fy mron, ffyrdd glanach a phurach?

Chefais i ddim gwerth o ffrae â mi fy hun. Oeddwn, roeddwn i wedi clywed a darllen am wahanol ffyrdd posib o wynebu'r clefyd. Mae yna bob math o lwybrau, wrth reswm – rhai'n fwy heriol nag eraill. Ac wedyn mae yna lwybrau rywle yn y canol.

Er enghraifft, roeddwn i'n gwybod rhywfaint am syniadau'r Bristol Approach (Penny Brohn Cancer Care erbyn hyn), sef ymagwedd gafodd ei datblygu gan ddoctoriaid a nyrsys, therapyddion a phobl â chanser ac sy'n gyfuniad arbennig o therapïau cyflenwol a thechnegau lle'r ydech chi'n eich helpu eich hun, gan roi pwyslais ar iechyd cadarnhaol a lles corfforol a seicolegol. Mae'r cyfan yn gweithio ochr yn ochr â thriniaethau meddygol arferol ac mae llawer o oncolegwyr yn cefnogi'r rhaglen. Roedd cyfuniad fel hyn yn gwneud llawer o synnwyr i mi – ond eto, doeddwn i erioed wedi rhoi amser i feddwl yn ddwfn am y peth o'r blaen...

Gan wybod mor fawr oedd y tiwmor a heb fawr amser i bwyso na mesur y dewisiadau, gwrando ar fy ngwell oedd ore gen i. Derbyn cyngor gan lais profiad. Hynny, a defnyddio cyfuniad o bopeth oedd ar gael i mi, o fewn rheswm, i helpu – gan gynnwys cymryd cyfrifoldeb am fy iachâd fy hun gyda bwydydd, diodydd a pherlysiau pwrpasol a defnyddio gwahanol dechnegau ymlacio i wrthweithio poen corfforol a phoen meddwl. Doedd o'n lleihau dim ar yr amheuon ond o leiaf roedd y penderfyniad wedi'i wneud.

Daeth y nyrs draw â hambwrdd ac arno dair chwistrell amryliw yn llawn hylif coch, pinc a melyn-wyn. I gyd i fi! Roeddwn i hefyd wedi bod yn holi ynghylch gwahanol ffyrdd o geisio dal gafael yn fy ngwallt, felly roeddwn i am roi cynnig ar y *cold cap* bondigrybwyll. Y syniad ydi fod oerfel yn diogelu gwreiddiau eich gwallt, trwy leihau llif y gwaed wrth groen y corun tra bo'r cemegion yn cylchdroi yn eich gwaed. Tydi o ddim yn addas i bob math o ganser, ond roedd gen i'r dewis, ac os byddai o'n golygu y gallwn gadw fy nhresi melyn, wel, fel cyn-berchennog siop trin gwallt, gallwch ddychmygu y rhown i gynnig ar unrhyw beth.

Mae'r cap yn dod yn syth o'r rhewgell, yn llawn *gel* oer, fel y peth yna sy'n oeri potel win, ac mae'n ffitio am eich pen fel helmet reidio beic neu un chwarae rygbi. Golwg y diawl arna i, ond dim ots. Roedd hwn yn mynd i safio'r gwallt.

"Sori," meddai'r nyrs druan, wrth afael yn y gyntaf o'r tair chwistrell. "Sori 'mod i'n gorfod gwneud hyn i chi, Heulwen. Mae o'n beryg a dydi o ddim yn neis iawn."

"Peidiwch â deud hynna," meddwn innau. "Mae'r gwenwyn yma'n mynd i fy ngwneud i'n well. Bring it on, babe!" Ac mi wnaeth.

Meddyliwch amdana i yn ugain oed ac yn berchen ar fy salon fy hun, y Parlwr Gwallt – am steil! Er, rhaid cyfaddef mai help llaw fy nhad a fy mam a wnaeth hynny'n bosib. Roedden nhw'n gefnogol iawn ac mi gefais lawer o gyngor wrth fynd ati i addurno. Ond roeddwn i wedi hen arfer papuro a phaentio, symud dodrefn a dewis carpedi a llestri dros y blynyddoedd felly doedd y dasg ddim yn boendod arna i – i'r gwrthwyneb. Cawn gynllunio salon wrth fy modd. O edrych yn ôl, wn i ddim oedden nhw'n poeni sut siâp fyddai ar y lle erbyn i mi orffen ag o – mi fydden nhw'n sicr yn dweud yn reit aml na wydden nhw beth fyddwn i'n ei wneud nesaf. Rwy'n eu cofio nhw'n mynd i ffwrdd am ychydig ddyddiau pan oeddwn i tua naw oed, a minnau'n penderfynu paentio morfil lliwgar ar wal y bathrwm, un anferth – yr un hyd â'r bath – gyda bybls yn dod o'i geg ac yn codi'n stribyn o swigod i fyny'r wal at y to. A bod yn onest, wrth gamu'n ôl ac edmygu ffrwyth llafur y prynhawn, doedd fy mrawd a fy chwaer a minnau ddim yn siŵr o gwbl beth fyddai ymateb Dadi – blin, beryg – ond roedd o wrth ei fodd! Bu hyd yn oed yn dweud wrth y cwsmeriaid yn y siop am y morfil, ac yn gyrru rhai ohonyn nhw i fyny'r grisiau i'w weld! Yn yr ysbryd hwnnw – ond gydag ychydig mwy o steil – yr es i'r afael â dewis dillad a dodrefn ar gyfer y Parlwr Gwallt. O, roeddwn i wedi cynllunio'r salon yn ofalus i fod yn un tip top ac o flaen ei hamser.

Pam *Parlwr* Gwallt? Wel, stafell ffrynt mewn tŷ *double fronted* ar stryd fawr yr A5 yng Nghorwen oedd y lleoliad. Capel Seion ar y dde a thŷ Anti Gwladys ar y chwith. Roedd Anti Gwladys (un o ffrindie gore Mami, fel Anti Iola – nid antis go iawn) yn hoff o arddio felly roedd yr olygfa trwy'r ffenest fwa yn y cefn yn falm i'r llygaid tra oeddech chi'n eistedd dan y sychwrs gwallt *ultra-modern*, persbecs clir.

Bwrdd bach bob ochr i ddal paned o de neu goffi mewn cwpanau tsieni ffein ar soser a oedd hefyd yn blât. Ac ar y plât, *fairy cakes* neu deisen *sandwich* y byddai Mami wedi'u paratoi yn ffres ar gyfer unrhyw un fyddai'n cael perm neu liw. Safon a steil; bobol annwyl, roedd y salon yn smart.

Roedd yno stafell gefn drefnus i ddal y stoc ac ateb y ffôn ac ati, ciwbicl preifat ar gyfer golchi gwalltiau, lliwio a phermio, yna byddai'r cwsmeriaid yn cael eu hebrwng drwodd i gael eu steilio o flaen drych hirsgwar. Roedd yno silff ac arni hen boteli persawr Fictoraidd o wydr grisial cywrain wedi'u llenwi â *setting lotions* o wahanol liwie, a brwsh gwallt a drych llaw â chefn arian. Yn gefndir i hyn oll, tair wal wen ac un drawiadol o liw porffor tywyll (*mulberry* oedd ei enw, os cofiaf). Ac roedd mwy... Lamp olew bres, hirgoes (fel lamp eglwys) â gwydr *lead crystal* yn sefyll wrth droed *chaise longue* o felfed piws. Www – *posh*! Ac wrth gwrs, roedd yn rhaid i'r staff edrych cystal. Roedd Margaret a minnau yn dîm da, wedi gwisgo'r un fath mewn jympar a chardigan o liw piws cyfoethog a sgert *emerald green*.

Mae gen i atgofion melys a hapus o'r busnes bach llwyddiannus a steilish yng Nghorwen a'r holl ferched fyddai'n teithio yno yn wythnosol o'r Bala, Bryneglwys, Rhuthun, Dinbych a Llangollen – cylch o ryw ddeuddeng milltir a mwy – i gael eu pampro. Roedd yn bleser, ledis.

Pwy a ŵyr na fyddwn i wedi aros yno a gwneud bywoliaeth deidi (gyda help cyfrifydd – fues i erioed yn un dda iawn am drafod arian, a tydi pethau ddim wedi newid) ond daeth tro ar fyd unwaith eto. Daeth gŵr bonheddig o Lerpwl i chwilio am fwthyn yn yr ardal ac fe'm sgubodd oddi ar fy nhraed. Dyma ddyn clyfar a oedd wedi hen arfer trin geiriau melys i swyno. Do, syrthiais am y sylw a'r syniad o fywyd bras a bodlon gyda dyn mor sylweddol, a chytunais i'w briodi.

Efallai fod hwn yn ymddangos yn gam mawr i mi – symud i Lerpwl, i ffwrdd oddi wrth y teulu a'r busnes roedden nhw wedi fy helpu i'w sefydlu – ac fel unrhyw ferch ar fin priodi, yr oedd yna amheuon yn mynd a dod. Doedd dim ofn symud i ddinas fawr arna i; un felly ydw i, yn dueddol o edrych ar fywyd fel antur, a bod yn rhaid symud ymlaen nid sefyll yn yr unfan. Roeddwn i'n barod i ehangu fy ngorwelion a phrofi math arall o fywyd. O fewn cyfnod byr, felly, yn 24 mlwydd oed roeddwn wedi gadael y Parlwr Gwallt yn nwylo medrus Margaret a symud o Gorwen i Lerpwl, at her bywyd priodasol a bwrlwm cymdeithasol Lerpwl ddiwedd yr 1960au.

Rŵan, o sôn am fwrlwm... yn yr ysbyty gallwn deimlo'r hylifau llesol, yn ofalus ac ara deg, yn cael eu chwistrellu i mewn i fy nghorff. Sgwrsio gyda'r nyrs, a dysgu ei bod hi wedi hanner ymddeol ond yn dal ati gydag ambell shifft er mwyn cael arian poced i fynd ar wyliau: dynes ymarferol i'r carn ac wrth ei bodd gyda'r gwaith. Oedd, roedd hi'n hen law arni, a gofalgar ohona i.

"Feeling giddy, love? Faint, hot or cold?"

Ond heblaw bod fy mhen yn teimlo'n drwm iawn dan y cap oer yna, roeddwn i fel y boi. O fewn dim, roedd hi'n ei dynnu. Hwrê! Yna'n rhoi cap ffres o'r rhewgell am fy mhen. Daria, roedd hwnnw'n oerach, choelia i byth.

Fesul tipyn, dechreuais deimlo fymryn bach yn od. Bron na allwn synhwyro'r llif yn llenwi pob rhan o'r corff, o dop fy mhen at ewinedd fy nhraed, ac wrth gwrs, mae o. Dyna'n union sy'n digwydd. Am wn i, fy mod wedi meddwl cynt, y byddai'r cemo yn mynd i'r fron yn unig, ond na, mae o'n gorfod mynd i bobman – i'r organau, i'r nerfau, i'r cyhyrau, i'r cyfan oll i gyd. Wrth gwrs ei fod o.

Mae'n debyg mai'r organ fwyaf pwerus yn y corff i gyd ydi'r ymennydd. Meddyliwch am eiliad. (Mae'n amhosib peidio, yn tydi!) Tra ydech chi wrthi'n darllen y geiriau hyn mae'r ganolfan anhygoel yma yn eich pen yn dadansoddi'r geiriau ac yn cyffroi eich emosiynau, a hynny yn ei dro yn gwneud i chi weithredu. Efallai eu bod nhw'n eich annog i ddarllen ymlaen gyda diddordeb neu, i'r gwrthwyneb, yn eich gwylltio a'ch gwthio i roi y llyfr i lawr, neu hyd yn oed ei luchio ar draws y stafell gan feddwl, stwff a nonsens. Yr holl amrywiadau, am ein bod ni i gyd, er mor debyg, mor gwbl wahanol i'n gilydd. A boed ni ynghwsg neu'n effro bydd yr ymennydd yn gweithio ddydd a nos, fel olwyn ddŵr, neu felin wynt, cyhyd â bod bywyd yn y corff. Mae'r cogyn canolog hwn yn fwy o ryfeddod na'r bydysawd... bron!

Wrth gwrs, gydol yr amser mae'r ymennydd yn cael ei fwydo â negeseuon. Gall y rheiny fod yn syml neu'n gymhleth, yn iachus, neu weithiau, yn anffodus, yn ffwndrus. Os byddwn ni'n hel meddyliau yn dragwyddol am rywbeth neu'i gilydd, mi fydd ein hemosiynau, yn ddiarwybod i ni, wrthi'n ymateb ar sawl gwahanol lefel. Bydd ein corff yn gweithredu. Felly mae'n amlwg, os rhown ni feddyliau negyddol, niweidiol, tywyll, hyll, anghysurus, cenfigennus, ansicr i mewn i'r organ ganolog anhygoel hon, yna bydd ymateb corfforol cyfatebol yn bownd o ddilyn. Yn fy marn i, mae cario pwysau meddyliau negyddol yn af-iach i'r corff a'r ysbryd.

Yr hyn rwy'n trio'i ddweud ydi – y busnes myfyrio yma, eto – trwy fynd ati i glirio'r meddyliau negyddol ac ymarfer y meddwl i dderbyn gwellhad, mae'r gobaith o wella cyflwr y corff, a bywyd yn gyffredinol, yn llawer cryf-ach (cryf-ac-iach).

Dyna pam nad oeddwn i am fynd *i ryfel* gyda'r canser. Roeddwn i'n dweud cynt fod y triniaethau yn yr ysbyty 'ar flaen y gad', ond, wedi meddwl, geiriau rhyfela ers talwm ydi'r rheiny. Triniaethau 'arloesol', efallai, fyddai'n well dewis. Oherwydd pan ydech chi'n meddwl am ryfela, mae yna elfen o frwydro a cholledion ac wynebu amser caled, ac emosiynau negyddol sy'n perthyn i hynny. Fy newis i oedd bwydo'r ymennydd â negeseuon o *gariad* a thrio deall bod y profiad yn un cadarnhaol. Er na wyddwn i sut na pham ar y dechrau, roedd yn rhaid iddo fod yn brofiad cadarnhaol, am mai dyna'r unig beth fyddai'n gwneud sens o'r cyfan.

Un o'r technegau roeddwn i'n ei ddefnyddio er mwyn delio â'r cyfnod yma oedd mynd ati i greu darluniau a chlywed geiriau yn fy mhen. Mi fyddwn i'n fy nychmygu fy hun fel petawn ar sgrin deledu, neu'n well fyth, ar sgrin fawr mewn sinema, neu hyd yn oed ar lwyfan theatr. Wedyn, dechrau byw y stori yn fy mhen. Roedd y cyfan fel petai'n paratoi'r ffordd at weld y darlun gorffenedig, sef darlun ohona i fy hun yn holliach.

Wedi cau fy llygaid, anadlu'n araf ac ymlacio'n ddwfn, gallwn weld fy hun yn llygad fy meddwl yn cerdded tuag at yr ysbyty ac yn cael fy nghyfarch yn gynnes gan y staff i gyd, cyn cael fy hebrwng i stafell yr arbenigwr neu'r adran cemotherapi (neu radiotherapi, maes o law) lle byddwn yn gweld pawb yn gwenu ac yn hapus o gael rhoi newyddion da i mi. Wedyn, wedi profi'r daioni i'r eithaf, fy ngweld fy hun yn cerdded yn fy ôl o'r adeilad, gan gofio cwblhau'r daith trwy roi diolch a chwtsh i bawb am y gwaith arbennig o dda roedd pob un yn ei wneud er fy mwyn i a phawb arall. Ac i orffen, os bûm yn dychmygu fy ngweld fy hun yn mynd drwy'r profiad yma ar y teledu, yna byddwn yn esgus pwyso'r botwm i ddiffodd y teledu; os bu'r cyfan ar y sgrin fawr neu mewn theatr, byddwn yn cau'r llenni crand ac yn gweld y gynulleidfa i gyd yn sefyll ar eu traed a phawb yn cymeradwyo.

Wedi mynd ar y daith hon, a dychwelyd, a setlo'n ôl yn saff yn fy nghorff, gwych oedd y teimlad o roi diolch ar lafar. Er teimlo'n rhyfedd pan wnes i hyn am y tro cyntaf, mi fyddwn yn teimlo'n well o ddweud y geiriau yma yn uchel: "Er mwyn daioni y byd i gyd – Diolch." A gadewch i mi rannu tri gair bach arall fu'n bwysig i mi hefyd: o fod yn *af-iach*, mi ddof yn *gryf-ach* hyd nes y byddaf *holl-iach*. Mantra, neu weddi ddyddiol. Trïwch hi; efallai y gwnaiff hi ddaioni i chithau hefyd.

Weithiau, y peth symlaf yw'r cryfaf. Ond sôn am

gymhlethdodau'r ymennydd oedden ni, a llif y gwaed yn cario'r ffisig i bob rhan o'r corff. Tri chap oer fu ar fy mhen y bore cyntaf hwnnw, yn ceisio cadw'r cemegion rhag cyrraedd gwreiddiau'r gwallt. Pob un yn teimlo'n oerach na'r un o'i flaen. Ac o'r diwedd, a'r staff yn fodlon, roeddwn innau'n rhydd i fynd – gyda rhifau i'w ffonio'n syth petai yna broblem, thermomedr ceg o'r disbensari, a llwyth o gyffuriau i'w cymryd yn ddyddiol am y tair wythnos nesaf.

Oriau yn ddiweddarach, wedi mynnu mynd adre i gysgu yn fy ngwely fy hun a chael gweld Seren, gallwn deimlo'r gwres yn codi a 'nhafod yn chwyddo. Yn sydyn doedd pethau ddim yn teimlo cweit mor gadarnhaol... Cwtshio Seren wrth orwedd ar y gwely yn hanner gwylio'r teledu ac yn cadw golwg barcud ar fy nhymheredd, oedd jest o dan y pwynt lle byddai'n rhaid ffonio am help neu'i heglu hi'n ôl am yr ysbyty. A dyna ddechrau ar batrwm a fyddai'n parhau am fisoedd. Chwysu a throi a throsi, colli cwsg yn nhrymder nos, yna gorfod gorffwys oriau lawer yn ystod y dydd. Eto, trio dal ati i wneud pethau. Trio bod mor 'normal' â phosib. Wedi'r cwbl, doedd yna ddim pwynt panicio, nag oedd?

Rŵan, peidiwch â meddwl am eiliad 'mod i'n ddewr nac yn ddoeth, nac ychwaith yn glyfar yn y ffyrdd roeddwn i'n delio â'r sefyllfa. Dyma'r cyfan y gallwn i ei wneud. Ar adegau fel hyn, roedd gwely a gweddi yn gwmni da. Dyma oedd yn gwneud synnwyr i mi. Ac mae pob un yn ffeindio'i ffordd ei hun o ymdopi.

13

CYFNOD LERPWL. DOEDD gen i ddim amgyffred mor anodd fyddai i mi ymdopi â'r amser dreuliais i yno ar ôl priodi. Ar y cyfan roedd bywyd yn dda. Roedd cymdeithas dda yn y ddinas – llond y lle o *dinner parties*, a finnau, fel y medrwch chi ddychmygu, wrth fy modd gyda'r *dinner dress*. Roedd gennym ni gylch eang o ffrindie, ac o ran bod yn ifanc a chael llond y lle o hwyl, roeddwn i yn y lle iawn ar yr adeg iawn.

Cefais gyfle gwych i ymuno ag ysgol fodelu a chael gwaith yn modelu dillad i wahanol gwmnïau tua Chaer a chyn belled â Manceinion. Lluniau catalog hefyd – John Moores oedd yr enwocaf, mae'n siŵr. Gwaith arall roeddwn i'n ei fwynhau oedd cerdded o gwmpas y byrddau yn George Henry Lee's tra oedd pobol grand yn bwyta a minnau'n holi, "Everything all right, sir?"

Gwaetha'r modd, gartre, doedd popeth ddim yn iawn o bell ffordd. Roedd problemau dwfn yn amlygu eu hunain yn ein perthynas. Er gwneud fy ngore i greu cartref eithaf smart i ŵr o'i fath – dyn *bowler hat* a *brief-case* – doedd dim modd ei blesio ar unrhyw lefel.

Pan mae rhywun yn dweud wrthych chi drosodd a throsodd, dro ar ôl tro, paid â gwneud hyn, gwna di'r llall, ti'n da i ddim am hyn, jest sticia i hynna, wel, ar ôl tipyn mae'n anodd iawn peidio â mynd i gredu hynny. Doeddwn i ddim yn ddigon da i sgwrsio â phobl fel penseiri a meddygon deallus wrth y bwrdd bwyd, mae'n debyg. Felly bod yn dawel ddylwn i. Peidio â siarad o gwbl wrth y bwrdd. Jest gofalu am y gwragedd. Peidio â gwneud hyn. Da i ddim am wneud y llall.

Mae hyd yn oed un paragraff ohono fo'n ddigon, tydi? Dychmygwch wythnosau, misoedd, blynyddoedd… A'r cyfan yn cael ei ddweud yn ara deg, gyda ffug gonsýrn, a gwên. Ella bod yna rywbeth yn bod arnat ti, medda fo. Ella dylet ti fynd i weld rhywun. Angen tabledi, ella? Ydech chi'n gweld pam y byddwn i wedi colli hyder ynof fi fy hun yr adeg hynny?

Wedi trio cywiro pethau (do, wir yr – meddyliwch fy mod wedi coelio bod modd datrys perthynas o'r fath!) ac ailgydio ynddi sawl gwaith, y cam nesaf oedd trafod gwahanu am gyfnod. Cefais fy 'ysgogi' i symud i Lundain a chwilio am waith. Cam cyfrwys, oherwydd yn ôl y gyfraith bryd hynny, pa berson bynnag fyddai'n gadael y cartref priodasol, y fo neu hi oedd yn euog o adael y berthynas. Felly, fyddai gan hwnnw neu honno ddim hawl ar eiddo, y tŷ na'i gynnwys. O, gyda llaw... soniais i 'mod i'n briod â chyfreithiwr? Ddweda i ddim mwy.

Wel, doedd hwnnw ddim yn un o gyfnodau gore fy mywyd! Mwy nag oedd y profiad roeddwn i'n rhan ohono erbyn hyn, yn wynebu canser y fron. Ond rydw i mewn lle tra gwahanol yn fy chwedegau i'r ferch ifanc fregus honno aeth i Lundain am yr eildro. Ac mae fy ffordd o edrych ar fywyd wedi newid yn llwyr.

Rŵan 'te, y bore ar ôl y cemo cyntaf, rwy'n gweld i mi nodi dau beth yn fy nyddiadur. Yn gyntaf: fy mod yn falch o ddeffro'r bore hwnnw (a dweud y lleiaf!). Wedyn, rhyfeddu nad oeddwn i'n teimlo'n od, nac yn sâl, nac yn simsan. Dyddiau cynnar? Cefais fy atgoffa wrth lanhau fy nannedd y bore hwnnw fod angen defnyddio brwsh meddal, meddal – roedd y deintgig a 'nhafod yn ddolurus (ac maen nhw'n parhau felly hyd heddiw). Erbyn hyn, dair blynedd yn ddiweddarach, mae fy ngheg yn ddigon iach i gael gwneud gwaith deintyddol angenrheidiol ond mae wlserau yn gwmni parhaus. Ac er nad ydw i'n hoff o gwm cnoi, mae o'n helpu creu poer, oherwydd y dyddiau hyn mae fy ngheg yn dueddol o fod yn rhy sych (neu'n rhy wlyb).

Cyn mynd i'r ysbyty ar gyfer y cemotherapi roedd y nyrs arbenigol wedi gofyn i mi beidio â defnyddio unrhyw sebon yn y bath nac ar fy wyneb, dim persawr na hylif ar y corff a dim math o golur nad oedd yn bur, a hynny oherwydd yr holl gemegion tocsig oedd ar fin fy llenwi. Siampŵ, past dannedd a sebon ar gyfer babi oedd yr unig bethau y gallwn eu rhoi yn agos i 'nghorff. Felly yn ogystal â chlirio'r droriau a'r cwpwrdd dillad cyn y ffilmio, bu'n rhaid i mi hefyd wagu cypyrddau'r stafell ymolchi, rhag ofn cael fy nhemtio.

Gofynnais i Del drws nesaf a Michael ddod i agor y ddôr yn y nenfwd, tynnu'r ysgol i lawr a fy helpu i gadw bagiau o frwshys gwallt, *heated rollers*, *mousse*, siampŵ, *conditioners* a phob math o fandiau gwallt a *scrunchies* a geriach arall o'r ffordd yn yr atig. Cadw fy mrwsh dannedd trydan. Rhoi'r past dannedd arferol yn y bin. Pob potel bersawr, pob hylif croen... ac ymlaen ac ymlaen. Y cyfan, y cyfan oll i gyd ymhell o gyrraedd ac o'r golwg. Yn eu lle, brwsh dannedd plentyn ac ymolch fel plentyn unwaith eto... Wedi lecio ogleuon persawr ar fy nghorff erioed, rwy'n cofio ypsetio'n ddifrifol wrth fynd i brynu'r nwyddau newydd a sefyll o flaen silffoedd o bast dannedd a brwshys yn Tesco gan ddamnio'n dawel dan fy ngwynt fod yn rhaid i mi wynebu difrifoldeb y sefyllfa yr oeddwn i ynddi. Pethau bach yn gallu bod yn bethau mawr, wyddoch chi.

Dair wythnos yn ddiweddarach roedd pob dim yn mynd yn dda. Y diwrnod cyn yr ail sesiwn cemo, i mewn i'r bath boreol... sôn am sioc... allwn i byth â chredu... diflannodd holl flewiach fy nghorff. Woooosh, pob blewyn lawr y draen! Wedi i'r sioc ballu, dechrau chwerthin fel ffwl a gweld y peth yn ddoniol dros ben. Dim mwy o siafio'r coese blewog 'ma am sbel!

Doedd y cam nesaf ddim llawn mor ddoniol. Damia... roedd fy ngwallt yn dod allan yn fwnshys. Fy ngwallt! A finnau'n meddwl y byddai'r cap oer wedi arbed hyn. Ond, na. Damia, ypsetio eto. Edrych yn y drych a gorfod cydnabod

felly, i mi, nad oedd y cap yn werth y drafferth. Roedd fy
stumog yn corddi a 'mhen yn troi ond doedd yna ddim dewis
ond mynd ymlaen. Mynd ymlaen... Ond sut mae rhywun yn
mynd ymlaen pan fo pob owns o'i enaid yn wylo am yr hyn
sy'n ymadael? Ar fy ngliniau o flaen y drych yn y llofft fel
petawn i'n gweddïo, ond yn beichio crio. Crio, a chwilio am
nerth o rywle. Hwn yw fy hoff ddrych, a bu'n adlewyrchu'r
hyn ydw i ers pum mlynedd a deugain. Rwy'n cofio tosturi yn
llenwi fy llygaid wrth edrych i lygaid y sawl oedd yn edrych yn
ôl arnaf. Y fi oedd hi, ond roedd hi'n teimlo'n ddieithr hefyd.
Roedd yn rhaid i mi rywsut ei chroesawu'n ôl. Ac i wneud
hynny roedd angen nerth. Os gallwn ddod o hyd i ddewrder
mewnol, byddai hynny'n fy helpu; a byddai hynny wedyn yn
helpu pawb arall oedd o 'nghwmpas. Ond doedd hi ddim yn
hawdd.

Un cam tuag at ddod o hyd i'r nerth hwnnw oedd sylweddoli,
yn hwyr neu'n hwyrach, y byddai'n rhaid i mi brynu wig.

Wyddoch chi fod ambell ysbyty yn rhoi arian tuag at y
wig cyntaf, sy'n andros o help. Wedi dweud hynny, tydw i
ddim yn browd o gofio fy ymddygiad pan es i drio wig am
y tro cyntaf. Y gwir oedd, doedd arna i ddim isio bod yno.
Ar y pryd, doeddwn i ddim *wedi* colli fy ngwallt – wel, ddim
i gyd. A doeddwn i ddim isio gwallt gwahanol o gwbl, ddim
isio gwallt byr, na gwallt mewn *bob* – ac yn bendant ddim
cyrls benthyg. Damia... roeddwn i isio cadw fy ngwallt fy
hun. Mae gen i gof o fod yn surbwch iawn efo'r ledis oedd yn
trio fy helpu, ac yn gweld bai arnyn nhw am ddod â wigs mor
sdiwpid i mi eu trio.

Siop fechan yn arbenigo mewn wigiau i 'gleifion' oedd
hon. Siop eithaf ymarferol a di-steil. Roedd yno wigiau ar
bennau heb wynebau, eraill yn gorwedd yn ddifywyd mewn
bocsys, a dyna rwystredig oedd y drychau yno – rhai'n rhy
gul i mi weld fy mhen i gyd, eraill ddim yn ddigon hir i mi
weld fy nghorff i gyd. Mae eich gwallt yn gorfod edrych yn
iawn gyda'ch corff cyfan, siŵr iawn! Pat oedd yno gyda fi,

ac rwy'n cofio eistedd am oes yn mudferwi mwy bob munud tra oedd y ledis yn ffaffian a ffwdanu ac yn siarad ymysg ei gilydd. Finnau'n tasgu dan fy ngwynt, "Does ganddyn nhw ddim blwmin syniad be maen nhw'n ei wneud. Mi allwn i wneud eu gwaith nhw yn sefyll ar fy mhen." Pat druan yn trio cadw'r ddysgl yn wastad â gwên a geiriau clên. A dweud y gwir yn blaen, roeddwn i'n hen *bitch* bach flin. Druan o Pat am orfod dioddef y fath ymddygiad. Oes, mae cywilydd arna i. Ond erbyn hyn rwy'n deall mor anferthol oedd y cam.

Maddeuwch y rhegi, ond yn wir i chi, mi ffeindies i fod rhegfeydd yn rhan fawr o fy ymateb i sioc, dro ar ôl tro. Yn nes ymlaen yn y triniaethau roeddwn i'n argyhoeddedig fod yna rywbeth yn y cyffuriau cemo oedd yn cynnwys geiriau brwnt, ffiaidd, budur a hyll. Wedi sgwrsio gyda ledi arall yn ddiweddar, roedd hithau fel finnau yn fochedd ei geirfa yn y cyfnod hwn ac yn rhyfeddu ati'i hun. Mae'n siŵr fod hynny'n un ffordd o gael gwared ar yr hen emosiynau tywyll, negyddol yna ac, os hynny, allan â nhw. Cofiwch chi, weithiau mi fyddwn i'n chwerthin llond fy mol ar unwaith a rhegi fel trŵpar. Mae'n rhaid gwneud beth bynnag sydd raid ei wneud i ddod trwy'r antur.

Reit, antur y wig yn gyntaf. Roedd meddwl am orfod dewis wig yn hunllef o'r radd flaenaf. Yn ffodus, rydw i wedi dod i ddeall bod yna siopau sy'n arbenigo yn hyn o beth, a choeliwch fi, maen nhw'n grêt. Ar ôl y profiad cyntaf yna mewn siop yng Nghaerdydd, a finnau'n ymddwyn mor ddifanars o flaen fy nghyfnither a'r staff oedd yn trio'u gore i fy helpu, bu'r profiadau nesaf yn llawer mwy pleserus.

Trefnodd Gwenda Griff i fynd â fi i siop fawr Howells yn y dre, lle'r oedd yna ar y pryd gasgliad enfawr o wigiau modern, steilish a hynod naturiol yr olwg. Roedd pethau'n gwella! Wedi cael ein harwain i stafell bwrpasol (llawer gwell na bod yng ngolwg pawb ar lawr y siop) mi gawson ni hwyl yn trio pob math o wahanol wallriau.

Cyn dechrau roedd angen gwisgo capan tyn am y pen – *snood* – rhywbeth yn debyg i socsen, lliw croen. Roedd hwnnw'n cadw gwell gafael ar y wig ac yn ei wneud yn fwy cyfforddus. Rwy'n cofio trio wig melyn golau i lawr at fy ysgwyddau, fymryn yn debyg i fy ngwallt fy hun – ych a fi, doedd o ddim yn gweddu o gwbl. Trio un a oedd yn fwy fel *bob* – *bob* byr, *blonde* gyda ffrinj – na, doedd hwnnw ddim gwell. O ran hwyl, mynd am un byr a phigog o liw coch neu *auburn* (dyna chi'r parlwr gwallt yn dod allan eto!), ac er bod y siâp yn well, doedd y lliw yn gwneud dim i mi. Rhwng chwerthin a dal y dagrau'n ôl, dewis un arall. Y gore oll. *Ash blonde*, yn ffitio'n ddel at y gwar ac yn fframio'r wyneb yn dda; mymryn o ffrinj yn hel at un ochr, ac wedi'i dorri'n llac a rhwydd. A'r peth gore oedd ei fod o'n edrych mor naturiol oherwydd bod lliw gwraidd y gwallt yn dywyllach na'r gweddill, fel *highlights* yn tyfu allan. Grêt!

Wedi dod o hyd i'r wig cyntaf hwnnw, roedd y rhai wedi hynny'n haws, boed o siop neu hyd yn oed ar y we. Cofiwch chi, nid jobyn rhad ydi prynu wig bob tro. Ac mae angen stwff i'w glanhau a'u golchi. Yn ddiffwdan, prynodd Gwenda wig yn anrheg i mi. Diolch byth am ffrindie da – deallus *ac* ymarferol.

Poeth a choslyd ar y cyfan oedd gwisgo wig. O, y pleser o gyrraedd adre, cau'r drws ar y byd a thynnu'r bali *thing*. Roedd gen i ben polystyren i ddal y wig ac es ati i chwistrellu'r pen â phaent aur – o leiaf roedd hwn yn edrych yn fwy deniadol yn y llofft na'r pen gwyn plaen.

Yn ddiweddar, wedi bod yn nofio sawl gwaith yr wythnos a'r gwallt newydd fymryn yn sychlyd, cefais y syniad o drio'r wig unwaith eto. Ffantastig – edrych yn ffab. Felly dyma roi llwyth o hylif cyflyru ar fy ngwallt fy hun, y socsen a'r wig ar fy mhen, ac i ffwrdd â fi. Cefais ambell gompliment, ac yn lle cau fy ngheg a dweud diolch, cyfaddefais mai wig oedd o. Beth sy'n bod arna i! Da o beth cael dweud fod y cylch bellach yn gyflawn; mae gallu gwisgo wig er mwyn newid edrychiad fy ngwallt wrth gymryd rhan mewn sioeau ffasiwn yn ddiléit erbyn hyn. O *orfod* gwisgo'r wig i *ddewis* gwisgo'r wig – haleliwia, mae bywyd yn dda!

Cefais wib wirion ryw ddiwrnod i brynu wig rhad o'r farchnad. Doedd dim bai ar y wig, ond am ryw reswm roeddwn i'n meddwl y gallwn edrych yn wych fel hipi neu sipsi. Dychmygwch, sgarff ddenim las wedi'i chlymu'n dynn dros fy mhen (fel Gypsy Rose Lee) a *ringlets* hir yn byrlymu lawr dros fy ysgwyddau! Ychwanegwch at hyn y ffaith 'mod i'n gwisgo dillad o liwiau'r enfys y diwrnod hwnnw ac yn fwy crwn nag y bues i erioed, ac mi gewch chi ryw fath o syniad o'r golwg oedd arna i. Bod yn bositif oeddwn i, neno'r dyn – un o'r diwrnodau "mi fedra i wneud unrhyw beth lecia i er mwyn fy ngwneud fy hun yn well" – gwraidd a phwrpas pob dim ar y pryd. Hwrê!

Roedd wynebau Pat a David yn bictiwr pan sefais ar garreg eu drws ar y ffordd adre. "Where's your crystal ball, then?" meddai David. Aeth wythnosau heibio cyn i mi sylweddoli nad oedd yr edrychiad yn un gwych o bell ffordd; llai fel hipi a mwy fel gwrach wedi hurtio. O, wel, o leiaf cefais f'atgoffa o'r hen ddywediad gan Robert Burns: 'O would some power the gift to give us to see ourselves as others see us.'

14

RŴAN, EFALLAI FOD ambell un ohonoch chi wedi gweld lluniau ohonof ar y teledu beth amser yn ôl yn mynd drwy'r profiad emosiynol yna o chwilio am wig addas, oherwydd mi ddigwyddodd rhywbeth pwysig arall yn fy hanes rhwng ffilmio *Cwpwrdd Dillad* a dechrau ar y cemotherapi. Fel yr awgrymes i'n gynharach, rwy'n gyfforddus o flaen camera ac wedi hen arfer gweithio gyda thîm teledu. Ar ôl recordio'r rhaglen ddillad, wrth sgwrsio gyda chriw ffeind Fflic a Gwenda Griff am y camau nesaf oedd o fy mlaen yn y driniaeth, dyma syniad tra gwahanol yn dechrau codi'i ben. Byddai rhaglen amdana i a chanser yn ddiddorol; yn rhywbeth newydd sbon i S4C. Sut allai Gwenda ofyn a fyddwn i'n fodlon ffilmio'r hyn roeddwn i'n ei wynebu? Sut allwn i fy nghynnig fy hun yn wrthrych rhaglen o'r fath? Rywsut neu'i gilydd mi ddaethon ni dros y swildod a'r embaras a thrafod y peth go iawn, a, myn diawch, penderfynu mynd amdani.

Un o'r pethau cyntaf y gwnaethon ni ei ffilmio ar gyfer y rhaglen *Blodyn Haul* (beth arall!) oedd un o'r profiadau mwyaf trawmatig i mi. Er bod rhywfaint o fy ngwallt yn diflannu bob dydd, roedd ei weddill yn hir a melyn. O, roeddwn i mor browd ohono! Ond roedd o'n prysur ddirywio, ac roedd hi'n bwysig i ni gofnodi pob cam ar gyfer y rhaglen. Gwnaed trefniadau i mi fynd i salon i dorri fy ngwallt yn fyr a daeth y criw ffilmio i'r tŷ yn gynnar i 'ngweld yn paratoi. Cyrraedd y salon. Panig yng ngwaelod fy stumog. Penderfynu rhoi gwên ar fy wyneb a derbyn yr olwg newydd â gras. A rhyfedd o fyd, roedd y gwallt gorffenedig yn edrych yn grêt... er, wedi cyrraedd adre allwn i ddim gwadu'r siom... a'r ofn na fyddwn i byth yr un fath eto.

Ond, mae yna wastad haul ar fryn, medden nhw, ac yng

ngeiriau bythgofiadwy Dyl Griff (mab Gwenda) – sy'n ffefryn mawr gen i am ei wreiddioldeb a'i gariad *off-the-wall* parhaus – cefais roi gofid o'r neilltu. Pan gafodd o lun ar ei ffôn ohona i a'r gwallt byr, dyma oedd y tecst ddaeth yn ôl: "Hei, ti'n edrych yn grêt... ti ffansi shag?!!!" Hyn, gan hogyn y byddwn i'n ei roi yn y bath pan oedd o'n fabi! Doedd dim gwell i dorri ar y garw a gwneud i mi chwerthin nes oedd fy ochrau'n brifo. Da ti, Dyl, paid byth â newid!

A dyna un peth na allwn ei osgoi: newid. Cysgu trwy chwys a chynnwrf, a bob bore wrth godi, gweld bod y gwallt yn gadael ffwl pelt rŵan a dim y gallwn ei wneud i'w arbed. Peth mawr ydi bod 'allan o reolaeth'. Dyna un peth annifyr mae rhywun yn ei ddysgu: mae drama'r canser yn cymryd drosodd heb na plis na thenciw.

Fel dynes fusnes, roedd yn rhaid i Gwenda baratoi cytundeb ac ati ar gyfer ein rhaglen. Nid peth hawdd ydi gofyn i ffrind lofnodi dogfen sy'n cynnwys datganiad yn dweud pe bawn i'n marw y byddwn yn fodlon i'r gwaith gael ei ddarlledu. Myn yffarn i... roedd fy sefyllfa yn dod yn fwyfwy real bob dydd! Ond fyddwn i ddim wedi cytuno i'r syniad oni bai fy mod yn fodlon. Ac felly fu.

Trwy gydol y triniaethau rwy'n eu disgrifio yma, roedd y criw ffilmio yn cofnodi'r cyfan hefyd. Fel y penderfynais wrth ddechrau ysgrifennu'r gyfrol hon, os dweud y stori, rhaid oedd ei dweud i gyd, hyd y gallwn. Yn ddiflewyn ar dafod ac yn noeth fy mron. Felly pan ddaeth bore'r ail sesiwn cemo, roedd y camerâu yno hefyd. Dilyn y coridore, sws sydyn i'r penolau, eistedd i aros fy nhro, yna ffarwelio â'r criw. Yn anffodus doedd dim hawl ganddon ni i ffilmio yn yr adain cemotherapi, rhag ofn heintiau. Deall yn iawn. Mae statws imiwnedd y corff yn cael ei chwalu'n rhacs yn y miri yma.

Teimlo'n falch o weld fod yr un gadair â'r tro cynt yn wag i mi ar y ward. Rhyfedd fel mae arferiad a phatrwm lwc yn gallu amlygu'i hun mewn dim o dro. Y tro hwn roedd y sister yn gofalu amdana i; merch oedd yn edrych yn llawer rhy ifanc i fod â chyfrifoldeb am fywydau'r holl bobol oedd yno'r bore hwnnw, ond roedd hi ar ben ei gwaith ac yn neis ofnadwy. Ac i goroni'r cyfan, roedd hi'n gwisgo bathodyn blodyn haul yn ei lapél. Dyna i chi broffwydol!

Er bod y nerfau'n dal yr un mor betrusgar wrth gael yr ail ddos, o leiaf roedd gen i ryw syniad o beth i'w ddisgwyl. Dychmygwch fod yr ewinedd, y dannedd, yr aeliau a hyd yn oed blew'r amrannau yn teimlo effaith y gwenwyn da yma. Mae rhai'n ei chael yn anos delio â cholli blew'r wyneb na cholli'u gwallt. Llygad heb flew fel yna ydi llofnod canser, meddai rhywun wrtha i yn ansensitif braidd. Pam? Wel, am fod gair fel 'llofnod' yn rhoi pawb yn yr un cwch yn ddiwahân. Allwch chi ddim gwneud hynny, oherwydd mae pawb yn ymateb yn wahanol, i'r salwch ac i'r driniaeth. Ond beth bynnag fyddai effaith y cemo yn y tymor byr, roeddwn i'n fodlon ei wynebu, oherwydd fy mod mor ffyddiog y byddai'n gwneud daioni i mi yn y pen draw.

Awr a hanner yn ddiweddarach, a'r criw ffilmio yn fodlon ar waith y bore ac wedi troi am adre, roedd Pat a finnau'n awchu am goffi. Troi mewn i gaffi neis yn Llandaf ac ymfalchïo yn y ffaith y byddwn i, dair wythnos i heddiw, hanner ffordd trwy'r cemo. We-hei!

Erbyn min nos roedd y blinder yn dechrau gafael. Dim pwynt gwthio yn ei erbyn, felly gwely amdani. Cadw golwg ar y tymheredd a thrio ymlacio i'r sefyllfa, gore gallwn i. Troi'r teledu ymlaen i wylio unrhyw rwtsh, hyd at ddeg o'r gloch pan fyddwn i'n tiwnio i mewn i egni iachâd fy nghyfeillion dros y byd i gyd.

Roeddwn i'n dweud ar y dechrau 'mod i'n byw ar fy mhen fy hun, ond fel y gwelwch, doeddwn i ddim ar fy mhen fy hun yn ystod y driniaeth. Yn wir, rydw i am i chi wybod nad ydw i ar fy mhen fy hun o gwbl, ddim un diwrnod,

Nain Roberts ar ei gore

Mami a Dadi yn priodi

Pedair cenhedlaeth

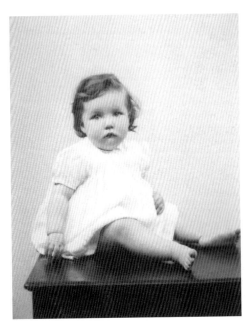

Y fi yn fabi bodlon

Gwenda, Bryan a finnau

Gwenda a finnau
gyda Mami

Y tri ohonon ni

Owting pnawn Sul
– teulu ni gydag
Yncl John ac Anti Fanny
yn Llandudno

Hapus ar y
merry-go-rownd

Ar faes chwarae'r Rec yng Nghorwen

Swancio ar y stryd yn Llandudno

Teulu ni yn Llandudno

Y fi a Sylvia yng nghefn tŷ
Taid a Nain Gwyddelwern

Ni'n tri yn ein dillad dydd Sul

Diwrnod cyntaf Pat yn yr Ysgol Uwchradd

Dadi mor prowd o Mami

Yn Canvey Island ar wyliau gyda Sylvia

Y cefndryd a'r c'nitherod

Ennill yn Eisteddfod
Genedlaethol Llanbedr
Pont Steffan

Tîm pêl-rwyd Ysgol
Ramadeg Merched y Bala

Yn fy ffedog wrth yr Aga

Wedi prifio

Sylvia a finnau fel Alma Cogan
a Petula Clark

Y gwallt mor bwysig, hyd yn oed bryd hynny

Morris School of Hair and Beauty yn Llundain

Gwenda, a finnau yng nghanol dau bishyn del, ar wyliau yn yr Eidal

Diwrnod bythgofiadwy ar lan Llyn Tryweryn, newydd ddod o'r capel gyda fy ffrindie o Gorwen

Y fi tu allan i'r Parlwr Gwallt

Dyddie da *Disc a Dawn*

Fy nghar cyntaf

Modelu yn Lerpwl

Ffansïo fy hun yn fodel

Ar fy ffordd i fyd teledu

Salwch meddwl yn gadael ei ôl

Hapus fy myd

Yr annwyl Dei Chem a finnau yn Blackpool

Finnau a Gwenda – y naill ffrind yn gofalu am y llall

Y fi, y mini a Dyl Griff

Carli, Melfed a finnau wrth droed y dderwen

Yn y grug ar ddiwrnod saethu

Cynefino yng Nghaerdydd gyda Gwenda

Adran Gyflwyno S4C

Beca, finnau a Gwenda ar draeth
ym Mhortiwgal

oherwydd mae gen i lu o gyd-weithwyr holistaidd dros y byd i gyd sy'n anfon iachâd, ffydd, nerth, gobaith a chariad i mi yn ddyddiol.

Trwy rwydwaith cryf, byd-eang mae modd rhoi a derbyn iachâd yn gyson, bedair awr ar hugain y dydd. Yr amseroedd penodol yn y wlad hon ydi wyth y bore a deg y nos. Mae'r byd erbyn hyn mor fach, a chysylltiadau pobol mor eang, fel bod gofal i bawb ym mhobman. Mae'r cylch o iachawyr yn cysylltu, y naill gyda'r llall, trwy e-byst a negeseuon testun.

Dros y blynyddoedd, wrth i fy niddordeb yn y maes holistaidd dyfu, rydw i wedi dod i adnabod mwy a mwy o bobol hynod fel hyn. Er enghraifft, flynyddoedd yn ôl, pan oeddwn i'n teithio yn China gyda fy ffrind, Pam Griffiths, a chriw o weithwyr holistaidd proffesiynol, cefais y pleser o ddod i adnabod Tayche Paul. Hogyn annwyl dros ben ydi Tay sy'n byw yn ochrau Llundain. Yn ogystal â bod yn iachäwr arbennig o dda, fel Pam, mae o'n gweithio ym myd gofal plant awtistig. Ymysg eraill gyda ni hefyd ar y daith ysbrydol o Singapore i Beijing roedd Tanya, Andromeda a Lynda. Cawsom weld cerfluniau carreg hynod Dazu, teithio ar hyd afon Yangtze a cherdded rhan o'r Wal Fawr ddiddiwedd. Yn ychwanegol at weld yr holl ryfeddodau hyn, roedd ymweld â nifer o demlau, yn ogystal â chael gwahanol driniaethau, yn brofiad amhrisiadwy.

Er enghraifft, pan oedden ni'n teithio ar long ar afon Yangtze, cefais y profiad anhygoel o deithio y tu hwnt i 'nghorff am y tro cyntaf erioed. Roeddwn i wedi bod yn teimlo'n swp sâl am oriau felly doedd dim i'w wneud ond mynd i orwedd yn dawel ar y gwely bync yn y caban. Tra oeddwn i'n gorffwys a myfyrio, yn sydyn dyma fi'n dechrau teimlo fy hun yn codi, fel petawn ar gylch o sidan, fel trampolîn, a llu o angylion yn fy nghario a fy symud yn nefolaidd hyd nes fy ngosod ar fwrdd y llong yng nghanol fy ffrindie, a oedd yn sefyll mewn cylch ac wedi cysylltu breichiau er mwyn anfon iachâd i'r afon a'i phobl a oedd yn cael eu dinistrio gan 'ddyn' a'i chwant barus.

Mae'n anodd credu y math yma o beth, mi wn, ond mi ddois i ddysgu a deall llawer mwy am bethau fel iacháu o bell, ac erbyn hyn mae teithio ysbrydol fel hyn yn rhan o fy mywyd o ddydd i ddydd. Fy hunan, rwy'n hoff iawn o weithio o bell (*distant healing*), mae o'n hynod effeithiol a phwerus, yn fwy felly os bydd y person yn hapus ac yn awyddus i dderbyn y rhodd.

Felly, am ddeg o'r gloch y nos, dyna lle byddaf yn anfon neges yn llawn egni cadarnhaol at Tayche Paul yn Llundain, sydd â chant o leiaf o bobol yn tiwnio i mewn, ac yn raddol bydd pobol eraill fel Tanya Misty yn Abu Dhabi yn ychwanegu at y rhestr. Efallai y gyrraf air i'r India, Awstralia, Zimbabwe, Sri Lanka, neu hyd yn oed Sir Fôn. Does dim diwedd i daith y weddi. A thros nos, cyn wyth y bore, bydd y negeseuon testun wedi dechrau llwytho'n rhesi ar y ffôn symudol ac mi fydda i'n delio â'r rheiny un ar y tro. Yn ystod y dydd bydd eraill, yn enwedig fy nghleients fy hun, yn cysylltu, am ba reswm bynnag, ac mae'n bleser, wir yn bleser, gallu anfon cymorth atyn nhw.

Os byddaf gartre, y patrwm am ddeg o'r gloch y nos ydi 'mod i'n gafael mewn pelen glir o wydr – bron â bod fel pelen risial – ac yn canolbwyntio ar y byd yn grwn. Yna trwy fy nychymyg byddaf yn fy ngollwng fy hun i lawr i ganol y belen, sy'n cynrychioli'r glôb neu'r bydysawd, ac yn dechrau anfon yr egni allan i bob cyfeiriad gyda fy anadl. Wedi i'r gwres dawelu yn fy nwylo, gyda diolch, byddaf yn llacio fy ngafael ar y belen, rhedeg y dwylo dan y tap dŵr oer, a dyna ni – *job done*!

Mae angen gonestrwydd yn y gwaith yma neu mae pethau'n mynd yn ffradach. Pwysig hefyd ydi bod yn hollol onest wrth ofyn am help. Gofynnwch, a chwi a gewch… ond byddwch yn ofalus o'r hyn yr ydech yn dymuno ei wireddu.

O diar, rwy'n siŵr bod llawer un yn meddwl bod hyn i gyd

yn swnio'n fflyffi iawn. Egni a gwres a dwylo, heb sôn am ryw *chakras* a lliwiau a synau rhyfedd. Felly dyma i chi enghraifft o'r math o sefyllfa lle mae'r technegau rwy'n eu defnyddio yn gallu helpu pobol. Weithiau dydech chi ddim yn gwybod beth yn union sy'n gweithio, na pham. Ond mae'r canlyniadau, y datblygiadau, yn siarad drostynt eu hunain.

Un tro, mi ofynnodd un o'r doctoriaid yn y practis lleol a fyddwn i'n gallu helpu ledi oedd yn glaf iddi. Roeddwn i wedi bod yn cynnal y dosbarth cadw'n iach yn y syrjeri ers peth amser ac roedd hi'n gwybod am y gwaith rwy'n ei wneud. Rŵan, roedd yr hen ledi druan mewn cyflwr digon trist. Roedd hi wedi cael pob math o lawdriniaethau, wedi gorfod colli'i choes, yn llyncu pob math o dabledi ac wedi mynd dan gwmwl o iselder oherwydd yr holl bethau oedd wedi digwydd iddi. Roedd hi wedi colli'i ffordd, rywsut, ac yn llythrennol yn methu rhoi un droed o flaen y llall i symud ymlaen. Druan â hi. Roedd hi'n styc. A bron fel petai hi isio peidio â bod.

"Fedri di wneud rhywbeth?" gofynnodd Dr Marina i mi, ac mi wnes fy ngore.

Wir i chi, dri mis yn ddiweddarach, fyddech chi ddim yn adnabod y ddynes. Mi fuon ni'n cyfarfod yn rheolaidd, ac wrth i mi ei thrin â fy ngwahanol dechnegau iacháu, yn raddol mi ddechreuodd pethau newid. Cyn bo hir doedd hi ddim yn gorfod cymryd y cyffuriau cryfion i ladd poen mwyach. Roedd popeth ar i fyny. A'r uchafbwynt i mi oedd galwad ffôn gefais i ganddi – meddyliwch – ar fore dydd Nadolig.

"Heulwen, rwy'n edrych ymlaen at heddiw," meddai Tanis.

A dyna i chi'r anrheg Nadolig ore y gallai unrhyw un fod wedi'i rhoi i mi, oedd clywed y gobaith yn ei llais. Roedd hi'n fraint i mi gael ei helpu.

Rhyw waith *mind over matter* meddai'r anghredinwyr yn eich plith, efallai? Ond gadewch i mi gynnig ffordd arall o feddwl am y peth. Fel roeddwn i'n dweud o'r blaen, mae'r meddwl a'r corff mor agos at ei gilydd, a'r hyn y mae'r technegau yma yn ei gynnig ydi ffordd arall i gael at y meddwl.

Ryden ni'n cuddio cymaint yn ein meddyliau, yn cuddio pob math o bethau oddi wrthym ni ein hunain hyd yn oed. Yn aml iawn dyden ni ddim yn gwybod ei hanner hi! Ond trwy gael pobol i ymlacio a thawelu, rwy'n gallu ymateb i'r negeseuon sy'n cyrraedd fy nwylo ac yna anfon egni oddi wrth fy nwylo yn ôl i ble bynnag y mae isymwybod yr unigolyn yn teimlo bod ei angen. Mae'r cyfan yn mynd i'r isymwybod, ac mae'n bwerus iawn.

Ond wyddoch chi beth sy'n iacháu ore?

Cariad.

Dyna sy'n cyffwrdd pobol, yn fwy na dim arall.

15

BYDDAI MWY O gariad wedi bod yn llesol iawn i mi pan gyrhaeddais i Lundain i weithio ers talwm. Gyda'r briodas yn chwilfriw, roedd angen i mi ddod o hyd i waith i 'nghynnal fy hun, cyn belled i ffwrdd o Lerpwl ag oedd modd! Roedd gan fy mrawd yng nghyfraith swydd bwysig yn Llundain ac roedd gan ei ysgrifenyddes bersonol fflat enfawr mewn tŷ yn Kensington. Trefnwyd y dylwn ddechrau gwneud cais am swyddi yn y ddinas fawr, a phetawn yn lwcus y cawn stafell yn y fflat. Er sioc i mi fy hun a phawb arall, cefais swydd yn Harrods, o bobman. A chyda chryn ryddhad, mae'n rhaid i mi gyfaddef, i ffwrdd â mi.

Yn wyth ar hugain oed roeddwn yn is-reolwraig ar y pumed llawr yn Harrods a oedd yn enwog am ei Hair and Beauty Salon. Fy swydd i oedd bod yn amlwg ar lawr y salon i ddelio ag unrhyw broblemau fyddai'n codi, yna ymateb i'r ddau reolwr yn eu swyddfeydd goruwch. Mewn siwt neu wisg ddu drwsiadus, sgidie sodle uchel a'm gwallt, ewinedd a cholur yn berffaith, byddwn ar ddyletswydd. Doedd dim awr o'r dydd yn mynd heibio na fyddai yna greisys yn rhyw ran o'r llawr anferth.

'Troubleshooter' oedd y term yn y disgrifiad swydd a dyna oedd gofyn i mi ei wneud. Ac roedd pawb yn eu tro yn achosi trwbwl. Roedd y *stylists* yn gymeriadau bregus ac yn fwy na pharod i ollwng eu sisyrnau a cherdded allan os nad oedd ymddygiad eu cwsmeriaid yn dderbyniol (mae'n hollol o chwith i'r hyn y byddech yn ei ddisgwyl, dydi!). Roedd y staff glanhau a staff y gegin yn fwy na pharod i ddweud eu dweud hefyd, ac yn cwyno am bob briwsionyn. (Oedd, roedd gennym ni gegin – a rhad arnom ni petaen ni'n rhedeg allan o siampên Crystal neu gafiâr Beluga: yn Harrods, byddai hynny'n ddiwedd y byd.) Wrth gwrs, roedd yna gwsmeriaid anodd hefyd – y rhai oedd yn mynnu'n uchel eu bod yn cael eu hoff gadair neu stafell driniaeth er eu bod wedi cyrraedd dros hanner awr yn hwyr. Staff y dderbynfa fyddai'n croesawu pawb ac yn delio â'r problemau i ddechrau, ond os nad oedd cymod i'w gael, byddai angen i mi fynd draw yno yn reit handi.

Wrth gyrraedd y salon roedd pob dim a welech yn binc ac aur a marmor. Carped pinc trwchus, ac yn ei ganol, fel ynys, y dderbynfa gyda'r holl deliffonau a llyfrau apwyntiadau. Pawb yno wedi pincio hyd at berffeithrwydd, â gwên blastig barhaol i gyfarch y cwsmeriaid cyfoethog. Dwy stepen i lawr o'r pinc wedyn at y llawr marmor llwyd-wyn gyda'r *manicure bay* ar y chwith, y tu cefn i glamp o ffownten ar bum lefel a physgod yn nofio o amgylch ei gwaelod, i dawelu nerfau'r gwragedd breintiedig. Heb air o gelwydd, un tro cefais fy ngalw i'r bae ewinedd at ddynes oedd ar ganol cael stranc, yn cwyno'n uchel nad oedd y *manicurist* yn gwneud ei gwaith yn ddigon da. Ar adegau fel hyn byddai gofyn i *mi* gamu i mewn a datrys pethau – bathodyn a gwisg smart yn effeithiol bob amser. Ar ôl ei thawelu, ac o'i holi, wyddoch chi beth oedd yn ei phoeni? Roedd hi wedi ordro tapiau aur, ie, aur cofiwch, i'r stafelloedd ymolchi yn ei chartref, a doedden nhw ddim wedi cyrraedd yn ôl y disgwyl y bore hwnnw! "What is the world coming to, my dear?" llefodd yn fan'no wrth ymyl y ffownten a'i physgod. Ie'n wir, pawb â'i fys lle bo'i friwes!

Mae gen i gof o Prys a Cath Edwards yn galw i 'ngweld wrth fy ngwaith un diwrnod. Dyna braf oedd gweld dau wyneb cyfarwydd yn y dderbynfa; y cysur o gael cyfarch a chofleidio dau annwyl a chall. Dau arall a safodd yn eu hunfan yn Harrods, ond â'u cegau'n agored led y pen, oedd fy nhad a Dei Pen Bont (tad Gwenda Griff); yn Llundain i fwynhau y Fat Stock Show.

Roeddwn wedi gwneud yn siŵr fod gen i awr gyfan yn rhydd er mwyn mynd â nhw i'r stafell fwyta ore yn Harrods am ginio – un o'r *perks* o weithio yno. Y ddau yn eu dillad gore, siwt smart, crys a thei, tei pin gan fy nhad hefyd, os cofiaf. Diwrnod hances boced lân a sgidie call. Dei Pen Bont â'i gap yn ei law a 'nhad yn cario'i het mewn un llaw, ac yn y llall, fag plastig yn llawn o gig wedi'i gario i mi bob cam o Gorwen, a'r geiriau 'GR Evans Corwen, Purveyor of Meat' arno. Mor browd.

Oedd, roedd o'n ddoniol, ond yn ddirdynnol yr un pryd. Roeddwn i isio dangos fy mod i'n gwneud yn iawn; ond roeddwn i'n stryglo yno hefyd. A dau ddyn doeth yn gweld trwy holl sothach a swanc y carped pinc a'r ffiligri aur, yn shifftio o'r naill droed i'r llall yn anghyfforddus. Fel y gofynnodd fy nhad (maddeuwch ei ddisgrifiad), "Oes 'na rywun yn normal yma, dywed? Mae'r dynion 'ma i gyd yn edrych fel tiwlips i mi." Pansis oedd un gair am hoywon bryd hynny, ond fuodd o erioed yn un da gyda blodau. Allan o'u cynefin ond yn werth y byd yn grwn. Ac ar un olwg, roedd o'n berffaith iawn. Roedd yna bob math o gymeriadau anghyffredin ymhlith staff y salon, pobol fregus a chreadigol lawer un, ac angen gafael yn eu llaw yn ofalus dros ben i arbed rhyw bandemoniwm tragwyddol.

Ar un llaw roeddwn i mewn byd cyfarwydd, cyffrous. Ond ar y llaw arall roedd pwysau'r gwaith, yr unigrwydd o fod ar fy mhen fy hun yn Llundain, a'r boen o fod ar goll yn emosiynol yn dilyn chwalfa'r briodas, yn fy mlino'n rhacs. Rwy'n trio penderfynu, rŵan, a oedd yna debygrwydd rhwng y blinder hwnnw ers talwm a'r blino pan oeddwn i ar y cemotherapi. Ond, na, yn bendant doedd dim. Blinder meddyliol oedd y drwg pan oeddwn i yn Llundain. Erbyn i'r canser godi'i ben, ddegawdau wedyn, roedd fy mywyd wedi newid yn sylfaenol a'r meddwl cymaint cryfach i ddelio â'r peth.

Ond blino, bobol bach, ac er gwneud fy ngore i ddal ymlaen â'r gwaith yn Harrods, doedd pethau ond megis dechrau, erbyn gweld. Yn y diwedd, wedi cyfnod o deimlo'n ddi-hwyl, collais fy llais yn llwyr a chael papur doctor am wythnos. Doedd arnaf fawr o awydd clafychu yn Llundain, felly trên tuag adre amdani. Ond lle'r oedd adre? Cofiwch, yn swyddogol, wedi gwahanu am gyfnod oeddwn i a'r gŵr, a doedd o ddim yn beth yr oeddech chi'n ei drafod yn agored y dyddiau hynny; cyfnod pan oedd drws bob tŷ yn agored, pawb yn nabod pawb, y naill yn gofalu am y llall, a chartref yn rhywle saff i redeg yn ôl iddo pan fyddai pethau'n mynd o chwith. Ac mae'n bwysig bod gennych chi rywle lle gallwch chi fynd, rhywle lle'r ydech chi'n teimlo'n saff i ymollwng.

Un peth sy'n dod â chysur i mi unrhyw bryd y bydd yna rywbeth yn fy mhlagio ydi sŵn afon. Aml i dro, ers talwm, mi fyddwn yn crwydro i lawr at lannau'r Ddyfrdwy sy'n llifo yn y pant islaw lle mae cartref fy chwaer erbyn heddiw. Rwy'n cofio mynd yno droeon gyda dwy ast Labrador ddu oedd gen i flynyddoedd yn ôl, Carli a Melfed. Ambell dro mi fyddwn i'n eistedd wrth droed hen dderwen gam yno. Roedd yna gysur rhyfedd i'w gael o gyrlio'n dynn rhwng gwreiddiau mor hynafol. Byddwn yn gwasgu fy mhengliniau i fyny at fy mrest, Carli a Melfed yn eistedd naill ochr i mi, ac yn canu nerth fy enaid:

> Ar lan 'rhen afon Ddyfrdwy ddofn
>   Eisteddai glân forwynig
> Gan ddistaw sisial wrthi'i hun,
>   "Gadawyd fi yn unig
> Heb gâr na chyfaill yn y byd,
>   Na chartref chwaith fynd iddo;
> Drws tŷ fy nhad sydd wedi'i gloi,
>   Rwy'n wrthodedig heno…"

Pan oedd fy mywyd priodasol yn chwalu'n rhacs, roedd arna i ofn mynd adre i dŷ fy nhad a'm mam. Oeddwn, roeddwn i'n disgwyl i'r drws fod dan glo. O, y fath gywilydd! Yr unig un yn y teulu i wneud *mess* o bethau. Roedd *divorce* bryd hynny yn beth cywilyddus a stigma chwerw yn gysylltiedig ag o. Rwy'n cofio eistedd am oriau gyda Mami yn disgwyl i Dadi ddod adre o ryw bwyllgor neu'i gilydd.

"Gwilym, mae gan Heulwen rywbeth i'w ddweud wrtha ti," meddai Mami.

"O, be sy?"

Allwn i yn fy myw â ffeindio'r geiriau i ddweud yr hyn oedd yn digwydd i mi. Llyncu 'mhoeri, trio eto. Dim byd yn dod allan. Llygaid yn dechrau llenwi, gwasgu pob owns o nerth oedd gen i er mwyn peidio â chrio... methu! Dagrau poeth yn powlio i lawr yn ddidrugaredd, pob diferyn yn brifo, brifo gyda'r boen a'r ofn roeddwn i wedi'u cario ers misoedd.

Mami, fel arfer yn dod i'r adwy.

"Tydi Heulwen a Michael ddim yn hapus, Gwilym. Maen nhw am wahanu."

"Gwahanu? Be ddiawl sy'n bod?"

Ond ar ôl i Mami esbonio mwy wrtho, agorodd ei freichiau a gafael amdana i – peth hollol allan o gymeriad i Dadi ei wneud.

"Ty'd yma, ty'd yma, Heulwen fach, wnewn ni edrych ar dy ôl. Paid ti â phoeni, wnewn ni'n siŵr dy fod ti'n iawn."

Oedd, roedd y drws yn agored i mi. Roedd y ddau *yno* i mi, hyd eu diwedd.

Wyddoch chi, flynyddoedd wedyn mi ddois i ddeall nad oedd y chwalfa'n gwbl annisgwyl i fy rhieni. Dal yn ôl rhag lleisio'u hamheuon wnaethon nhw. Roedden nhw wedi gweld nad da i gyd oedd y dyn a'i eiriau slic a'i ffordd ffansi, ond doedden nhw ddim am dorri fy nghalon a finnau mewn cariad. Cefais y gwir gan fy nhad, ychydig cyn iddo farw. Meddyliwch mor anodd oedd cadw'u pryderon iddyn nhw eu hunain rhag fy mrifo. Yr eironi wedyn o sylweddoli 'mod i'n brifo beth bynnag. A do, mi fuon nhw'n gefn i mi drwy'r cyfan. Ond nid dyna ddiwedd fy helyntion chwaith, oherwydd o fewn blwyddyn, yn Ysbyty Meddwl Dinbych y byddwn i. Mae 'mhen i'n powndio wrth ddweud hyn wrthych chi, a 'nghalon yn torri wrth feddwl am yr holl ofid a loes a rois i'r ddau.

Chawson nhw ddim trafferth yn magu Bryan a Gwenda, ond FI... stori arall oedd honno!

Eto, dyna sy'n fy ngwneud i fel ag yr ydw i, debyg...

Mi fyddai Dadi'n dweud yn aml, "Dwn i ddim o ble ddo'th hon, Gwyneth. Mae hi'n wahanol i'r ddau arall." Er da, er drwg... Duw yn unig a ŵyr. Y cyfan wn i ydi 'mod i wedi bod, ac yn dal i fod, yn hynod, hynod lwcus o 'nheulu a'm ffrindie. Yn hynny o beth rwy'n gyfoethog dros ben ac yn gwerthfawrogi'n arw. Efallai mai dyna'r rheswm pam mae gen i'r fath ysfa dragwyddol i helpu eraill yn fy nhro.

Wel, ffrind arall a ddaeth i'r adwy pan es i'n sâl yn Harrods oedd Maureen; Gwyddeles gref, alluog a dibynadwy. Roedd hi wedi deall nad oeddwn i'n iawn o bell ffordd a mynnodd fy mod yn mynd i aros yn y ffermdy ym Mryneglwys gyda hi a'i gŵr, Tom. Daeth Maureen i gwrdd â'r trên yng Nghaer ac mae hi'n dweud ei bod hi'n gallu gweld yn syth nad oedd pethau'n dda. Heb sôn am golli fy llais, roeddwn i'n denau iawn, yn llwyd ofnadwy a phrin yn gwybod lle roeddwn i na beth oeddwn i'n ei wneud. Dydw i'n cofio fawr ddim am fod yno, a dweud y gwir. Ond yn ôl Maureen doeddwn i ddim isio gwneud yr un dim, yn gryndod i gyd, yn gwrthod cysgu mewn gwely (mynnu cysgu ar lawr) ac yn gyndyn o fentro allan. Pan es i allan yn y diwedd, mynnais fynd drwy'r ffenest! Wel, doeddwn i'n gwneud dim synnwyr erbyn hynny ac roedd hi'n amlwg fod rhywbeth mawr o'i le. Bu'n rhaid iddyn nhw alw meddyg i fy ngweld ac yna mi alwodd hwnnw'r seiciatrydd.

Ysbyty Meddwl Dinbych oedd yr unig fan lle y gallwn gael y gofal a oedd ei angen. A dyna ble gyrrwyd fi. Heb fynd i fanylu, roedd y lle yn nefoedd ac uffern ar yr un pryd.

'Asylum' medden nhw yn Saesneg, ynde? Y seilam. Ac rwy'n eithaf hoff o'r gair hwnnw. Oherwydd dyna oedd y lle i mi ar un olwg: noddfa. Wrth gwrs, noddfa i *mi* rhag y byd oedd o. Roeddwn i'n gweld pethau'n berffaith glir – y byd oedd yn wirion. A doeddwn i ddim isio bod yn rhan o'r byd hwnnw. Doeddwn i ddim isio byw. Rwy'n cofio y byddai Mami'n galw i fy ngweld yn gyson ac yn dod â *sandwiches* hyfryd i mi, a finnau'n meddwl, "I be mae hi'n ponsian? Mae hi'n blwmin niwsans! Dwi'm isio byw."

Efallai y bydd y pennill yma – yn Saesneg, sylwch! – yn agor eich llygaid i'r stad, y cyflwr roeddwn i ynddo, ar drothwy'r deg ar hugain. Dyma gerdd ysgrifennais i yn y cyfnod hwnnw, pan oeddwn yn yr ysbyty.

No sleep, no slumber, no silence,
Sheer hell molesting my mind,
Please tell where I might find some guidance,
I fear I've been left far behind.
I've tried to be brave and resourceful
To consider each step that I took,
But still in this quandary, I'm doubtful,
What queries did I overlook?
Each day is the same quite regardless
Of what people may soothingly say.
I am lost, and the feeling is endless,
I dread every hour of the day.
I have listened to people of wisdom
Give advice on how strong I must be,
How to solve this unsolvable problem,
But the answer lies deep within me.
The main problem now, as I see it,
Is to force myself on, just to live,
I regret I can not guarantee it,
I have given life all I can give.
Can't you see that I'm tired of struggling?
Can't you see what's going on in my head?
Can't you see that I lack any feeling?
I am cold. I am numb... I am dead.

Mae yna fwy, llawer mwy! Mae llond llyfr o waith tebyg yn aros i weld golau dydd ryw ddydd. Y teitl? *Asylum Nights*. Cadwch lygad amdano!

Beth bynnag oedd y drwg a wnaed i mi – erbyn hynny'n pwyso dan chwe stôn, a'r sefyllfa'n seriws – roedd y niwed mor ddwfn yn feddyliol nes iddi gymryd amser maith i ddod at ei wraidd. Yn y seilam cefais bob math o driniaethau, o gyffuriau wnaeth i mi gysgu am wythnos, i gerrynt ECT i roi sioc drydan i fy ymennydd! A wyddoch chi beth, wn i ddim gafodd o effaith arna i ai peidio. Mi gafodd effaith ar fy nheulu, mae hynny'n sicr.

Y trobwynt i mi, rwy'n meddwl, fisoedd lawer yn ddiweddarach oedd dechrau dod i ddeall nad arna i roedd y bai. Ar ôl i mi fod yn yr ysbyty am tua deunaw mis, daeth fy ngŵr i fy ngweld gyda'i gyfreithiwr a phapurau ysgariad. Y noson honno allwn i setlo at ddim, crwydro'r coridor yn ôl ac ymlaen nes bod un o'r nyrsys yn y diwedd yn trio dod at wraidd yr angerdd oedd yn llosgi y tu mewn i mi.

"Tell me," meddai hi. "Tell me."

Ac am y tro cyntaf erioed, clywais fy hun yn dweud:

"I hate him."

A'r nyrs hithau'n dweud wedyn, "Say it again." Drosodd a throsodd. "Say it. Say it. Say it."

Gweld bod bai ar fy ngŵr a sylweddoli – gallu dweud yn agored – cymaint roeddwn i'n ei gasáu. Gwylltio, a ffeindio fy llais a dechrau gwella.

Ar ôl dwy flynedd fel *in-patient*, cefais ddechrau dod allan. Am gyfnodau byr.

16

UN O'R PETHAU oedd yn codi fy nghalon yn fwy na dim yn nyddiau cynnar y cemotherapi oedd fod pobol mor annwyl a meddylgar. Yn anfon y cardiau rhyfeddaf! Rhai doniol yn dangos blonden â bŵbs fel buwch; rhai â geiriau fel... *Let me be your bosom pal... Keep me abreast of your titillating story* a'u tebyg; cardiau o ferched yn cael *bad hair day* a chardiau'n sôn am ffrindie'n rhannu profiadau, y naill yno i'r llall, waeth beth a ddaw. Cefais glamp o gerdyn mawr gan fy mêts yn S4C, o'r bosys i'm cyd-weithwyr, o'r gofalwyr i'r merched yn y gegin a fu'n paratoi fy hoff swper – omlet a *chips* – am flynyddoedd. Ar ben hynny, roedden nhw wedi casglu arian er mwyn i mi gael tretio fy hun i rywbeth arbennig. Sôn am ffeind a meddylgar.

I mi, roedd hi'n hyfryd gweld cardiau a llythyrau yn cyrraedd yn ddyddiol, weithiau gan bobol nad oeddwn i wedi'u gweld ers blynyddoedd. Cefais aml i gerdyn gan bobol nad oeddwn i erioed wedi'u cwrdd, ond eu bod nhw'n teimlo'n agos ataf gan 'mod i'n llais mor gyfarwydd iddyn nhw ar y teledu. Pob un wan jac yn werth y byd, diolch amdanyn nhw. Un bore, daeth y postmon at y drws dan ei bwn gyda llwyth arall o lythyrau a bocs mawr yn llawn o flodau.

"Here you are," gwenodd. "Is it your birthday?"

Finnau wedi agor y drws yn fy *dressing gown*, dim llawer o wallt, ond gwên ar fy wyneb innau wrth ateb, "No, I've got cancer." Y creadur bach, mi gafodd y fath sioc. Baglu ei ffordd am y fan wnaeth o gan ymddiheuro, "Sorry, sorry, so sorry..." Ond doedd dim angen iddo. Mae o'n dal i alw heibio, a 'den ni'n fêts erbyn hyn. Deall ein gilydd. Da, ynde?

Fues i erioed yn hoff o'r blwmin ffôn symudol ond mi drodd hwnnw'n ffrind mynwesol i mi yn y cyfnod yma hefyd. Yr holl negeseuon gan hwn a'r llall, pob un yn codi fy nghalon. Ac mae cadw mewn cysylltiad mor bwysig, er nad ydi hynny'n hawdd i bawb. I rai mae'r gair canser a'r hyn oll sy'n gysylltiedig ag o yn ormod. Gydag ambell un, roedd eu hymateb i'r canser yn ormod i mi...

Roedd un ffrind yn methu deall pam nad oeddwn i'n wynebu'r hyn oedd yn digwydd i mi 'fel y dylwn i'. Yn ei meddwl hi, roeddwn i'n gwrthod cydnabod y gwir; roeddwn i *in denial* fel maen nhw'n ddweud. Yn ei barn hi, roeddwn i'n dioddef o ganser felly mi fyddai'r cyflwr yn fy llorio, mi fyddwn i'n dorcalonnus, yn isel, yn sâl yr olwg ac yn werth dim. Bron nad oedd fy ymateb i, sef derbyn yr holl uffern gyda gwên ac ysbryd o lawenydd, yn ei gwylltio'n gacwn. Doeddwn i ddim yn dilyn y patrwm confensiynol ac, fel un sy'n hoff o gael rheolaeth ar bethau, ar sefyllfaoedd, hyd yn oed ar fywydau pobol eraill, roedd hi ar goll yn llwyr.

Ar ganol paned o de a chacen lemwn mewn caffi, gallwn weld ei chefn yn sythu a chlywed ei llais yn mynd yn fwy gwichlyd.

"Be sy'n bod arnat ti?" meddai hi. "Wyt ti'n sylweddoli bod canser arnat ti? Dwi'n meddwl dy fod ti'n byw mewn bybl. Dwi isio byrstio'r bybl gwirion yna er mwyn i ti sylweddoli beth sy'n digwydd i ti, Heulwen."

"Paid siarad efo fi fel 'na," oedd fy ymateb. "Dwi'n gwbod fod blydi canser arna i a dwi'n trio 'ngore i fyw efo'r blydi *thing*."

Rhaid oedd ymbellhau er fy lles fy hun. Do, bu geiriau, a do, mi wnes i regi. Roedd yn rhaid siarad yn blwmp ac yn blaen. Doedd hynny ddim yn beth hawdd, ond allwn i ddim delio â theimladau negyddol gan bobol eraill o fy nghwmpas. Felly yn yr achos hwnnw, torri cysylltiad am sbel oedd yr unig beth i'w wneud.

Y trydydd cemo: hanner ffordd. Beth fyddai'r canlyniad, tybed? Oedd, roedd y driniaeth yn gweithio a'r lwmp yn araf leihau. Oherwydd hynny doedd dim rhaid newid y coctel cyffuriau, a oedd yn rhyddhad mawr. Pe na bai'n gweithio, byddai'n rhaid mynd ar goncocsiwn cryfach gyda sgil-effeithiau gwahanol, o bosib.

Trwy gydol yr amser yr oeddwn i'n mynd trwy'r cemo, roedd y criw ffilmio o gwmpas, yn anfon negeseuon, yn galw draw yn y tŷ â danteithion blasus ac yn anfon anrhegion bach doniol trwy'r post. Hefyd, yn yr ysbyty, roedd camera wedi'i osod yn y stafell driniaeth i mi siarad iddo pryd bynnag yr hoffwn, felly roedd rhywun o'r criw o gwmpas drwy'r adeg rhag ofn bod angen newid y batri ac ati. Dwn i ddim beth fyddwn i wedi'i wneud hebddyn nhw.

Fel roedd pethau, roedd hi'n ymddangos bod y cemegion yn gwneud eu gwaith. Mi fyddwn i'n teimlo fymryn yn chwydlyd weithiau, a gwan wrth gwrs, ond roedd yna steroid yn y gymysgedd oedd yn fendith o ran cynnal rhywfaint o egni. Gwaetha'r modd, roedd o'n gwneud i mi fagu pwysau yr un pryd. (Mi fagais ddwy stôn yn y diwedd.) Gwasg elastig i bob dim felly, a chymaint o liwiau coch, melyn, piws a phinc â phosib – unrhyw liw sy'n adlewyrchu egni da ac iach, fel bod therapi lliw yn gweithio o'r tu allan at i mewn.

Ac ymhyfrydu mewn unrhyw arlliw o welliant. Anodd ydi disgrifio'r amheuon bach slei sy'n llithro i'r isymwybod ac yn cynhyrfu'r nerfau cyn pob cyfarfod. Ond mae'r rhyddhad o glywed newyddion da gan y meddygon yn gyrru'r adrenalin yn boncyrs.

Pe na bawn i wedi cadw dyddiadur, byddai wythnosau'r cemotherapi, o Ebrill hyd ddiwedd Awst, i gyd wedi toddi'n un. Fel mae hi, o edrych yn ôl drwy'r pytiau byrion a gedwais, rwy'n sylweddoli cymaint y pwysais ar garedigrwydd pobol eraill. Ai gwendid neu gryfder sydd ei angen i dderbyn haelioni eraill? Tipyn o'r ddau, debyg. Gras, gostyngeiddrwydd a'r parodrwydd i fod yn ddiolchgar

79

am bob mymryn. Weithiau mae'n rhaid bod yn gefnsyth a chadarn fel derwen; dro arall mae gofyn bod fel helygen hyblyg, yn plygu gyda'r gwynt; yn tawel sugno'r maeth o'r ddaear tra bo storm yn chwipio'r canghennau.

Pan ddaeth Gwenda, fy chwaer, a'i gŵr Glyn i lawr i'm gweld yn y cyfnod yma, nid derwen mohonof y diwrnod hwnnw. Rwy'n cofio teimlo'n swil o'u hymweliad. Daeth fy hen ffrind Rhiannon (Jedwell) gyda nhw hefyd. Damia, mae'n anodd cael trefn ar yr emosiwn gyda phobl sy'n agos iawn, iawn atom ni; mae rhywun yn teimlo'n fwy bregus nag arfer, goelia i. Ac maen nhw, anwyliaid, isio ysgafnhau'r baich ond allan nhw ddim. (Y diwrnod hwnnw, roedd gweld Rhiannon yn plygu dan boen arthritis rhiwmatoid yn fy mhoeni'n fwy na fy ngwaeledd fy hun. Erbyn hyn, rwy'n falch o ddweud bod ei chyflwr hithau dan well rheolaeth.) Ond, wyddoch chi'r siarad heb eiriau yna sy'n digwydd rhwng y bobol agosaf? Wel, y diwrnod hwnnw roedd llygaid fy chwaer yn dweud y cyfan.

Tydi hi ddim yn hawdd chwaith disgrifio'r ansicrwydd a deimlwn wrth gyfarfod fy mrawd mawr, Bryan. A'r mwyaf yr oeddwn yn poeni am yr achlysur, y mwyaf blinedig a gwan oeddwn i. Er 'mod i'n teimlo ar y pryd fy mod yn ymdopi'n reit ddel â bywyd o ddydd i ddydd, roedd unrhyw beth allan o'r cyffredin yn tueddu i danseilio fy sicrwydd, ac yn gallu fy ypsetio. Yn y diwedd, pan gyrhaeddodd fy mrawd a'i gymar aeth yr ymweliad yn eithaf da. Yr un peth na chefais i mohono oedd sgwrs ar fy mhen fy hun gyda Bryan, jest y fo a fi, a siom oedd hynny. Rhyfedd sut mae pethau bach dibwys-bwysig fel hyn yn gallu effeithio ar rywun am yn hir. Bryan ydi'r hynaf yn y teulu. Fy mrawd mawr. A thrwy hyn i gyd roeddwn i'n teimlo fel geneth fach tua saith oed, ar goll, isio ymestyn am help, ac eto ofn gofyn.

Owtings. Dyma'r patrwm: manteisio ar bob gwahoddiad i fynd am goffi neu ginio bach gyda ffrindie ffeind. Cofiwch chi, roedd hanner awr go lew yn ddigon, oherwydd roedd y nerth a'r ymdrech oedd ei angen i baratoi ar gyfer owting o'r fath yn llawer mwy nag arfer, a blinder a gwendid yn feistri a reolai bopeth ar y pryd. Wrth baratoi i fynd ar jolihoit i ganol pobol, byddai paratoi'r meddwl yr un mor bwysig â pharatoi'r corff. Myfyrio yn y bore. Bath braf i ymlacio, gan fod yn ymwybodol fod y croen yn fwy sensitif nag erioed. Gofalu gwisgo sgidie, nid sandals agored, rhag ofn niweidio'r croen a chodi haint. A gofalu hefyd, cyn ac ar ôl cyrraedd, nad oeddwn i mewn cysylltiad â rhywun dan annwyd neu ffliw neu beswch... Nid bod yn ffyslyd ydi hyn, ond bod yn gall. Ac wedi mwynhau orig fach owt and abowt, adre'n ôl i orffwys – ran amlaf ar fy nghefn ar y llawr, wedi plygu fy mhengliniau a chodi fy nghoesau ar ben y soffa. Dro arall, blino cymaint, fel na fyddai dim dewis ond mynd ar fy mhen i'r gwely.

Weithiau byddai ffrindie'n galw heibio, wedi ffonio'n gyntaf i wneud yn siŵr fod hynny'n gyfleus, chwarae teg. Ambell un yn dod â photyn o jam cartre (diolch, Robin Jones ac Eirlys!) tra byddai Nia Wyn yn dod â phwdin reis poeth a chroen perffaith ar ei ben – hawdd ei fwyta a maethlon hen ffasiwn. Mmm! Mae ffrind arall, Anja, hyd heddiw yn gadael cacen lemwn neu gacen goffi ar garreg y drws yn rheolaidd. Mae hi'n dweud mai'r *fairy* fawr sy'n dod â hi... Hywel Gwynfryn ydi hwnnw!

Un o'r anrhegion gore gefais i erioed oedd peth rhyfedd dros ben... roedd Nia Wyn, o'r BBC gynt, wrthi'n siopa yn Tesco pan welodd y tedi bêr bach gwyn dela 'rioed a meddwl amdana i. Am annwyl. Ond y peth gore oll, fel y dangosodd Nia pan gyrhaeddodd gyda'r tedi, oedd ei sŵn. "Pan fyddi di'n teimlo'n isel, gwasga'i fol o." Chwerthin! Chlywes i erioed beth mor ddoniol. Real chwerthin o waelod bol, ac ochenaid ar y diwedd, a jest pan ydech chi'n meddwl ei fod o wedi gorffen, mae o'n dechrau eto. Erbyn hyn, pan fydda i'n mynd o gwmpas i sgwrsio am ganser y fron, mae Ted yn dod gyda fi er mwyn atgoffa pobol mor bwysig ydi gallu chwerthin trwy'r cyfan... wel, pan allwn ni, o leiaf.

Yn y cyfnod hwn hefyd, rwy'n cofnodi mynd am ginio gyda fy ffrind, Branwen Cennard. Wyddoch chi, mi sgwennais i at gwmni M&S yng Nghroes Cwrlwys i ddweud cymaint y gwnaethon nhw ei gyfrannu at f'adferiad i – roedd y siop a'r bistro yno yn fan cyfarfod mor gyfleus a chyson am therapi siopa, sgwrsio a bwyta. Ambell ddiwrnod, byddai pwyso ar y droli yn rheidrwydd; dro arall, yn gryfach o ran nerth, byddwn yn symud yn fwy mentrus rhwng y siopwyr. A'r diwrnod hwnnw dros ginio, wrth sgwrsio gyda Branwen, y cododd y syniad y dylwn i ysgrifennu llyfr am fy mhrofiad o ganser. Roedd hynny dair blynedd yn ôl. Er iddi fy ysgogi i brynu dictaffon, ddefnyddies i erioed mohono, ond dyma fi erbyn hyn yn teipio'r profiadau yma, yn ymateb i'w syniad ac yn dilyn fy mreuddwyd. Ydech chi'n cofio...byddwch ofalus o'r hyn a ddeisyfwch... mae'n fwy na phosib y daw'n wir.

Roedd cwmpeini a chefnogaeth ffrindie yn hanfodol bwysig i mi yn y cyfnod yma ac rwy'n lwcus iawn ohonyn nhw i gyd. Ond roeddwn i hefyd yn fodlon troi am farn a chymorth gan weithwyr iechyd y tu allan i'r ysbyty a'i feddyginiaethau confensiynol. Roeddwn i'n fodlon ystyried unrhyw beth allai fy helpu ar fy ffordd.

Cefais sesiynau gwych gyda Lois Eckley sy'n defnyddio crisialau pur ac egni angylaidd i fy helpu i gadw'n iach a chlir fy meddwl. Mae ganddi gasgliad o grisialau arbennig a sidanau o bob lliw – yn wyrddlas a hufen a lliwiau llesol eraill – sy'n cael eu taenu dros ran uchaf y corff, ac alla i ddim wir esbonio beth roedd hi'n ei wneud na sut y mae'n gweithio, ond roedd Lois yn canolbwyntio ar gysylltu â'i hysbrydoliaeth ddofn ei hun. Y cyfan oedd angen i mi ei wneud oedd gorwedd yn dawel a derbyn ei rhodd o helpu clirio rhwystrau meddyliol neu gorfforol. Mae Lois yn ferch anhygoel o dalentog a chanddi anian etherial a sbesial tu hwnt. Mae'r cyfan wnaeth hi er fy mwyn yn fuddiol, amhrisiadwy.

Bu Pam Griffiths yn gysur mawr i mi hefyd. Gyda'i help hi, roeddwn yn gorffwyso'n ddwfn ac yn hedfan weithiau y tu hwnt i'r holl helynt. Adweitheg a Reiki ydi prif feysydd Pam ond mi fydd hi hefyd yn galw ar angylion i wneud eu rhan. Rwy'n deall y bydd hyn yn anodd i rai ohonoch ei amgyffred ond, yn fy marn i, mae yna fwy i'r hen fyd yma nag y gwyddom ni amdano. Cyn belled â bod y meddwl yn agored i dderbyn profiadau na allwn ni o bosib eu dadansoddi, mae yna fydysawd o ryfeddodau allan yna.

Mae'r dyddiadur hefyd yn llawn o fanylion apwyntiadau rhyw glinig neu'i gilydd. Hyn oll gyda Pat wrth olwyn y car yn ein gyrru yn ôl ac ymlaen – ein gyrru ar gyfeiliorn ambell waith gan ein bod ni'n dwy mor afreolus. A bob tro, wrth gyrraedd yr ysbyty, y drefn oedd dod o hyd i fan parcio lle gallen ni yrru i mewn ac yn syth allan heb stopio. Achos, fel y dywedai Pat, "I don't do reverse." Mae hyn yn gwneud i mi chwerthin dro ar ôl tro. A wyddoch chi, mae yna wers i ni gyd yn hyn; gwnewch yn siŵr o'r dechrau eich bod chi'n gallu gweld y ffordd allan o unrhyw sefyllfa!

Cyfnod cyfnewidiol a dim modd cynllunio o un diwrnod i'r llall. Dim ond dal i fynd drwy'r cyfan.

Tynnu gwaed un diwrnod. Cemotherapi pedwar. *Check-up* hyn, *check-up* llall. Cemotherapi pump. A thrip arall i'r Royal Glam. Oedd, roedd y fron i'w gweld yn iawn, y tiwmor yn lleihau a'r chwarennau lymff yn ymateb yn dda i'r driniaeth. 'CT Scan, chest and abdomen' sydd i lawr ar gyfer y diwrnod wedyn.

1 Gorff: Blino'n lân. Nia Parry'n galw yn y tŷ â blodyn haul – crio – beichio crio. Teimlo'n well… Dod ataf fy hun.

3 Gorff: Y "CYSGOD" yn chwarae ar fy meddwl. Gad iddo fynd. *Let it be gone*. Ypsetio fy hun am ddim rheswm.

16 Gorff: Fflopi i gyd – cryndod – curiad calon yn od.

19 Gorff: Deffro'n gynnar 5a.m. Gwantan, cysglyd, gwely drwy'r dydd.

Ond doedd pob sylw yn y dyddiadur ddim yn destun pryder, cofiwch. Roedd y lwmpyn yn mynd yn llai. Gallwn deimlo hynny. Roedd y sgan yn cadarnhau hynny. Ar Orffennaf yr 22ain, mae'r dyddiadur yn dweud 'hyper a hapus heddiw', wedi derbyn y newyddion calonogol gan y doctoriaid. Ac mae'n fy atgoffa 'mod i wedi cael wig newydd yn anrheg gan Gwenda Griff; o gasgliad Raquel Welch. Wyddoch chi beth oedd ei enw? *Power!*

17

WEDI DWY FLYNEDD gyfan yn glaf dan glo yn Ysbyty Meddwl Dinbych, cefais ddechrau dod allan bob hyn a hyn. Doedd yr adegau hynny ddim heb eu helynt. Ond yn y diwedd dechreuais gynefino yn ôl yng Nghorwen yng nghesail fy nheulu a'm ffrindie. Eto, mi ddywedwn iddi gymryd cryn ddwy flynedd arall cyn i mi fod yn byw yn gall.

Yn ystod y cyfnod yma, rwy'n cofio Dei Chem, y fferyllydd yng Nghorwen, yn galw i 'ngweld yn yr ysbyty. "Be wyt ti isio Dolig yma?" gofynnodd. "Dim byd," oedd f'ateb swta. "Wel, iawn," meddai yntau, "ond wyddost ti be faswn i'n lecio – sane coch." Ac mi ganodd hynny gloch. Rhoddodd reswm i mi feddwl am rywun arall, am y tro cyntaf o bosib yn yr holl gyfnod yma. Dyna drobwynt. Ac roedd Dei yn andros o gymeriad: un tro, wrth alw heibio, daeth â llond bŵt car o sandals Dr Scholl i'r nyrsys! Un felly oedd o, byth yn dal yn ôl ar garedigrwydd neu wneud tro da. A bu'n ffeind iawn gyda fi.

Fel y gallwch ddychmygu, ar y dechrau ar ôl cyrraedd adre, roeddwn i braidd yn swil o weld pobol, ond byddai Dei Chem yn galw ac yn fy annog i helpu gyda'r gwaith yn y disbensari yng nghefn ei siop, o'r golwg. Fesul tipyn, byddai rhyw esgus i'm denu at y cownter – hon a hon yn sâl heddiw, pawb arall rhy brysur, cer di i helpu, 'mond am funud... ac yn raddol roeddwn innau'n ymlacio i fod yno. Roedd arno *fo* angen fy help *i*!

Ymhen sbel, aeth rhannu gwaith yn rhannu amser a chartre gyda'r annwyl Dei Chem a'i fechgyn Hywel a Jon. Roedd y ddwy Labrador ddu, Carli a Melfed, yno hefyd, yn rhan o'r patrwm byw fu mor llesol i mi, ac yn llenwi'r tŷ â'u blew a'u cysur. Perthynas glòs, dymhestlog ond yn llawn cariad oedd hi. Fuodd neb mor sbesial â Dei Chem – mi wnâi unrhyw beth i unrhyw un – ar ei draul ei hun. Yn y diwedd, ar ôl tua phedair blynedd, daeth pethau i ben. Tybed oedd rhywbeth yn fy nghyfansoddiad yn golygu na allwn i gynnal y berthynas honno chwaith? Ond hei-ho, mae gen i gof annwyl iawn am y cyfnod... dyddiau da dros ben!

Fyny a lawr. Dyna ydi bywyd, ynde? *Ups* a *downs*. A thrwy gydol fy nhriniaeth, a'i holl *ups* a *downs*, roedd bywyd yn mynd ymlaen yn ddifaddeuant. Roedd yna filiau i'w talu o hyd a jobsys i'w gwneud. Daria... cefais y sioc ryfedda un bore o sylweddoli nad oeddwn wedi trethu'r car, er cael nodyn atgoffa. Rhyfedd sut mae pethau pwysig fel hyn yn mynd yn angof yng nghanol sioc a thrawma.

Pethau ymarferol hefyd, fel y ffaith bod ffens yr ardd mewn peryg o syrthio os na wnawn i rywbeth yn ei chylch. Daeth cymydog i helpu tyllu, codi pyst a gosod ffens newydd yn ei lle. Penderfynais blannu planhigion lliwgar a fyddai'n harddu'r olygfa o'r stafell fyw ond roedd pob un jobyn bach yn cymryd amser hir i'w gyflawni oherwydd y blinder. Eto, am bob owns o flinder, roedd pleser yr un pryd. Ac fel y dywedodd y nyrs: ar ddiwrnod da, gwnewch ychydig llai na'r gofyn, ac ar ddiwrnod gwael, gwthiwch ychydig mwy. Geiriau a fu'n gysur lawer gwaith.

Roeddwn i'n ffyddiog y byddwn yn ddigon cryf i fynd i Gyngerdd Coffa Ray Gravell. Wedi dewis fy nillad ac edrych ymlaen trwy'r dydd, sylweddolais tua diwedd y prynhawn fod pob owns o nerth wedi llifo ohona i, fel petai rhywun wedi tynnu'r plwg a gollwng y dŵr o'r bath... damia! Mor dorcalonnus, mor ddigalon. Mynd i'r gwely i grio a theimlo'n sori drosof fi'n hun. Siom a thristwch.

Dridiau yn ddiweddarach roedd dyddiad arbennig arall yn y dyddiadur: gwahoddiad gan Branwen i fynd i lansiad carped coch y ffilm *Ryan & Ronnie* yn Cineworld yma yng Nghaerdydd. Paratoi'n ofalus, gwisgo fy wig a dillad newydd sbon a chael fy nghludo yno gan Gwenda Griff. O gyrraedd, sylweddoli'n sydyn fod hon yn noson fawr. Roedd yno lond y lle o wynebau cyfarwydd o fyd y cyfryngau a thu hwnt yn cymdeithasu dros wydraid o win a bwydydd bys a bawd blasus cyn gwylio'r ffilm. Teimlo'n wanllyd o dro i dro ond mor prowd o fod yno ac mor falch dros Branwen a Meic Povey. Gofalu eistedd mewn man lle gallwn symud a gadael yn dawel... petai raid. Ond, na... aros a mwynhau hyd y diwedd. Noson fendigedig. Yn y dyddiadur cyn cysgu, dyma sgwennu: "Noson anhygoel... sôn am lwyddiant!" Llwyddiant ar fwy nag un lefel – llwyddiant y ffilm, wrth reswm, ond hefyd y ffaith 'mod i wedi para'r noson heb golapsio. Ardderchog.

Roedd achlysuron fel hyn, fawr a bach, yn gnoc ac yn hwb i'r hyder fel ei gilydd. Rwy'n cofio mwynhau noson yn yr opera yng Nghanolfan y Mileniwm gyda Gwenda Griff a'i merch Beca. Opera fodern oedd hi, ddim at ddant yr un ohonom, ac aethon ni ddim yn ôl ar gyfer yr ail hanner, ond roedden ni'n tair allan gyda'n gilydd fin nos, dyna oedd yn bwysig, a bu coffi a sgwrs yn Bar 1 yn bleser.

Cefais sawl cinio a choffi yn y Bae yn ystod y misoedd hynny, pob un yn ei dro yn chwarae rhan hanfodol yn y therapi dyddiol o godi allan a chodi'r ysbryd. Dau ffrind arall a fu'n gefn mawr oedd Gwilym Roberts a'i bartner Andrew Machon. Mae Dr Gwilym Wyn Roberts (Gwil) gyda'r gore am godi calon unrhyw un, ond mae'n llawer mwy na'i bersonoliaeth, gyda chyfrifoldeb anferthol fel pennaeth yr Adran Therapi Galwedigaethol ym Mhrifysgol Caerdydd. Wedyn Andrew: seicotherapydd a *life coach* proffesiynol. Yn awdur llyfrau fel *The Coaching Secret, Just Beyond the Visible* ac *A Difference of One*, mae Dr Andrew Machon yn feistr ar ddeall a dadansoddi personoliaethau. Hefyd mae ganddo lygaid a llais sy'n eich swyno i agor eich calon a dweud popeth wrtho: dawn angenrheidiol i ddyn sy'n gweithio gyda phenaethiaid cwmnïau mawr ledled Ewrop. Roedd pob sgwrs gefais i gydag Andrew yn afaelgar a maethlon dros ben. Ac o sôn am faethlon, nid yn unig y mae'r ddau yn lot o hwyl, ond maen nhw'n *bon viveurs* go iawn, felly bwyd a gwin da bob tro y byddwn ni'n cwrdd!

Ie, gwin. Doedd dim rhaid ymatal tra oeddwn i'n cael y cemo, o fewn rheswm, wrth gwrs, ond doeddwn i ddim yn ei ffansïo beth bynnag. A pheth diddorol arall oedd fod y bwydydd a'r diodydd yr oeddwn i bellach yn eu mwynhau yn hollol wahanol.

Ychydig yn aml oedd yr ateb gore i mi. Prydau bach blasus fel ŵy ar dost, brechdan banana, brest cyw iâr, neu ddarn o samwn ar wely o sbinaets a manion cnau almwn wedi'u taenu drosto. Neu beth am salad o ddail berwr dŵr a basil, hadau blodau haul, aeron coji, datys, bricyll a thomatos gyda dresin olew olewydd. Ei dowlu o gwmpas mewn powlen bren a'i fwyta gyda mecryll neu gyw iâr. Pan symudais i mewn at Pat a David am dipyn – mae'r stori honno i ddod! – doedd dim rhaid i mi feddwl am beth i'w fwyta, na phryd, roedd danteithion bach blasus ar y *go* o fore gwyn tan nos. Y peth gore i'w gario i fyny'r grisiau i'r gwely gyda fi er mwyn helpu'r pils i fynd lawr oedd dysgl fechan o jeli, dwy neu dair prwnsen a gwydraid o ddŵr. Manna – yn enwedig gan nad oeddwn i'n gorfod eu paratoi!

Fel roeddwn yn gwella, cawn chwant am fwydydd Indiaidd. Rhaid bod rhywbeth am y sbeisys Indiaidd yn siwtio'r dafod? Mi barodd y ffansi honno am sbel go hir ond erbyn hyn mae'r deiet yn fwy llysieuol. Er, rhaid dweud bod brechdan cig moch yn dal yn ffefryn, a bowlenaid o *chips* gyda stecen os byddaf mewn bistro. Ac rwy'n dal yn sobor o hoff o radish poeth a chiwcymbr mewn *sandwich* gyda mymryn o *mayo* a digonedd o bupur.

Ydi, mae bwyd a diod yn rhan bwysig o gadw'n iach a glân. Tua dechrau'r cyfnod cemotherapi, rwy'n cofio cael sgwrs ddiddorol a buddiol iawn gyda'r Barefoot Doctor. Gŵr ydi hwn sydd wedi treulio'i fywyd yn datblygu ei wybodaeth o'r maes iacháu amgen i bob cyfeiriad bosib. Erbyn hyn, mae'n fyd-enwog ac wedi helpu iacháu llwyth o *celebs*, heb sôn amdanon ni, feidrol rai. Pan glywodd fod canser arna i – ac mae o wedi trin llawer gyda'r afiechyd – awgrymodd i mi yfed te Pau d'Arco yn ddyddiol ac, yn fwy pwysig fyth, i ddilyn ei rysáit unigryw ei hun ar gyfer gwneud sudd (bydd angen jiwsar da arnoch chi). Gyda chaniatâd y BD, rwy'n rhannu'r cynhwysion gan fod y sudd yma'n lanhäwr pwerus a naturiol ac o fudd mawr i'r corff. Gyda llaw, does dim rhaid bod yn symol i'w fwynhau...

3 afal
3 gellygen
3 moronen
bwnsiad mawr o sbinaets
bwnsiad mawr o ferwr dŵr
garlleg (dewisol)

Torrwch y cyfan yn faint addas i'w rhoi trwy'r jiwsar, gan ddechrau gyda'r afalau. Cewch weld y lliwiau yn newid fel *magic*. A dyna i chi'r 'Barefoot Bomb' – blasus dros ben a hynod lesol i chi. Iechyd da... a diolch i'r Barefoot Doc! Yn eironig, ers y triniaethau, alla i ddim torri trwy ffrwythau caled na moron mwyach, does gen i ddim digon o nerth yn fy mraich dde. Y tro cyntaf i mi sylweddoli hyn, mi wnes i dorri i lawr yn llwyr. "Bloody hell, dwi wedi dod drwy'r holl helynt... a rŵan dwi'n methu torri fflipin carrot!" Bu'n rhaid dod o hyd i ffyrdd eraill o wneud yn siŵr bod yna ffrwythau a llysiau yn barod ar gyfer y jiwsar, fel llyncu fy malchder a gofyn i ffrindie helpu i'w paratoi pan fyddan nhw'n ymweld. Bydd y llysiau parod yn cadw mewn bocs yn y ffrij am dridiau; dim cystal â'u torri'n ffres fy hun, efallai, ond gwell na pheidio...

Fel yr eglurodd y nyrs arbenigol a'r oncolegydd, roedd yfed cymaint o ddŵr pur â phosib bob dydd yn bwysig dros ben hefyd er mwyn helpu gwaredu gwenwynau o'r corff.

Dŵr a lemwn, dŵr a leim, neu beth am *ginger beer* gyda rhew
a phinsied o halen i dorri ar y melyster – mae'n donig hyd
heddiw.

Dyma i chi donig o fath gwahanol.

F'annwyl Heulwen,

Meddwl byddet ti'n mwynhau dipyn bach o gerddoriaeth i godi gwên, rhoi
hwb fach i'r ysbryd, ysbrydoli a chynnal nerth. Efallai bydd rhai caneuon/tracs
yn gwneud i ti chwerthin, eraill yn ysgogi crei bach, ond mae'r cyfan yn llawn
gobaith ac yn adlewyrchu rhywfaint ar daith bywyd, boed yn un brydferth neu'n
un anodd. Naws sydd yma ac nid yw popeth yn llythrennol. Wedi eu dethol yn
arbennig ar dy gyfer, hoffwn gyflwyno fy angylion i i ti. Mwynha.

Wedi cyfarfod Griff Rowland a Siân Naiomi am ginio oeddwn
i: cwmni ardderchog a sgyrsiau creadigol, diddorol. Bu Siân yn
gefn i mi drwy'r salwch, yn bwydo fy hunan-gred yn fy ffordd
i o edrych ar bethau, gan anfon angylion i warchod drosta i yn
gyson. A'r tro hwn roedd Griff wedi mynd i'r drafferth i gasglu
gwahanol ganeuon a chreu dwy CD yn arbennig ar fy nghyfer.
O'r gân 'Une Very Stylish Fille' gan Dimitri From Paris i 'Heal
the Pain' gan Paul McCartney a George Michael, 'Lovers and
Friends' gan The Communards, 'Waft her, angels, through the
skies' Jephtha/Handel, ac yn cloi gyda Bryn Terfel, 'Still, Still,
Still'. 38 trac i gyd... Perffaith, ynde? Perffaith.

18

HAF A HANNER oedd haf y cemotherapi. Ar y pryd, aeth ymlaen am oes. Bellach, gydag amser, mae'n dechrau ymdoddi i'r gorffennol. Fydd o byth yn mynd yn llwyr; roedd y cyfan yn rhy drawmatig i hynny allu digwydd. Eto, am bob 'i lawr' roedd yna 'i fyny' fydd yn aros yn y cof yn dragwyddol.

Ychydig ddyddiau cyn y chweched cemo – yr olaf! – cefais wahoddiad gan Siân Rivers ac Ellen Fazackerley i bicied draw i S4C am goffi. Wedi twtio, pincio a gwisgo fy wig gore, draw â mi am Lanisien i gwrdd â'm hen ffrindie a chyd-weithwyr. Am ryw reswm doeddwn i ddim yn disgwyl i unrhyw un fy adnabod. Rhyfedd, ynde? Mae'n rhaid 'mod i'n teimlo'n hollol wahanol i mi fy hun. Ond roedd y croeso'n dwymgalon a phawb yn dweud cystal roeddwn i'n edrych. Gwaetha'r modd, rwy'n amau mai effaith y steroids oedd yn creu llawnder a glendid y croen ac yn rhoi'r ambell gic o egni oedd mor werthfawr o dro i dro.

Teimlo'n emosiynol dros ben wrth ddweud helô wrth yr hen griw yn yr adran dechnegol, lle bydden ni gyflwynwyr yn gweithio. Rwy'n cofio un o'r hogie'n tynnu fy nghoes ac yn gofyn oeddwn i wedi bod ar wyliau a chael *facelift*! "You look ten years younger," oedd y geiriau. Mwy o gompliment na'r un gefais i gan Del drws nesaf, "You'm looks better with tha' wig… you'm looked old with long 'air… Don't she, Seren?… Your mam's 'air's much nicer inni' Seren?" Gwyn ei fyd o, dim ond y gwir gaf fi gan Del!

Un diwrnod da, wedyn rhes o rai dychrynllyd. Dyna sut y teimlwn ar ôl y cemo olaf. Gwendid llethol. Teimlad hefyd fel petawn i mewn arfwisg fetel o ganol fy nghorff hyd at fy nghorun – y teimlad rhyfeddaf erioed. Dychmygwch fod mewn siwt o ddur fel hen filwr, gyda'r benwisg yn drwm uffernol ar eich ysgwyddau a'r cyfan yn cael ei sgriwio'n dynnach ac yn dynnach hyd nes bod nerfau'ch pen i gyd ar dân. Y breichiau a'r frest yn cael eu cywasgu hefyd yn araf bach nes bod anadlu'n anodd.

Mae gen i gof o fod ag ofn y teimladau yma, ond ar yr un pryd yn gwybod y byddai mynd i banig yn gwneud y peth yn waeth. Felly ceisiais ddychmygu fy hun yn sowldiwr dewr, mewn siwt ddur a oedd yn mynd i fy arbed. Rwy'n cofio mwmian i mi fy hun:

'Rwyf innau'n filwr bychan
Yn dysgu trin y cledd,
I ymladd dros fy Arglwydd
Yn ffyddlon hyd fy medd...

A rywsut wedyn, roedden ni ar yr un ochr.

Mae'r isymwybod yn gwybod sut i'n harbed rhag gofidio a syrthio'n ddarnau, os gallwn ei glywed. Wedi dweud hynny, roedd dagrau'n anorfod ac yn rhyddhad mawr ar brydiau.

"WOLLOP!!" Dyna'r gair oedd yn tragwyddol ymddangos yn y dyddiadur, ddydd ar ôl dydd. Gair sy'n disgrifio'r teimlad i'r dim. Penwan oedd un arall. Damia, roeddwn i'n drewi ac yn chwysu fel mochyn. Dim amdani ond gwisgo a diosg yn ôl y galw ac aros i'r pwl fynd heibio. Gwneud ymdrech gref i gwrdd ag Eirlys Parri am ginio mewn caffi yn Radyr. Teimlo'n sigledig ond yn falch o fod ar fy nhraed. Cwmni addfwyn ac annwyl, a gwên yn ei llygaid glas trwy gydol y cinio a'i llais yn feddal fel melfed. Sgwrsio a rhannu profiadau am ein bywydau, am y pethau rhyfedd sy'n gallu digwydd, am roi gwên dros friw a gyrru mlaen.

Daeth cyfnod diddorol arall i mi pan oeddwn yn ailafael yn fy mywyd yng Nghorwen yn yr 1970au. Dechreuais dreulio llawer o amser yng nghwmni gŵr a oedd yn byw bywyd breintiedig, yn rhannol ym Mharis ac yna fwyfwy yn hen gartre ei deulu nid nepell o Gorwen. Ar ôl cyfarfod yn gymdeithasol yn yr ardal dechreuodd fy ngwahodd i saethu, pysgota a chymdeithasu'n fras gyda rhai o gyfoethogion Gogledd Cymru a Sir Gaer – y *landed gentry*, fel y'u gelwir. Crachach neu fyddigions, ambell ddug ac arglwydd, ac un neu ddau yn sicr yn arglwyddiaethu dros ei stad, ei dir a'i denantiaid. Mi fydden nhw'n cadw llygad barcud ar bob ffesant, cyw a chipar, a'r un mor ofalgar o'u pysgod yn eu hafonydd a'u pyllau. Tybed ai'r un gafael oedd ganddyn nhw ar y geiniog?

I mi, y diléit pennaf ar y teithiau hynny oedd gweld y cŵn codi wrth eu gwaith. Labradors du neu felyn, neu sbaniel hardd ei gôt yn sefyll yn dynn wrth sawdl y meistr, yn aros am orchymyn trwy air, chwiban neu symudiad braich i wibio draw i godi'r aderyn, yna'n cyrraedd yn ôl â'r ffesant yn ei geg feddal ac yn ei ollwng wrth draed y gwn, neu'r meistr. Treuliais oriau maith yn eistedd gyda fy nghydymaith mewn *butt* (clawdd o gerrig, mawn a mwsog ar siâp u-bedol, gyda thir gwastad dan droed, er mwyn diogelu'r saethwyr rhag ei gilydd) yn gwylio'r prysurdeb o'n cwmpas; dysgodd fi i ddechrau gweld y wlad a'i chyfoeth trwy lygaid gwahanol.

Gwelais darth y bore cynnar ar sawl stad grand yn Ynys Môn fwy nag unwaith a rhyfeddu at y mwynhad oedd i'w gael gyda'r byddigions yn eu cartrefi anferthol; plastai na feddyliais i erioed y byddwn i'n camu dros eu trothwy (fel petawn i'n mynd i westy crand!) a chael aros mewn stafelloedd gwely hynafol. Yn un llofft roedd yna gwpwrdd dirgel a oedd yn agor ar risiau derw yn mynd yn syth i lawr i'r stafell fwyta, gan osgoi'r holl goridore hir, oer a throellog!

Chefais i erioed mo fy siomi gan unrhyw un o'r bobol y bûm i'n saethu a physgota gyda nhw. Mae arferion bywyd gwledig, bywyd sy'n cylchdroi gyda'r tymhorau, y tir a'r tywydd, yn dra gwahanol i fywyd mewn dinas neu dref a does gen i ddim ffrae gyda'r rhai sy'n magu a saethu. Pawb at y peth y bo. Cwrteisi ar bob llaw gefais i, a gofal da gan y ledis a oedd wedi eu magu i'r math yma o fywyd. Roedd fy nghefndir i'n dra gwahanol, wrth reswm (er i mi dreulio llawer o amser gyda phlant yr Arglwydd Newborough ar stad Rhug ger Corwen pan oeddwn yn ifanc) ond roedd yna bob amser gyfle i mi rannu fy Nghymreictod, a sefyll fy nhir mewn ambell ddadl dros yr iaith a'r Pethe. Er bod y merched yn byw bywydau digon eithafol a breintiedig ar un olwg, roedden nhw hefyd yn gweithio'n ddi-dor i gadw eu plastai a'u gwŷr a'u teuluoedd mewn trefn. A phan fydd gennych chi lond plasty ar gyfer *shoot*, mae yna domen o waith paratoi!

Brecwast mawr i hyd at 14 o bobol – megis dechrau... Pawb yn paratoi at y saethu wedyn – gwydraid o *gin* eirin surion bach a dysgled o gawl poeth yn disgwyl amdanom wedi i ni gyrraedd y *drive*. Bore o saethu, yna cinio tri chwrs gan ddechrau gyda gwydraid o siampên a sgwrsio ymysg ein gilydd am yr adar. Eistedd wedyn i bori trwy'r cwrs cyntaf: pysgodyn, ran amlaf, wedi'i ddal yn lleol, a gwydraid neu ddau o win gwyn. Y prif gwrs wedi bod yn coginio am oriau – cynffon eidion mewn saws grefi trwchus, a'r cig yn syrthio oddi ar yr asgwrn – gyda llysiau o'r ardd, tatw mash a digonedd o win coch da i'w olchi i lawr. Caws wedyn, a llond plât o bwdin reis neu darten fale a hufen. Coffi cryf, ac i ffwrdd â ni unwaith eto!

A gaf fi eich atgoffa mai allan yng nghanol y wlad yr oedd hyn i gyd yn digwydd! Byddai'r wledd i gyd wedi'i chario atom, un ai i hen adfail ar y stad neu dan orchudd canfas wedi'i godi at y diben. Ac oedd, roedd peth wmbreth yn gweini arnom ni. Rwy'n cofio edrych o'm cwmpas un tro a meddwl fy mod ynghanol un o'r hysbysebion yna ar gyfer After Eights! Ydech chi'n eu cofio?

Wedi i'r dydd ddod i ben, byddai croeso yn ein disgwyl yn ôl yn y plasty a chinio crand i ymbincio ato. Cofiwch mai trwy fisoedd oeraf y flwyddyn y bydd y partïon saethu yma'n digwydd, felly byddai cynhesrwydd tanllwyth o dân yn fendith ar ddiwedd y dydd. Mewn ambell horwth o blasty, byddai angen un aelod staff i wneud dim byd ond gofalu am y llefydd tân i gyd – nid yn unig y rhai yn y stafelloedd enfawr lawr llawr ond i fyny'r grisiau yn y stafelloedd gwely a'r stafelloedd molchi hefyd! Na, tydi byw mewn tai bonedd a gofalu amdanyn nhw ddim yn hwyl i gyd.

Peth arall drawodd fi oedd fod pawb yn gweiddi siarad drwy'r adeg – a'r rheswm am hynny ydi fod y pellter rhwng un stafell a'r llall neu, yn wir, o un pen i'r bwrdd i'r llall, mor fawr fel eu bod nhw'n magu ffordd wahanol o gysylltu â'i gilydd. Bron nad ydi o'n debyg i fod ar lwyfan drama. *Projection, darling, projection!* O diar, mi gefais i hwyl a gweld a gwneud y pethau mwyaf annisgwyl.

Wedi bod yn saethu trwy'r dydd – rydech chi'n gyfarwydd â'r patrwm erbyn hyn – byddai'r dynion yn aml yn mynd allan eto wedyn i saethu hwyaid yn gynnar fin nos. Un tro mi fynnais innau gael mynd gyda nhw ar y *Duck Shoot* bondigrybwyll, er mwyn y profiad. Yn y gwyll, rhaid oedd dilyn y dyn ar y blaen yn ofalus gan ein bod ni'n cerdded trwy wlyptir peryglus. Wedi fy siarsio sawl gwaith i gymryd gofal a bod yn dawel (!) roedd yn rhaid croesi ar hyd astell bren simsan i'r fan lle bydden ni'n sefyll i aros am yr hwyaid. Grêt, wedi cyrraedd yn saff. Tawelwch wedyn, dim ond synau natur, a dyna lle roeddwn yn gwrando'n ofalus gyda'r dynion am siffrwd adenydd yr adar uwch ein pennau. Diddorol oedd dod i ddygymod â'r holl wahanol ffynonellau goleuni wrth i'r nos gau amdanom. Cyn hir, a finnau'n oeri ac wedi blino ar ôl diwrnod yn yr awyr iach (ac effaith ambell ddiod feddwol gynhesol, choelia i fawr) penderfynais eistedd i lawr am dipyn. Dyma roi fy nhin yn y gwrych a gwneud fy hun yn gyfforddus.

Aeth amser heibio... Yn sydyn dyma fi'n deffro... ar fy mhen fy hun yn y tywyllwch ynghanol nunlle. Ofn? Ofn symud modfedd! Wel, doedd gen i ddim syniad lle roeddwn i, a dim clem sut i groesi'r preniau simsan, na dod o hyd i'r ffordd allan o'r gwlyptir. O, mam bach! Yn ôl yn y plasty roedd pawb arall wedi cyrraedd a chynhesu, wedi ymolchi, newid a mynd lawr i gael rhyw ddiod fach cyn swper. Ymhen tipyn, holodd y Lady, "Where's Heulwen? Isn't she coming to join us?"

"Oh, my God," meddai fy nghydymaith, "I've left her in the hedge!"

Wedi i'r chwerthin beidio, daeth tri gŵr bonheddig i fy hebrwng yn ôl. Ddaeth 'O' ddim gyda nhw. Nid un felly oedd o. Nage. Ond wyddoch chi beth, doedd dim ots gen i, oherwydd erbyn hynny roeddwn i wedi hen arfer sefyll ar fy nhraed fy hun o fewn y berthynas honno. Byddai'n arferiad ganddo, o'r dyddiau cynnar, fy hebrwng i stafell yn llawn dieithriaid neu i ganol sefyllfa anarferol a gadael i mi fy nghyflwyno fy hun. Roeddwn i wedi magu digon o blwc ac wedi dysgu gyda'r blynyddoedd bod rhoi sylw i bobol eraill yn ffordd dda o dorri'r garw ac yn talu ar ei ganfed: os gallwch chi ddangos diddordeb (neu roi'r argraff bod gennych chi ddiddordeb, o leiaf) yna mae'r mwyafrif yn hapus i siarad amdanyn nhw eu hunain, yn enwedig dynion (ha ha!).

Unwaith yn unig yn y cyfnod yma yr ydw i'n cofio sgwrs o'r fath yn suro arna i. Holodd rhywun am fy hanes i ac, o glywed, daeth ei ymateb fel slap ar draws fy moch. "Oh, you're only a butcher's daughter...?"

Ond eithriad oedd hynny, diolch byth, a mwy o adlewyrchiad ar yr unigolyn nag o sylw am y dosbarth o bobol yr oedd yn perthyn iddo. Cyfnod difyr yn llawn rhyfeddodau. Agorwyd fy llygaid ar fyd arall a bu'n berthynas ddiddorol dros ben. Eto, gydag amser, yr oedd hon eto wedi rhedeg ei chwrs.

19

Yn nhrefn anorfod triniaeth canser, fel mewn bywyd, mae camau i'w goresgyn, cerrig milltir i'w cyrraedd. Wedi gorffen gyda'r cemotherapi o'r diwedd, sgan arall oedd yn fy nisgwyl. Canlyniad hwn fyddai'n penderfynu'r cam nesaf. Ond y cam nesaf i mi, hyd yn oed cyn y sgan a'i chanlyniadau, oedd rhoi trefn ar fy mywyd. Ie, ar fy mywyd!

Daeth Rhys Thomas, y cyfreithiwr, i'r tŷ i fy helpu i ysgrifennu ewyllys. Mi ddylen ni i gyd wneud hyn, wrth gwrs, ond pan mae bywyd yn y fantol – pan ydech chi'n meddwl am lofnodi eich bod yn caniatáu i luniau ohonoch gael eu darlledu hyd yn oed os na fyddwch chi yno i'w gweld... wel, mae yna deimlad o frys, ac mae'n gwneud synnwyr perffaith bod raid gwneud hyn rŵan. Roedd Rhys yn glên a phroffesiynol gyda'i gwestiynau poenus ond perthnasol. Ac wrth i'r misoedd fynd heibio, wedi i'r braw cychwynnol dawelu, roedd realiti fy sefyllfa yn dod yn ddychrynllyd o glir. Roedd angen atebion i gwestiynau hyll o ymarferol fel pwy sydd i gael beth? Faint sydd gen i yn y banc? Ydw i isio cael fy nghladdu ynteu fy nghrimêtio?

Waeth i chi gael gwybod rŵan... fy newis i ydi'r *crem*... yr amlosgfa! Mae'n rhaid dweud, mae'r gair 'amlosgfa' wedi fy nhiclo fi erioed – ac rwy'n gwir obeithio y bydd pawb fydd yno'n gwisgo'u dillad gore. Chi ledis, peidiwch â dal yn ôl; byddwch mor fentrus â leciwch chi, mor grand ac *over the top* ag y mynnwch chi. Ffrocie, siwtie, cotie, hetie, sgidie, bagie... anfonwch fi *off* mewn steil. Chi ddynion, gwisgwch chithau socs lliwgar plis, dim teis duon nac wynebau hirion. Dathlwch hyd nes bydd eich boliau'n brifo; chwerthwch hyd nes y byddwch chi'n crio, a cofiwch ddweud. "Wel, sôn am hwyl, *am losgfa* hwyliog!" Os bydd gen i geiniog neu ddwy ar ôl erbyn hynny, bydd parti i ddilyn.

Fyddai'r math yma o gynhebrwng ddim yn apelio at bawb, rwy'n deall hynny, ond pa ddefnydd fyddai carreg fedd i mi? Mi fydda i uwchben y cyfan, yn hedfan yn ffri. Ac rwy'n edrych ymlaen at eich clywed i gyd yn canu fel na chanoch erioed o'r blaen. Mmm, byddai cael cyfeiliant telyn yn sbesial hefyd, yn bydde! Ond, dyna ni. Dyna ddigon am y trefniadau yna am y tro. Wedi dweud hynny, bu'r ffaith i mi gael fy ngorfodi i wynebu fy niwedd yn beth cadarnhaol, pendant iawn i'w wneud.

Mi gawson ni ganiatâd i ffilmio diwrnod y sgan. Roedd pawb yn yr ysbyty yn hynod glên, er ychydig yn nerfus am fod ar gamera – ddim hanner mor nerfus ag oeddwn i am y canlyniad! Ac wrth gwrs byddai'n rhaid *aros* am hwnnw. Am y dyddiau nesaf, bu fy egni yn afreolus, weithiau'n wallgof o obeithiol ac weithiau'n dorcalonnus.

Mae gen i ffrind, o'r enw Jane, sy'n byw yng Nghaer. Ryden ni'n ffrindie ers dros ddeugain mlynedd, a thua'r adeg yma gofynnodd a gâi hi alw i 'ngweld. Rŵan, mae'n rhaid i mi gyfaddef 'mod i wedi ei chadw hyd braich ers misoedd, yn od o swil o gwrdd â phobl nad oeddwn yn eu gweld yn rheolaidd. Byddwn yn tueddu i gynhyrfu'n ddiangen a blino'n ormodol, felly ceisiwn osgoi rhoi fy hun yn y sefyllfa os nad oedd raid. Ond roedd Jane yn mynnu. Ac wedi iddi gyrraedd, roeddwn i mor, mor falch o'i gweld. Y peth ydi, roeddwn i'n gwisgo wig ac yn teimlo'n wahanol, ac yn poeni am hynny, ond i Jane, yr 'un un' Heulwen oeddwn i a doedd dim wedi newid. Doedd dim isio i mi boeni o gwbl! Na, tydi o ddim yn gwneud synnwyr, rwy'n deall hynny heddiw, ond felly'r oeddwn i'n gweld pethau ar y pryd.

O, braf! Mi gawson ni ginio yn Mimosa yn y Bae, a hel atgofion melys am sawl gwyliau yn Ne Ffrainc. Wyddoch chi, mi fydden ni'n paredio o gwmpas Monte Carlo ein dwy, yn ciniawa ym Monaco ac yn gyrru clamp o Mercedes Benz to agored (y hi nid y fi) rownd y corneli *z-bends* peryglus yna ar hyd yr arfordir am yr Eidal. Alla i ddim pwysleisio mor bwysig ydi byw bob blwmin dydd i'r eithaf fel bod gennych chi lu o atgofion yn gwmpeini pan fo bywyd yn lluchio lludw i'ch wyneb ac yn eich llonyddu. Penderfynu mynd eto, pan fyddwn i'n iach.

Dair blynedd yn ddiweddarach... pwy fyddai'n coelio!

Pan ffoniodd Jane yn ddiweddar i ddweud ei bod hi'n aelod o'r un clwb â fi, doedd gen i ddim syniad beth oedd hi'n ei olygu. Clwb? Yma, yng Nghaerdydd? Na, does bosib, mae Jane yn byw yng Nghaer!

"Don't be silly, Helly," (dyna mae hi'n fy ngalw erioed), "I mean the 'C' club."

O, y sioc... ond mae Jane yn iach fel cneuen, yn ffit fel ffidil, wedi sefyll wrth fy ochr trwy ddŵr a thân, a tydi peth fel hyn ddim yn gwneud synnwyr! Wedi'r alwad, wyddwn i ddim beth i'w wneud, chwerthin neu grio. Roedd fy emosiynau rywle rhwng hysteria a gwallgofrwydd. Rwy'n cofio cerdded a cherdded rownd a rownd y tŷ yn ailadrodd "Na, na, na..." ac yn mynnu nad oedd hyn yn deg. Ar un ystyr wirion, roedd gen i'r syniad dwl yma yn fy mhen i mi gael fy newis i gael canser y fron ar ran fy ffrindie i gyd. Twp, rwy'n gwybod. Ond roedd yna ryw fath o gysur mewn meddwl fy mod i wedi ei gael 'o' ac felly na chaiff y gweddill ddim.

Wrth gwrs, y peth nesaf oedd fy mod i, heddiw, isio bod yno iddi hi, a bod gyda hi. Ond doedd hynny ddim i fod. Mae'r esgid ar y droed arall. Jane, druan, yn mynd drwy'r un profiad â minnau cynt, a fi rŵan sy'n dysgu'r wers anodd o orfod cael fy ngwrthod. Er cymaint yr hoffwn fod gyda hi, tydi'r caniatâd ddim yn dod. Rhaid bod yn amyneddgar a derbyn mai ei dewis hi, nid fy nymuniad i, sy'n bwysig.

Rwy'n credu mai un o'r gwersi caletaf rydw i wedi gorfod eu dysgu ynglŷn ag ymdopi â chanser ydi hyn: nid pawb sydd isio siarad amdano. Nid pawb sydd isio gofal teulu. Nid pawb

sydd isio cydymffurfio â barn meddygon a rheolau ysbyty.
Nid pawb sydd isio ffrindie agos i fod yn agos! Nid pawb
sy'n fodlon derbyn. Nid pawb sy'n gallu ynganu, defnyddio,
dweud, lleisio'r gair hwnnw – canser – yn hyglyw, ar goedd.
Pam i mi feddwl mai fy ffordd i oedd y ffordd ore, yn wir yr
unig ffordd i ddelio â chanser?

Mae perffaith hawl gan bob un wan jac ohonon ni i ddelio
â beth bynnag sy'n ein taro yn ein ffordd unigryw ni ein
hunain. Trwy wneud hynny, rydech chi'n bod yn driw i chi'ch
hun. Ac allwn ni wneud fawr mwy na hynny.

Mae'r diymadferthedd a deimlais wrth glywed newyddion
Jane yn f'atgoffa o gyfnod arall dirdynnol a thrist ddaeth i
ganol bwrlwm bywyd Corwen, yn 1986. Y golled fwyaf erioed
oedd colli Mami. Roedd hi'n fam ac yn ffrind o'r diwrnod
cyntaf i'r olaf. Cafodd strôc greulon a chollodd ei lleferydd a'i
llais ond roedd ei gwên annwyl, er yn gam, yn dal i fod mor
felys-werthfawr.

Roedd Bryan fy mrawd yn ymarferol ac yn gefn i ni i gyd;
roedd Ann ei wraig, gyda'i chefndir nyrsio, yn gwybod yn
union beth i'w wneud. Gwenda fy chwaer yn coginio ac yn
twtio'r tŷ, a Glyn ei gŵr ar gael i bawb bob amser.

Doeddwn i'n dda i ddim.

Y cyfan y gallwn ei gynnig oedd gafael yn ei llaw, rhoi
maldod iddi a siarad yn dawel gan ddal i edrych i fyw ei
llygaid; rhoi crib trwy ei gwallt a mymryn o liw ar ei bochau
a'i gwefusau... O, y golled!

Anghofia i byth gerdded i mewn i Gapel Seion ar fraich
Dadi. Y fo a fi, Bryan ac Ann, a Gwenda a Glyn yn arwain
gweddill y teulu. Aeth y goleuni yn llythrennol allan o fy
mywyd. Roedd y capel yn orlawn. Wrth i'r galarwyr sefyll, ar
lawr y capel, yn y sêt fawr ac yn y galeri, dwynwyd golau dydd
a daeth tywyllwch trwm tristwch drosom yn llythrennol. O'n
blaenau, arch fechan ddel wedi'i gorchuddio â blodau, a Dadi
druan yn tagu dan bwysau torcalon.

Symudais i'r tŷ i fyw ato fo a thrio fy ngore i'w helpu. Ond wedi colli ei gariad, doedd bywyd ddim gwerth ei fyw i'r dyn cefnsyth, penstiff a arferai fod yn feistr ar bawb. Mewn byr amser cafodd yntau strôc. Mor greulon. Ddeng mis yn ddiweddarach, roedd Dadi hefyd wedi mynd.

Am y tro cyntaf yn fy mywyd roeddwn ar fy mhen fy hun. Mae gen i gof i rywun ddweud, "Heulwen fach, rwyt ti'n *amddifad* rŵan..." Www, doedd arna i ddim isio clywed y gair yna. Er ei fod yn wir.

A doedd dim i fy nghadw yng Nghorwen bellach; dim cyfeiriad penodol na syniad chwaith o beth i'w wneud nesaf.

Ar goll.

20

Rydw innau'n dechrau mynd ar goll yn fy stori hefyd. Prin wedi gorffen y cemotherapi'r yden ni, a'r gweddill eto i ddod. Ond mae'r stori rŵan yn symud o'r gogledd ac yn gadael ardal fy mhlentyndod. Yn wir, gyda marwolaeth Mami a Dadi, efallai mai gadael plentyndod ei hun wnes i. Ac os oedd bywyd yn galed wrth fynd drwy ganser, colli fy rheini oedd un o'r profiadau caletaf oll. Ond pan mae bywyd ar ei waethaf mae yna un ffrind arbennig sydd â'r nerf a'r nerth i fy ysgwyd yn ofalus, a rywsut neu'i gilydd, i ddod o hyd i'r ffordd ore i 'nghodi ar fy nhraed. Gwenda Griff ydi honno.

Tydi Gwenda ddim yn un am eiriau ffansi a malu awyr fel fi. Tydi hi byth yn gwastraffu amser nac egni gyda phethau dibwys. Mae hi'n feddylgar a hael, yn faterol ac yn feistres ar ei gwaith. Mae hi'n gweld y pictiwr mawr, yn drefnus a chadarn, yn llwyr haeddiannol o'r parch sydd iddi fel dynes fusnes lwyddiannus. Ond y peth pwysig ydi ein bod ni'n dwy yn gallu byw yng nghysgod ein gilydd yn effeithiol a chyfforddus: mae'n gwreiddiau ni yn yr un pridd (a'n traed mewn sgidie tebyg hefyd – siop Jon Ian sydd ar fai am hynny!).

Hi soniodd, yn weddol fuan wedi colli'r ddau, y byddai'n syniad da i mi feddwl o ddifrif am symud i Gaerdydd. Mi allai hi fy helpu dros dro. Os na allwn i ffeindio rhywle teidi i fyw, gallwn symud ati hi a'r teulu yn Radyr am sbel. Cafodd air gyda Sioned Llywelyn, perchennog siop ddillad Cara, gyferbyn â'r castell, gan ei bod hi'n gwybod cymaint o ddiddordeb oedd gen i mewn dillad a ffasiwn a ddim yn brin o sgwrs gyda neb. Tybed oedd arni hi angen help yn y siop?

Trwy garedigrwydd a gweledigaeth, agorwyd cil y drws – ac i mewn â fi.

Gyda help Gwenda, yn fuan ar ôl cyrraedd Caerdydd yn 1991, dois o hyd i'r cartre perffaith. Mor berffaith yn wir, rwy'n dal yno. A choelia i byth nad oes yna angylion (ar wahân i Gwenda) yn fy ngwarchod. Oherwydd o fewn dim roedd drysau eraill yn agor i bob cyfeiriad – drysau creadigol rhyfeddol ym myd y cyfryngau. Cefais gynnig gwaith gyda BBC Radio Cymru, mymryn o waith actio mewn cyfresi teledu ac ambell ffilm ac, wrth gwrs, maes o law, y gwaith cyflwyno rhaglenni yn S4C.

Yma yng Nghaerdydd roeddwn i yn fy elfen eto – yn perfformio mewn pob math o wahanol ffyrdd. Real perfformans ydw i bob diwrnod, meddai Del drws nesaf. Wel, os hynny, dylai pob diwrnod fod yn fendigedig, yn dylai! Ac mi fydda i wrth fy modd yn hel atgofion a chael clonc go iawn am yr hen ddyddiau. Mae coffi gyda Margaret Williams yn un doreth o straeon am wneud rhaglenni gyda BBC Cymru ac HTV pan oedd adloniant ysgafn yn ei anterth. Dyddiau da!

Un fu'n hanfodol bwysig yn fy ngyrfa gynnar i oedd Ruth Price, sy'n ffrind hyd heddiw. Y jobyn cyntaf oedd canu ar *Disc a Dawn*. Meddyliwch, canu hefyd! Y dyddiau hynny roeddwn i'n cyfansoddi llawer o ganeuon, y geiriau a'r gerddoriaeth, ac yna byddai Benny Lichfield yn eu trefnu. Fyddai gen i ddim gobaith gwneud – tonic sol-ffa yn unig oedd gen i bryd hynny. (Dyna'r cyfan sydd gen i hyd heddiw, tae hi'n mynd i hynny. Ha, ha!) Fi'n canu ar fy mhen fy hun, efo band proffesiynol ac ambell i lais yn y cefndir. Whiw, rwy'n rhyfeddu heddiw 'mod i wedi gwneud y fath beth erioed.

Mae caneuon *Disc a Dawn* wedi hen ddiflannu i ebargofiant (gobeithio!) ond dyma un syrthiodd trwy'r rhwyd. Campwaith, rwy'n siŵr y cytunwch...!

Dilyn

Dilyn y Ddyfrdwy yn mynd ar ei hynt,
Dilyn y dail yn dawnsio'n y gwynt,
Dilyn yr hyn sy'n brydferth i gyd
Ac fe ddowch at fy nghariad i.

Dilyn y mwg, y mawn a'r glo,
Dilyn dyffrynnoedd y Rhondda am dro,
Dilyn y dynion yn dod adre'n ôl
Ac fe ddowch at fy nghariad i.

Dilyn ei hiaith, ei chrefydd a'i chân,
Dilyn y werin ym meddau y Llan,
Dilyn pob plentyn yn poeni ei fam
Ac fe ddowch at fy nghariad i.

Dilyn fy nagrau hiraethus a ffôl,
Dilyn fy nhraed i ddod adre'n ôl,
Dilyn y delyn dan olau y lloer
Ac fe ddowch at fy nghariad i.

Heno caf huno yng nghynhesrwydd ei thir,
Heno fy nghalon gaiff orffwys yn hir,
Heno fel baban rwyf hapus a rhydd
Yng Nghymru... fy nghariad i.

Wyddoch chi beth, dim ond ar ôl ei chynnwys yr ydw i'n
sylweddoli faint o elfennau fy stori fy hun sy'n cuddio yn y
geiriau yna. Ac o gyrraedd Caerdydd, dydw i ddim yn amau
na ddaeth ryw hapusrwydd gwahanol, a rhyddid newydd i'm
rhan.

21

RWY'N AMAU FY mod yn osgoi troi at yr hanesyn yma. Dyma'r cam rhesymegol nesaf yn stori'r blodyn haul. Yr uchafbwynt, os leciwch chi. Sy'n ffordd reit eironig o feddwl am ganlyniad sgan i weld ydi'ch canser chi'n well.

Roedd angen pob cymorth oedd i'w gael arnaf, ac ymysg pethau eraill, daeth Lois i roi sesiwn arall werth chweil gyda'i chrisialau a'i lliwiau, i ymbaratoi. Roeddwn yn ffyddiog y byddai pob dim yn iawn. (Oeddwn i?) Roedd y lwmp wedi lleihau, roeddwn i'n teimlo'n dda, a gyda phob cymorth, fy ysbryd yn gryf. Gyda thridiau tan yr apwyntiad pwysig yn yr ysbyty i gael y canlyniadau, doedd dim pwynt poeni. Gwneud pethau oedd raid. Fy hel fy hun allan o'r tŷ a mynd i lawr i siop ddillad Poppers ym Mhontcanna lle'r oedd yna wastad groeso a sedd i eistedd a gwylio'r byd yn mynd heibio. Cael dilledyn yn anrheg gan Beverley, sydd piau'r siop. Www, mae rhywbeth neis i'w wisgo bob amser yn gwneud y tric. *Retail therapy* yn bartner da i cemotherapi? Llwybr peryglus...

Dyma Del, drws nesaf, yn cynnig mynd â Seren a minnau yn y car i dopie Penarth i gerdded a chael awyr iach. Roedd digonedd o feinciau yno i eistedd am seibiant petai angen, meddai o (tydi Del ei hun ddim yn dda iawn ar ei draed, welwch chi). Chwarae teg iddo am feddwl, ac mi gytunes yn syth. Diwrnod braf i'w ryfeddu. Del mewn crys haf lliwgar – nid ei steil arferol o gwbl – ac i ddyn llond ei groen roedd y patrwm yn... eithafol, ddwedwn ni. Oherwydd ei bengliniau ciami, mae Del yn dewis cerdded â ffon, a chan bod yr haul mor llachar y diwrnod hwnnw, trawodd glamp o sbectol haul ar ei drwyn. Ydech chi'n ei gweld hi? Sbectol dywyll, ffon gerdded, ci ar y *lead* a finnau wrth ei fraich...

Wn i ddim sawl un basiodd gan wenu'n ffeind a dweud yn ara deg, "Nice day for a walk isn't it... take care now."

Bore dydd Mawrth oedd hi ac am hanner awr wedi saith roedd Pat a finnau ar y ffordd i'r ysbyty. Roedd Eifion Vaughan Williams yno, Deborah Mumford y nyrs arbenigol, ac ambell un arall. Pat, wrth reswm. A Nia, Nia Parry, ar ran criw'r rhaglen *Blodyn Haul*, er na châi'r camerâu fod yno'r bore hwnnw oherwydd rhyw ffwdan neu'i gilydd – yr unig adeg na fuon nhw efo fi, gydol y daith.

Rwy'n cofio fy mod yn eistedd wysg fy ochr wrth y ddesg, yn wynebu Eifion, ac rwy'n cofio clywed geiriau nad oeddwn i am eu clywed o gwbl. Oherwydd, er bod y tiwmor wedi lleihau cryn dipyn, roedd y lwmp yn dal yn rhy fawr i'w dynnu (hyd at 7cm ar draws). Rŵan, roedd Eifion wedi ceisio fy mharatoi ar gyfer hyn sawl gwaith ond doeddwn i ddim wedi rhoi amser nac egni i feddwl am y peth. Pa iws poeni am bethau allai beidio â dod i fod? Ond erbyn hyn doedd dim dewis, meddai'r meddyg hawddgar: roedd yn rhaid cael mastectomi. Codi'r fron. Ei chodi i gyd.

Roedd Pat a Nia yn eistedd y tu cefn i mi, ond ddywedodd neb yr un gair. Roedd pawb yn aros i mi ymateb. Finnau'n edrych ar Deborah, oedd yn fy nghynnal â'i hedrychiad. Ac o rywle, rwy'n cofio sylwi bod Eifion yn dal i siarad ac fe'i clywais yn dweud ei fod isio i mi gael sgan arall yn y munud, achos bod 'cysgod' wedi ymddangos ar fy mron *arall*. Yn siarad yn ei ffordd dawel, gadarn, gan edrych i fyw fy llygaid – fy nghryfhau a fy llorio yr un pryd.

Rhwng gwres ac oerfel annaturiol yn dawnsio trwy fy nghorff, yr unig beth ar fy meddwl oedd bod yna sinc yng nghornel bellaf y stafell a 'mod i isio bod yn sic, ond na allwn i symud o fy sêt. Cysgod ar y llall? Fyddai'n rhaid i mi gael codi'r ddwy?!

Dydw i ddim yn cofio pa mor hir y buon ni'n aros yno am y canlyniadau ar ôl y sgan; mae'r cwbl yn dipyn o niwl.

Ond roedd Pat wedi amau wrth edrych ar Eifion cynt nad oedd popeth cweit yn iawn... fel y dywedais o'r blaen, tydi *small and adorable* yn methu dim. A bu'n rhaid i mi fynd am drydydd sgan arall wedyn, un uwchsain y tro hwn. O diar, a finnau mewn tipyn o stad. Yna aros. Ac aros. Aros hyd nes i Eifion a phawb arall ymgynnull.

Mor ffodus ydw i o gael arbenigwr â chalon a *bedside manner* mor ffein. Dyn deallus a chanddo ffordd addfwyn o drosglwyddo'r ffeithiau a rhoi newyddion i rywun yn ei wendid. Gallwn innau grio o falchder pan glywais nad oedd y cysgod ar y fron arall yn ddim i boeni amdano: olion *cyst* diniwed oedd wedi'i dynnu o'r blaen oedd y coblyn bach.

Yn sydyn, doedd colli un fron yn ddim o'i gymharu â'r syniad o golli dwy!

O, y rhyddhad.

Ond wyddoch chi beth, ar ben syfrdandod y diwrnod hwnnw, roedd y diwrnod wedyn yn uffernol. Oedd, mi roedd o. Y tro hwn roedd y camerâu yno yn cofnodi pob gwên a phob gwg. Er na fu llawer o wenu y diwrnod hwnnw. Wyddwn i ddim faint mwy y gallai person ymdopi ag o.

Daeth nyrs canser y fron i'r tŷ i drafod y llawdriniaeth yn fwy manwl, a'r sgwrs, y tro hwn, yn llawn geiriau dieithr fel *prosthesis, silicone implant* ac ati. Ar ben hynny, teimlwn nad oedd y ddynes yma ar yr un donfedd â fi o gwbl... daria. Wedyn y lluniau. Wrth edrych ar ffotograffau o gyrff merched eraill oedd wedi bod drwy'r un math o driniaeth, daeth yn fwyfwy amlwg i mi y byddai'r bennod nesaf yn cymryd mwy fyth o ffydd, gobaith a chariad. Y bore hwnnw, rwy'n meddwl y sylweddolais i na fyddwn i fyth eto yr un fath.

Wedi clywed y newyddion daeth Gwenda fy chwaer ar y trên y diwrnod wedyn. Anodd ydi hi ar bobol eraill, ynde? Beth allan nhw ei wneud? Dim. Dim ond bod ar gael. Diolch amdanyn nhw. A diolch byth am Seren, fu'n fy ngharu mor ddiamod drwy hyn i gyd.

Cafwyd penwythnos digon od; gwneud pethau, ond methu osgoi'r teimlad 'mod i'n eu gwneud am y tro olaf am sbel. A wyddoch chi un peth oedd yn fy mhoeni? Siopa am byjamas. Yn dal mewn sioc, yn ymddwyn fel robot, am y dref â mi i brynu pyjamas. Angen pyjamas call, dim byd ffansi: pyjamas hawdd i'w tynnu a'u rhoi; pyjamas â botymau i lawr y ffrynt, er mwyn hwyluso gwaith y nyrsys pan fydden nhw'n newid y dresin. Mi ffeindiais rai neis ar y sêl yn Howells, ond yn fy nghalon doeddwn i ddim isio prynu'r blwmin pethau. Gwell gen i wisg nos fwy steilish, neu ddim byd o gwbl – ych a fi, peidiwch â dychmygu hynny! Ond doedd dim dewis, ac mi brynes i un pâr gwyn plaen, un arall â streips glas a gwyn, a'r llall yn binc a gwyn. Tri phâr? Un i'w wisgo, un sbâr yn y cwpwrdd wrth y gwely a'r llall yn y golch. Rhyw bethau ymarferol sobor.

Slipars; roedd angen pacio slipars hefyd. Ond wyddoch chi beth ddaeth yn y post? Slipars ffantastig gan fy ffrind Rhiannon a'i gŵr Andrew o Landrillo. Diolch, Ffran (enw anwes am ryw reswm) am fod mor feddylgar ac ymarferol. Yn wir, cefais anrhegion lu yn y cyfnod hwnnw, ond o! y siom o orfod cadw cynifer ohonyn nhw o'r neilltu. Doedd dim bybl bath neis na phersawr na sebon drewllyd wedi bod yn agos at fy nghorff ers cyn cychwyn y cemo a byddai'n rhaid i'r anrhegion hyfryd aros am fisoedd, hyd nes y byddwn wedi gorffen pob dim. Felly, rhyfeddol ychydig oedd yna i'w bacio yn y diwedd. Meddyliwch – dim angen bag colur ac yn sicr dim brwsh gwallt!

A thra oeddwn i'n mwydro am brynu pyjamas, roedd popeth yn cael ei drefnu ar fy nghyfer yn yr ysbyty. O fewn wythnos roedden nhw'n barod amdana i. Trefniadau penigamp a phawb yn gweithio fel un tîm, yn cysylltu y naill gyda'r llall, yn troi'r un olwyn. Clod a chanmoliaeth i bawb.

Ar y pnawn Sul cyn mynd i'r ysbyty bu Rhodri – cyfarwyddwr a dyn camera *Blodyn Haul* – a minnau'n cerdded trwy erddi

Insole Court yn Llandaf. Crwydro, sgwrsio, ceisio crynhoi'r hyn a fu, a chanolbwyntio ar yr hyn oedd i ddod. Daeth y gerddi hyn yn rhan hanfodol o'r ddrama, yn fan lle byddai'r tymhorau'n tyfu'n gefndir i'r hanes, mewn ffordd ryfeddol o hardd. Oherwydd nid afiechyd byr-dymor ydi canser; mae angen stamina anferthol i ddod trwyddo.

Gyda llygad y camera, llwyddai Rhodri i gipio eiliadau yn fy hanes fyddai fel arall wedi mynd ar ddifancoll, a'r cydymdeimlad yn ddwfn yn ei lygaid yntau yn denu'r gore ohonof bob tro. Dyna braf oedd ei broffesiynoldeb llwyr a'i allu i wneud i'r camera ddiflannu o fy ngolwg. Oes, mae yna lawer math o gariad yn yr hen fyd yma, ac i Rhodri, am ymddwyn mor wylaidd ac annwyl trwy'r cyfan, cariad diolchgar a diffuant.

O, noson hir! Cwmni Seren ar y gwely yn amhrisiadwy. Teimlo gwres ei chorff bach cynnes yn esmwyth wrth fy ochr a hithau'n cysgu ac yn chwyrnu'n swynol. Gofidio na fyddwn i'n ei gweld byth eto. Gall unrhyw beth ddigwydd dan anesthetig. Bwganod yn fy mhen yn hel meddyliau tywyll am fy nyfodol. Pa ddyfodol? Wylo nes i mi gysgu. Ac ar ôl deffro, rhoi clamp o sws i Seren, ei chofleidio a dweud wrthi, "Mae Mam yn mynd i ffwrdd rŵan, Seren; bydda'n eneth dda a wela i di... Caru ti..." Mae hi mor sbesial i mi. Fel sawl un arall, heb blant na gŵr na phartner, mae ci anwes yn gwmni di-ail ac mae Seren yn werth y byd i gyd i mi.

Diolch bod gen i gymydog mor ffeind â Delme, sy'n gwirioni ar Seren. Y peth pwysig oedd bod Seren yn hapus a bodlon, a gallwn ymlacio gan wybod y byddai'n gwbl saff y drws nesaf efo Del, ond roedd ei gweld o dro i dro yn torri 'nghalon. Yn y cyfamser, cefais innau beth wmbreth o gysur o fod yng nghwmpeini cŵn Pat a David.

Wythnos union ar ôl cael clywed bod angen codi fy mron, roeddwn yn cerdded i mewn i Ward 9.

22

YDECH CHI'N COFIO i mi ddweud 'mod i'n hoffi un o ganeuon
Caryl Parry Jones oedd yn gwneud i mi feddwl am Seren fach?
Drychwch beth wnaeth hi ei baratoi i mi! A Greta, ei merch, yn
cyrraedd acw efo cacen siocled a chlamp o flodyn haul arni.

CD i Heulwen Hâf: Stwff Neeeeeeeeeeeeis!!

Always	Harry Nilsson
Après un Rêve	Tenebrae
Ar Lan Y Môr	Endaf Emlyn
Bwydo'i Braidd	Eden
Cer Mla'n	Angharad Brinn
Y Baban Hwn	Miriam Isaac a Dafydd Dafis
Didn't We	Jimmy Webb
Dim Ond Gair	Angharad Brinn
Don't Worry Baby	Beach Boys
Family Of Love	Take 6
Feeling Good	Michael Bublé
Seren Fach	Caryl Parry Jones
Home	Michael Bublé
I Won't Let The Sun Go Down On Me	Nick Kershaw
Mae 'Na Ffordd	Angharad Brinn
Moon River	Stevie Wonder a Take 6
Never Let Her Slip Away	Andrew Gold
O! Gymru	Y 4o5s
Saf Ar Dy Draed	Caryl Parry Jones
Shower The People	James Taylor
Smile	Miriam Isaac

Wel, cefais falm i'r enaid ar sawl munud wan yn gwrando ar
gasgliad mor fendigedig.

23

SETLO'N HUN AR y ward. Rhoi llun Seren ar y cwpwrdd wrth ymyl y gwely; rhoi crisial yno hefyd a dau fag bach del, pinc a choch, gyda sbectol yn un a ffôn symudol yn y llall. Rhaid dweud, hyd yn oed pan fydda i'n aros mewn gwesty pum seren, mi fydda i wastad yn gwneud fy hun yn gartrefol, neu'n nythu, fel mae rhai yn ei alw. Felly, heddiw o bob diwrnod, doedd dim rheswm torri ar batrwm bywyd. A dweud y gwir, i'r gwrthwyneb: heddiw o bob diwrnod roedd hi'n angenrheidiol dilyn yr hen drefn.

Un o'r pethau cyntaf a ddigwyddodd, yn rhan o'r paratoadau ar gyfer codi'r fron, oedd marcio'r un oedd yn llawn drygioni. Cylch mawr du o amgylch y fron dan sylw a saethau hefyd tuag ati – bwysig gwneud yn siŵr! Mi fyddai'r lwmp a gweddill y meinweoedd yn cael eu tynnu, yna bron fenthyg yn cael ei gosod dan y croen – fel rhyw fath o falŵn wag yn barod i'w hail-lenwi er mwyn ailffurfio fy mron. A chyda hynny roedd hi'n amser i mi roi fy hun yn nwylo medrus yr arbenigwr fyddai'n ei thynnu, sef Mr Eifion Vaughan Williams. Rwy'n cofio iddo ddweud wrtha i ryw dro ei fod yn mwynhau llawdriniaethau ac yn ymfalchïo yn ei waith o ailffurfio bron mor naturiol ag oedd bosib. O, roeddwn i mewn dwylo da. Oedd gen i gwestiwn, holodd Eifion?

"Oes, pryd ga i wisgo lipstic a masgara eto?"

Mor falch 'mod i'n driw i fy safonau... ha ha!

Ond roedd y marciau duon ar fy nghorff yn baent dieithr, a pheth rhyfedd ar y naw oedd edrych arnyn nhw a sylweddoli, o fewn ychydig oriau, na fyddai fy mron yno o gwbl. Wrth weld wynebau fy ffrindie ar y ward y bore hwnnw – gan gynnwys y criw ffilmio, oedd wedi dod mor agos ataf – ond yn arbennig Gwenda a Pat, daeth tawelwch drosta i. Yn sydyn roeddwn i'n teimlo fel geneth fach eto, ar goll, a'r cyfan oeddwn i isio oedd i rywun afael yn fy llaw a dweud, "Mi fyddi di'n iawn, Heulwen." Chefais i mo fy siomi.

Ac ar hynny roedd hi'n amser mynd. Ar fy nghefn ar y troli yn cael fy hebrwng i'r 'theatr' (*the show must go on!*) rwy'n cofio meddwl am gyrraedd yr ysbyty y bore hwnnw a chroesi'r bont yn llythrennol, a sylweddoli bod angen croesi un arall rŵan, yn gorfforol a meddyliol. Doedd dim dewis. A rhaid oedd derbyn hynny. Bellach, roedd y cyfan yn nwylo'r angylion.

Does gen i ddim cof o sgwennu'r geiriau yma yn y dyddiadur, ond dyma nhw:

> Ffarwél fy ffrind, fy mron, fy mynwes,
> Helô, fy myd, beth bynnag ddaw.
> Mae un 'di mynd, ni fyddaf berffaith,
> Ond hyn sydd siŵr... bydd dwy lond llaw!

Beth ddaeth drosta i, dudwch? Rhyfedd fel mae digrifwch i'w gael ym mhob sefyllfa... bron!

Oedd, roedd cynnwys y fron wedi mynd, a'r falŵn fenthyg yn ei lle. Roedd pibell yn dod o'r graith yn gwagu rhywbeth i fag islaw a rhwymau ar draws fy mrest i gyd; pibell yn fy mraich ac un arall fyny 'nhrwyn. Yn llonydd a llipa fel doli glwt, roedd fy ngheg yn sych fel swnd y Sahara. Ond o leiaf roedd fy nannedd yn dal gen i! (Roeddwn i wedi cael fy rhybuddio ei bod yn bosib cael niwed neu nam deintyddol dan anesthetig. Wn i ddim pa mor gyffredin yw hynny, ond roedd y peth yn chwarae ar fy meddwl ac roeddwn i'n falch dros ben o ddal gafael arnyn nhw.)

Agor a chau fy llygaid oedd yr unig symudiad oedd yn gwneud synnwyr am sbel. Hynny, ac anadlu... A mawr ddiolch am y morffin a pha gyffuriau bynnag eraill a lyncais, yn boenleiddiaid, gwrthfiotigau a'u tebyg. Dwbl ddiolch am yr NHS. Hir y parhaed!

Hir a ffôl a ffwndrus oedd yr oriau wedi'r driniaeth, fel ym mhob ysbyty dros y byd i gyd, rwy'n siŵr. Cyn belled ag y gwyddwn, gallai nos fod yn ddydd a dydd yn nos; allan ohoni go iawn mewn rhyw stiwpor arallfydol. Wrth gwrs roedd yna oriau annifyr o boen, ond gofal cyson – o dynnu a rhoi dresins, i gofnodi pwysedd gwaed a thymheredd ac ati, a finnau fel babi yn chwydu bwyd yn ei ôl i fyny ac yn gwlychu'r gwely heb sylweddoli fod y corff angen ei wagu. Www, cefais ofal da.

Rwy'n cofio'r tro cyntaf i mi drio codi, gyda nyrs bob ochr i mi, fel baglau, ac un arall yn cario'r pibelli a'r bag. Am bictiwr... socs gwyn tyn at fy mhengliniau a gŵn ysbyty – wyddoch chi, y rhai *flattering* yna sy'n agored lawr y cefn ac yn dangos y *derrière*. Oedd ots gen i? Nag oedd ddim! Cyrraedd y sinc i drio glanhau fy nannedd, ond damia, doedd y llaw a'r fraich dde ddim yn barod i weithio eto, felly *mouthwash* amdani (a sawl tro arall wedi hynny). Hyn oll gydag anogaeth y nyrsys, "You're doing really well, Heulwen," neu Sunshine, fel roedd rhai yn fy ngalw. Ac oeddwn, roeddwn i'n gwella'n rhyfeddol o dda. Yn benderfynol o wneud hynny.

Yn y cyfnod yma hefyd roedd myfyrio a delweddu yn bwysig iawn i mi. Erbyn hyn, coeliwch, roedd y blodyn haul a'i ganol du o hadau niweidiol wedi gadael fy myfyrdodau. Felly roedd angen anfon lliwiau, lluniau ac egni iach i lenwi'r gwacter a helpu'r isymwybod wneud ei waith. Mae'r dychymyg a'r isymwybod yn gryfach ac yn fwy cyfrwys nag a wyddon ni, felly gore oll os gallwn roi'r cyfle gore posib iddyn nhw hedfan yn ddirwystr.

Mae plentyn bach yn gwneud hyn yn naturiol, oherwydd nad yw'r ymennydd wedi'i raglennu i wybod yn wahanol bryd hynny. Does neb wedi ymyrryd â'r egni creadigol a dweud wrthyn nhw na allan nhw greu eu byd eu hunain a bod yn hapus ac iach o'i fewn. Ond gall unrhyw un fod yn gonsuriwr yn ei ben, a chreu byd gwahanol i'r un o'i gwmpas, dim ond o ddymuno hynny. Trïwch chi adael i'ch meddwl grwydro nes eich bod yn breuddwydio am unrhyw beth a fynnoch, cyn belled â'i fod er lles gore pawb. Mae o'n andros o hwyl. Mae'n effeithiol dros ben. Fel y dywedodd un o'r nyrsys ar Ward 9, "You smile even in your sleep. How do you do it?"

Rhwng cwsg, cyffuriau a chyd-fynd â phob dim a ofynnwyd ohonof, waeth pa mor anodd, roeddwn i 'on the mend'. A sôn am anodd, o fewn dyddiau daeth ffisiotherapydd heibio i roi ymarferiadau corfforol i mi er mwyn dechrau symud y fraich dde. Roedd hyn yn bwysig er mwyn cadw'r ysgwydd rhag cloi a'r chwarennau lymff rhag ildio i segurdod. Ymarferiadau digon syml, ond brawychus yr un pryd. Beth petawn i'n rhwygo'r pwythau? Beth petai'r fron fenthyg dan y croen yn symud o'i lle? Beth petawn i'n llewygu mewn poen...? Yr holl ofnau yma, a'r cyfan y gofynnwyd i mi ei wneud oedd eistedd ar y gwely neu yn y gadair (wrth gryfhau) a gwneud hyn:

> Trio codi f'ysgwyddau'n ara deg i fyny at fy nghlustiau a'u gostwng yn ôl drachefn.
>
> Trio symud y ddau benelin fymryn yn ôl tua'r cefn, ac yna'u gorffwys.
>
> Trio symud y ddau benelin fymryn tua'r blaen, a'u gorffwys.
>
> Trio codi'r fraich i fyny ychydig, yna'i gostwng.
>
> Trio ymestyn y fraich i'r ochr, oddi wrth y corff ychydig, ac yn ôl.
>
> Trio cylchu'r fraich am yn ôl.
>
> Trio cylchu'r fraich am ymlaen.
>
> Trio plygu'r pen, i'r ochr, ymlaen ac yna'n ôl.

Trio... dyna'r gair i'w gofio. Trio. Ond dyna fawr oedd yr ymdrech i wneud ymarferiadau mor syml. Wedi dweud hynny, mi dalodd ar ei ganfed. Rhywbeth arall i'w wneud oedd troi fy nhraed rownd a rownd mewn cylchoedd, ar i fyny ac ar i lawr, er mwyn cadw cylchrediad y gwaed i lifo. Choeliech chi byth sut mae effaith symud y traed i'w deimlo yn y frest! A pheth arall oedd yn brifo go iawn oedd dylyfu gên a thisian. Www, poen uffernol a'r teimlad rhyfeddaf!

Amser i symud y meddwl fyddai hwnnw. A dyna lle y gallen ni ddysgu gwers arall gan y plentyn – dysgu derbyn a deall yr hyn sy'n digwydd i ni y funud hon... a symud ymlaen. Peidio â chario pwysau ychwanegol gofidio ymlaen llaw nac edrych yn ôl mewn trallod ar yr hyn a fu. Does dim y gallwn ei wneud i newid y gorffennol na dyfalu'r dyfodol. Yr hyn sydd – sydd! Mae cyn symled â hynny. Ac os poen ar y pryd, wel, poen amdani. Waeth mi ddaw rhywbeth gwell i'w ddilyn.

Mi fyddwn i'n gwneud fy ngore i weld y canlyniad cadarnhaol oedd yn f'aros. Er enghraifft, wrth fyfyrio, mi fyddwn i'n dychmygu fy nghorff yn berffaith iach o fy nghorun i'm sawdl: y cyfan yn gloywi, y tu mewn a'r tu allan, yn aur meddal i gyd, fel petai'n cael ei dywallt o gasgen enfawr o hylif euraid tawdd a rhyw wawr o'r lliw pinc prydferthaf a welwyd erioed. A byddwn yn gweld y ddau liw yn plethu, yn cymysgu, fel mewn lamp lafa yn ddireolaeth. Wrth ganolbwyntio ar yr ardal o gwmpas y fron, yr ysgwydd, y fraich a'r llaw friwedig, gwelwn liwiau'r enfys fel bwa byw yn tawelu'r tensiwn a lleddfu'r briw.

Gyda'r sylfaen hwn yn ei le, byddwn yn crwydro'n ôl yn fy mywyd at adeg oedd i mi yn un werth chweil. Chwilio am amser pan oeddwn, yn fy meddwl fy hun, yn ddiguro, ar fy ngore. Fy ngweld fy hun yn glir yn yr Albert Hall yn Llundain yn cyflwyno cyngerdd y 'Mil o Leisiau'. Y fi gyda gwallt hir golau, mewn siwt fach ddu, smart a brynes i yn Saks ar 5th Avenue yn New York, sgidie patent du â sodlau uchel (gostiodd ffortiwn!) ac yn fwy pwysig na dim, y fi yn edrych ac yn teimlo yn hynod iach, yn hyderus a hapus.

Wedi cyrraedd y fan yma, ymfalchïo yn y teimlad a symud i mewn i'r llun. Clywed y gerddoriaeth, arogleuon y lle, gweld y gynulleidfa'n mwynhau'r profiad a gwybod, yn yr eiliad honno, fod bywyd yn berffaith. Setlo'r darlun yn fy mhen.

Wedyn y cam nesaf yw cymysgu'r ddau ddarlun. Cymysgu'r aur a'r pinc a'r enfys a'r teimladau llesol â'r llun sy'n llawn cadernid y gyngerdd. Eu cymysgu hyd nes bod y ddau yn un. Setlo eto... a gadael i'r cyfuniad newydd yma ddod o hyd i'w le y tu mewn i mi a bodoli. Gorffwys ennyd, yna anadlu allan yn esmwyth a gadael i bob diferyn sydd angen gadael hedfan i'r gofod a thu hwnt.

Trystio bod hyn yn bosib. Trystio bod hyn yn wir. Yna symud ymlaen heb feddwl am yr hyn a fu, a derbyn bod pob dim yn ei le.

Wedi treulio pum niwrnod ar Ward 9 ac ymgartrefu yno, roedd Eifion yn awyddus i mi fynd adre. A dweud y gwir, doeddwn i ddim isio mynd yn 'tôl.

24

WYDDOCH CHI WEITHIAU pan fyddwch chi'n cyrraedd rhywle ac yn gwybod eich bod chi'n mynd i fod yn gwbl gyfforddus yno? Wel, felly roeddwn i'n teimlo pan gefais swydd yn S4C. Roedd cael gwaith fel cyflwynydd rhaglenni ar y teledu yn binacl ar fy ngobeithion. Ond diar, mor hawdd ydi bod gartre yn gwylio'r sgrin ac yn gwrando ar y llais sy'n cysylltu'r naill raglen â'r llall a meddwl – dyna job fach neis, dim ond dweud gair neu ddau bob hyn a hyn, wedyn eistedd yn ôl a gwylio rhaglenni yn hamddenol am oriau.

Haws dweud na gwneud, coeliwch fi.

O'r dechrau, roedd y gwaith yn apelio. Hyd yn oed cyn iddi lwyddo i fy mherswadio i symud lawr i Gaerdydd, rwy'n cofio Gwenda Griff yn dweud na allai hi addo y byddai swydd yno i mi ar ôl cyrraedd. "Ond mi fedra i dy gyflwyno i bennaeth Adran Gyflwyno S4C – bydd y gweddill yn dy ddwylo di." A haleliwia, ymhen amser, cefais ymuno â'r tîm.

Roedd y gwaith go iawn yn dra gwahanol i'r hyn roeddwn wedi'i ddychmygu. I ddechrau, roedd y shifftiau'n hir ac yn hynod brysur. Boreau cynnar o godi cyn cŵn Caer a smalio gwên yn y llais, er gwaethaf teimlo'n llipa heb gael digon o gwsg (dod i sylweddoli bod angen ychydig o ddawn actio er mwyn gwneud y job yma hefyd!). Shifftiau o weithio yn y tywyllwch mewn rhyw fath o gell – waliau meddal trwchus er mwyn torri ar y sŵn, a drws dwbl, trwm i gadw unrhyw sain yr ochr draw iddo. Treuliais ddyddiau yn yr hen VOB (*voice-over booth*), gyda lamp *anglepoise* a chryn chwech, saith neu wyth monitor teledu yn gwmni tra oeddwn i'n cyfansoddi'r sgript nesaf. Prin bod amser i dorri gair gyda fy mêts – y technegwyr a'r cynhyrchydd/gyfarwyddwr (y C/G) fyddai yr ochr draw i'r gwydr – heb sôn am ymlacio i wylio'r rhaglenni oedd yn cael eu darlledu.

Mae'r cyfrifoldeb o fynd yn fyw ar yr awyr yn golygu andros o ganolbwyntio: pob gair yn gorfod cael ei ynganu'n glir a'r naws yn berthnasol i'r hyn rydech chi'n ei gyflwyno. Mi fyddai mynd draw at Y Newyddion yn gofyn am lais ffeithiol ac awdurdodol. Ysbryd gwahanol iawn oedd ei angen ar gyfer, dyweder, cyflwyno drama dywyll yn hwyr y nos, neu raglen fyw ganol pnawn, neu raglen gerddoriaeth uchel-ael neu raglen ysgafn, neu raglen i blant.

A chyn cyrraedd y sedd boeth a phwll goleuni'r *anglepoise*, roedd yn rhaid bod wedi gwneud eich gwaith ymchwil a chadw nodiadau trylwyr. Byddai pob eiliad o ddarlledu wedi'i mesur a'i chadarnhau gyda'r C/G cyn i chi agor eich ceg, a rhad arnoch chi petai yna gamgymeriad. Barod? Barod. Sythu 'nghefn, anadl ddofn a'i dal hyd nes gwelwn y golau gwyrdd yn dod ymlaen. A diolch byth mai dau fotwm yn unig oedd gen i i'w pwyso, gyda'r gweddill yn nwylo medrus gweddill y tîm.

Ond wyddoch chi, hyd yn oed wedi gwneud hyn oll a pharatoi mor drylwyr â phosib... gall unrhyw beth ddigwydd. Wedi'r cyfan, mae'r darllediad yn fyw, a choeliwch fi, mae camgymeriadau'n gallu digwydd. Y foment fwyaf hunllefus a gefais erioed oedd un noson pan aeth pethau'n ffradach ar yr awyr – mae fy stumog yn dal i droi wrth feddwl am y peth heddiw.

Roedd y rhan fwyaf o'r Adran Gyflwyno mewn parti'n dathlu blwyddyn arall o gydweithio, ac yn joio, allwch chi fentro. Y fi, druan, oedd ar ddyletswydd. Roeddwn i newydd gyflwyno fy linc i mewn i newyddion chwech ond, wrth wneud hynny, wedi meddwl fod rhywbeth yn swnio'n rhyfedd gyda'r lefelau sain. Os ydech chi'n gyfarwydd â gwisgo ffonau clust, mi wyddoch chi fod pethau'n swnio'n wahanol yn eich pen i'r hyn y mae pobl eraill yn ei glywed y tu allan. A chan nad oeddwn i gant y cant yn siŵr a oedd fy lefelau'n gyson y noson honno, gofynnais i'r C/G allwn i wneud prawf sain.

"Â chroeso," meddai hi. "Ffwrdd â ti."

Ac i ffwrdd â fi.

"Wel," meddwn i, "dyma ni, yma yn S4C, tra bod pawb arall allan yn swpera ac yn cael hwyl. Ond dyna ni, mae'n rhaid i rywun weithio, debyg. Ta waeth, dwi wedi bod i'r gegin ac mae yna prôns a salad, a ham oer a sosej rôls a baps a bla di bla di bla…"

Diolch i Dduw na wnes i regi. Roedd fy llais wedi mynd allan yn fyw dros yr awyr, dros *Y Newyddion*! Ac fel pe na bai hynny'n ddigon o embaras, dyna'r noson y cafodd Gwyn Jones, y chwaraewr rygbi enwog, ei anafu'n ddrwg ar y maes, ac roedd ei dad ar ganol cyfweliad dwys yn siarad amdano.

Erbyn hyn roedd Nia Ceidiog wedi ffonio'i gŵr Tony, oedd yn cydweithio yr ochr arall i'r gwydr y noson honno, yn erfyn arno i fy nhynnu oddi ar yr awyr. Roedd fy chwaer Gwenda yng Nghorwen yn gweiddi ar y sgrin, "Bydd ddistaw, Heulwen, bydd ddistaw! O, Heulwen…"

Roedd y sioc o sylweddoli beth oedd wedi digwydd wedi fy nallu a 'myddaru am sbel. Doedd arna i ddim isio darlledu na dweud yr un gair byth eto. Distaw? Oeddwn… ond yn rhy hwyr! Ar ben hynny, roeddwn wedi creu sefyllfa anodd rhwng S4C a BBC Cymru, oherwydd y BBC oedd yn gyfrifol am raglen *Y Newyddion* ac roedd y ffaith bod cyflwynydd yn S4C wedi gwneud y fath gawlach o bethau yn anfaddeuol. Do, cefais fy hel o flaen fy ngwell a chael fy siarsio â rhybudd swyddogol. Cefais faddeuant hefyd a chadw fy swydd. Ond gadewch i mi ymddiheuro fan hyn i Gwyn Jones a'i deulu am darfu y noson honno.

Dyna oedd gwers anodd ei dysgu. Wedi cael clec fel yna mae rhywun yn colli'i nerf a'i blwc ac yn swil o fynd yn ei ôl o flaen meicroffon, ond roedd yn rhaid ailgydio os oeddwn am ddechrau mwynhau fy ngwaith unwaith eto.

Un o fy hoff adegau gydag S4C oedd amser dweud nos

da. Mi fyddwn i bob amser yn cyflwyno'r ffarwél nosweithiol gyda rhywbeth fel hyn:

"Diolch am eich cwmni trwy gydol y nos. Dewch 'nôl yfory – yma y bydda i yn aros amdanoch chi. Tan hynny, gwyn eich byd a chysgwch yn dawel. Gen i Heulwen Hâf, nos da."

O, atgofion! Yn sgil hyn, cefais anrhydedd gan fy nghyd-weithwyr (un tafod yn y boch) – nid BAFTA ond NAFTA – "am gadw hen ddynion unig yn effro tan orie mân y bore, er mwyn fy nghlywed yn dweud 'nos da' yn fy llais melfedaidd a secsi." Pleser, gyfeillion annwyl. Pleser!

Roedd gweithio i'r Sianel yn fraint ac yn anrhydedd: cael bod yn rhan o fywydau'r gwylwyr ym mha le bynnag y bydden nhw'n gwylio. Yn ifanc neu'n hen, iach neu symol, byddwn yn trio 'ngore i gysylltu â phob un fel unigolyn. Gobeithio i mi ddod â pheth heulwen i'ch bywydau.

Mwynhad arall oedd cael bod ar stondinau S4C mewn sawl Eisteddfod Genedlaethol ac ar faes y Sioe Frenhinol, dan lygad barcud yr unigryw David Meredith, ac yn aml yng nghwmni'r hwyliog Jenny Ogwen a'i holl ffans. Yr hwyl fwyaf ges i gyda Jenny Og oedd pan anfonwyd ni'n dwy ar gwrs ymddeol, i'n paratoi at y dydd pan fyddai'n rhaid i ni gerdded allan trwy ddrysau S4C am y tro olaf.

Er i bawb arall gyrraedd y cwrs gyda ffeiliau a phortffolios o'u heiddo a'u buddsoddiadau, dim ond cês dillad a bag colur oedd gennym ni'n dwy. Gyda dim syniad am yr hyn oedd yn cael ei drafod, yr unig beth i'w wneud oedd mwynhau'r cwmni am dipyn cyn mynd am goffi mewn caffi neis a phrynu owtffit newydd bob un. Penderfynodd Jenny Og a minnau, os oedd bywyd yn y dyfodol yn mynd i fod mor ddigalon â'r hyn yr oedd yr arbenigwraig yn ei ragrybuddio, yna waeth i ni'n dwy gael gwydraid o siampên tra medren ni! Wel, diawch, ryden ni'n dal i fynd...

25

MYND ADRE O'R ysbyty oedd raid i minnau wedi cael codi fy mron, a daeth Gwenda Griff i fy nghasglu mewn car moethus, cyfforddus. Dydw i ond yn gwneud y pwynt hwn gan fod rhai yn gorfod gadael mewn ambiwlans, tacsi, car neu fws digysur ac, o bosib, yn gorfod mynd yn ôl i gartre gwag, heb wres na neb i ofalu amdanyn nhw. Mi fyddai hynny'n gwneud pethau'n anos fyth. Mae'r cam cyntaf yna allan drwy'r drysau awtomatig yn ddigon mawr fel mae hi. Yn sydyn, mae rhywun yn sylweddoli o'r newydd faint ei wendid.

Er i Gwenda yrru'n ara deg a gofalus, roedd mynd dros y blwmin lympiau plismyn cysgu yn y ffordd yn hynod anghyfforddus. Leciwn i i'r sawl feddyliodd am y fath bethau drio teithio dros y *damn things* i brofi mor anfaddeuol o greulon yden nhw ar unrhyw un mewn poen. Beth am bobol sydd wedi cael niwed difrifol i'r cefn neu'r gwddw neu unrhyw ran arall o'r corff? Daria'u socs nhw, roedd yn rhaid i mi ddal fy nghorff ymlaen oddi wrth gefn y sedd er mwyn arbed y sioc rhag saethu drwy fy system, a dal fy ngafael yn dynn yn yr *armrest*. Dyna fu'r patrwm am yn hir, hir, hir.

A diolch byth, cefais rywun i ofalu fod patrwm hawdd a diogel i fy nyddiau yn syth ar ôl dod o'r ysbyty achos dyma pryd y cefais fynd i aros i gartre cynnes a chlyd Pat a David. Ydech chi'n fy nghofio i'n sôn? Paned yn aros amdana i yn y ffrynt rŵm ar soffa feddal fawr, a David (neu DLJ fel mae rhai'n ei adnabod) yn tynnu fy nghoes. "Welcome to the old people's home, Heulwen. I'm thinking of getting Pat an uniform!" Wel, rhwng y ddau – Pat yn dawel ac yn ofalwraig naturiol, a DLJ yn un bywiog, doniol ac yn drafodwr heb ei ail – roeddwn i yn y lle perffaith i ddod ataf fy hun.

Stafell wely hyfryd, y dillad gwely'n ffres oddi ar y lein ac yn llawn ogle awyr iach a smwddio crisp neis, a digonedd o glustogau wedi'u plwmpio'n berffaith. Yn eu canol, un glustog siâp V ben i lawr. Wel, dyna beth handi; jest y job wrth orffwyso ac yn help mawr i fy nghadw'n llonydd ar fy nghefn wrth drio cysgu. Thenciw, Pat, am feddwl am bob dim.

Yng nghefn y tŷ oedd fy stafell i, a'r ffenest fawr tua'r de yn edrych allan dros yr ardd. Lle bendigedig i orwedd yn saff a hapus yn llygad haul mis Medi (2008). Roedd gweld byd natur yn iachâd ynddo'i hun a threuliais oriau yn dilyn symudiad gosgeiddig y cymylau gwynion ar eu cefndir glas golau. Weithiau mi fyddwn i'n gorwedd yno'n dychmygu o ble daeth ambell awyren arian, y smotyn tawel yna a fyddai'n croesi mor uchel ac mor gyflym a gadael llinell o'i hôl. Pwy oedd arni? Pa fath o wyliau gawson nhw? Pa bryd y byddwn i'n cael hedfan eto? I ble'r awn?

Un o'r pethau anwylaf fyddai'n digwydd bob prynhawn oedd ymweliad Rhys, ŵyr Pat a DLJ, mab Jonathon a Katie. Chwech oed oedd Rhys ar y pryd ac yn gariad i gyd. Plentyn hawdd bod yn ei gwmni, ac mae hynny'n ddweud mawr gan un sydd allan o'i dyfnder yn llwyr gyda babis a phlant. (Tydw i byth yn gwybod beth i'w wneud gyda nhw.) Ond roedd Rhys, beth bynnag, yn hogyn hoffus; cariadus, hyd yn oed.

Wedi dod dros ei swildod o weld y ddynes ryfedd yma'n eistedd yn ei gadair 'o' yn y lolfa fach, buan y daeth i arfer, a chyn pen dim roedd Aunty Heulwen yn rhan o'i batrwm beunyddiol yntau. Ond un diwrnod daeth Rhys adre o'r ysgol, rhuthro i'r lolfa fach a dyna lle roeddwn i – heb fy wig. Damia, dau funud arall ac mi fyddwn yn barod amdano. Edrychodd yn syn arna i, sefyll yn stond am funud, cyn troi ar ei sawdl a'i heglu am y gegin lle'r oedd ei nain yn paratoi te. O, 'machgen i!

Ddywedodd Rhys yr un gair am y peth wrth ei nain y prynhawn hwnnw, ond ymhen diwrnod neu ddau daeth ymholiad gofalus: "Is Aunty Heulwen alright, Nain?" A phan eglurodd Pat 'mod i wedi bod yn symol, wedi bod yn yr ysbyty a thrwy hynny wedi colli fy ngwallt ac yn gorfod gwisgo gwallt gosod am blwc, wel, dyna lle'r oedd o'n gwrando'n astud. Ac mi dyfith y gwallt yn ei ôl, meddai Pat wedyn, yn bendant. "Well, that's OK then," meddai'r bwchan, yr un mor bendant yn ôl. Ac i ffwrdd ag o. Dim problem. A wig neu ddim wig, o hynny 'mlaen, i'r ddau ohonom, doedd aflwydd o bwys.

Ddeg diwrnod yn ddiweddarach roedd gen i apwyntiad yn yr ysbyty gydag Eifion VW a Debs i dynnu'r dresin a dadorchuddio'r fron. O!, blincin hec, beth fyddai'r farn?

Gorwedd ar y gwely a gadael i Debs wneud ei gwaith. Dal fy ngwynt a gobeithio am y gore. Roedd ei hwyneb yn bictiwr. Daeth Eifion draw, ystyried y cyfan gyda'i ddwylo medrus a'i lygaid craff. Oedd, roedd o'n blês iawn gyda'i waith. Mentrais ofyn a gawn i weld ei waith llaw. Rŵan, does gen i ddim cof o hyn, ac oni bai fod y camerâu yno'n ffilmio, mae'n debyg na fyddwn i'n gallu cofio – wedi'r cwbl, mae'n anferth o foment fawr, tydi, y tro cyntaf i chi weld y briw a'r graith? Ond wrth edrych yn ôl ar y ffilm, o'r diléit ar fy wyneb, roeddwn i'n amlwg wedi fy mhlesio. WAW!

"Deg allan o ddeg," meddwn i wrtho.

Ond wyddoch chi beth oedd ei ateb?

"Na," meddai o. "Achos tydi *neb* yn berffaith."

O fewn yr wythnos roedd Debs yn disgwyl amdanom unwaith yn rhagor er mwyn dechrau chwyddo'r fron fenthyg. Wel, os bu person addas i'w swydd erioed, hon ydi'r un – yn wên i gyd ac yn siaradus braf. Byddai Debs a finnau'n siarad yn ddi-stop – nerfusrwydd ar fy rhan i, o bosib, ond proffesiynoldeb a naturioldeb ar ei rhan hi; andros o gymeriad. Un o'r pethau neisiaf yr oedd Debs yn ei wneud oedd dal ei breichiau led y pen a dweud, "Come here and let me give you my strength." Gwych, ynde?

Ar fy nghefn, felly, a chael y chwistrelliad cyntaf o ddŵr halen i'r fron fenthyg er mwyn dechrau ei chwyddo i'r un maint â'r llall... 36B, os 'dech chi isio gwbod... ha ha!

"Briliant! Briliant! Briliant!" oedd y geiriau roddais i yn y dyddiadur.

Tua'r un pryd hefyd, cefais fy mharatoi gan Debs i wisgo bra pwrpasol. Nid un del, *underwired* fel y byddwn i'n arfer ei wisgo ond un plaen gwyn, cotwm meddal a lastig llydan yn eithaf llac rownd y cefn. Ych a fi, roedd hyn yn mynd yn erbyn fy natur. Gwisgo dillad isa neis fyddwn i wastad, a dilyn fy nghredo y dylai pob merch wisgo'r gore y gall hi yn agos at ei chroen. Ond roedd y bra cywir yn hollbwysig, fel na fyddai'n pwyso ar y mannau dolurus. Ystyriais i ddim y byddai llawer mwy na'r fron ei hunan yn brifo. Roedd y cyfan oll yn boenus – y gwddw, pont yr ysgwydd, fy ochr, fy nghesail, yr asennau... Weithiau, roedd hi'n 'aw!' hyd at ddagrau.

Yn y bra arbennig roedd y ddwy gwpan yn gyfartal o ran maint ond fod poced gudd yn un ochr i ddal stwffin pwrpasol er mwyn cael rhyw fath o gydbwysedd, ac edrych yn 'normal'. Fel y byddai rhagor o'r heli yn cael ei ychwanegu bob wythnos, byddai angen llai o wadin bob tro. Fy newis i oedd hyn wrth gwrs, nid pawb sy'n dymuno mynd drwy'r fath ffwdan. Ond mae rhywun wedi meddwl yn ofalus am y pethau yma, wyddoch chi, ac roedd yr hen 'froncysyllte' yn un effeithiol dros ben. Yr unig beth oedd, doedd dim gobaith i mi hel fy mreichiau rownd y cefn i'w gau, felly rhaid oedd ei fachu yn y ffrynt a'i lusgo rownd i'r cefn cyn ei godi'n ofalus dros y fron ac ar yr ysgwydd. O, y rhyddhad o gael pethau yn eu lle!

Cam mawr arall oedd cael cawod. Roedd arna i gymaint o ofn, a diolch byth bod Pat wrth law. Wn i ddim beth oeddwn i'n ei ofni chwaith; llithro neu ddisgyn, neu y byddai'n brifo neu rywbeth, ond roedd y pleser yn syfrdanol. Unwaith y camais o dan lif y gawod, roeddwn i'n sylweddoli gwerth y golch. Dŵr claear dros groen niweidiog; doedd dim gwell i'w gael. Sefyll yno am hydoedd yn ddagreuol, yn falch o feddwl fod camfa arall wedi'i chroesi. Haleliwia!

Bedair wythnos yn ddiweddarach roedd y '36B plus 1' yn barod i'w dangos i Eifion VW ac i Dr Jacinta Abraham, pennaeth y tîm fu'n gofalu amdana i drwy'r cemo. "Llongyfarchiade un ac oll," meddwn innau yn y dyddiadur, "maen nhw bron yn berffaith!"

Wyddoch chi cynt, pan oeddwn i'n dweud nad carlamu ydech chi drwy'r profiad yma, ond fod angen asgwrn cefn i wynebu'r wythnosau hirion sy'n mynd heibio rhwng pob gwahanol gam? Wel, rhyw gyfnod felly a ddilynodd. Roedd pythefnos o 'ymlacio' o fy mlaen cyn y byddai'n rhaid dychwelyd i Ward 9 am yr ail lawdriniaeth, pryd y bydden nhw'n tynnu'r fron fenthyg ac yn rhoi un barhaol yn ei lle. Yn y cyfamser roedd yn bryd i minnau gryfhau a mentro allan ar fy mhen fy hun. Roedd y cyfan a ddigwyddodd hyd yn hyn wedi dwyn nid yn unig fy mron a fy ngwallt, fy egni a fy nerth, ond fy hunanhyder hefyd. Roedd y syniad o gerdded allan ar fy mhen fy hun yn gwneud i mi deimlo'n ansicr; roedd mentro i waelod yr ardd yn ddigon i ddechrau. Lle bynnag yr awn, roeddwn i'n fwy cyfforddus gyda rhywun arall yn cerdded gam wrth gam gyda fi ar yr ochr 'dda', rhag ofn.

Rhag ofn beth? Rhag ofn baglu neu syrthio; rhag ofn i rywun ddigwydd fy nharo wrth fynd heibio a niweidio'r ochr wan (byddai'r boen a'r ofn yn ddigon amdana i!). Ond welwch chi mor wantan oeddwn i? Rhy wantan hyd yn oed i gofio fy rhybuddion fy hun am beidio â mynd i gwrdd â gofid. Ers dechrau'r cemo roeddwn yn cario cerdyn post gyda fi i bob man yn fy mhwrs (does dim llawer ers i mi gael gwared arno). Roedd holl fanylion y triniaethau roeddwn wedi'u cael a'r cyffuriau roeddwn yn eu cymryd wedi'u nodi arno'n glir, rhag ofn i mi gael damwain neu fynd yn sâl yn rhywle. Rhag ofn – ie, rhag ofn! Roedd digon o hwnnw ar gael.

Byddai Pat bob amser yn barod i ddod am dro, chwarae

teg iddi, a byddai'r ddwy ohonon ni'n trio cerdded ychydig ymhellach bob dydd. I lawr i waelod y stryd i ddechre; wedyn rownd y bloc ac yn ôl; yna, fel yr ymlaciwn i'r arfer, o Greenwood Road lawr at y BBC ac yn ôl ar hyd y ffordd fawr. Ond profiad od ar y naw oedd bod mor agos i'r traffig, oherwydd roedd fy sensitifrwydd at sŵn a symudiad cyflym y ceir yn ddieithr i mi bellach ac yn fy ffwndro'n rhacs. Un troed o flaen y llall, meddai'r siarsio mewnol a ddaethai'n ei ôl fesul tipyn – camau mân i ddechre, oedi bach a saib am anadl cyn symud ymlaen, yna gorffwys wedi cyrraedd 'nôl. Digon i'r diwrnod... ac o ddydd i ddydd, o dipyn i beth roedd y nerth yn dychwelyd.

Unwaith eto bu Rhys bach yn donig gyda'i geisiadau, "Aunty Heulwen, will you come for a walk with me?" Weithiau yn dal fy llaw yn ofalus, dro arall yn sgipio a rhedeg yn ôl a blaen yn *full of beans*, gwelai'r plentyn diniwed ryfeddodau yn y gwrych, ar y stryd, yn yr awyr ac yn ei ben. Yn amlach na pheidio byddai'n gwisgo strip glas tîm pêl-droed Cardiff City ac yn malu awyr am y chwaraewyr gyda'r fath ddoethineb, mi allai fod yn rheolwr arnyn nhw. Erbyn hyn mae o wedi mabwysiadu cath wryw goch, a'i henw? Ross McCormack, beth arall!

I ganol y crwydro a'r cryfhau, daeth apwyntiad arall i ategu hyd y daith yr oeddwn yn rhan ohoni. Yn Ysbyty Felindre bu Dr Abraham yn esbonio'r hyn fyddai o fy mlaen yn y flwyddyn newydd, oherwydd er gwaethaf y cemotherapi a chael gwared ar y lwmp, roedd angen sicrhau o hyd na fyddai unrhyw gelloedd canser o gwbl ar ôl yn fy mron. I wneud hynny, byddai angen cwrs mis o radiotherapi. Wel, blwyddyn newydd dda, bobol!

26

DIOLCH I'R TAD, i symud fy meddwl cefais alwad ffôn annisgwyl gan Derfel, cynhyrchydd y rhaglen *Nia* ar Radio Cymru yn gofyn tybed hoffwn i ddod draw i sgwrsio'n fyw, yn y stiwdio. Cotiau ffwr a'u lle mewn ffasiwn, dyna oedd y pwnc, ac roeddwn innau'n ddigon bodlon sôn am fy hoffter ohonynt, er yn deall safbwyntiau'r beirniaid hefyd. Yn y dyddiadur gwelaf, "Grêt, diolch am gofio amdana i a 'ngwahodd yn ôl i'r byd go iawn." Cefais sawl galwad ffôn gan bobol oedd wedi clywed y rhaglen hefyd, yn dymuno'n dda i mi. Codwyd fy nghalon.

Cyn hir, daeth galwad arall gan Derfel.

"Helo, Heulwen. Rwy'n gweithio ar raglen *Cofio* gyda John Hardy ac roedden ni'n meddwl tybed fyddech chi (ie, CHI mae o'n fy ngalw... parch i'r henoed, debyg, ha, ha!) â diddordeb mewn cyfrannu at y rhaglen am grefydd a chredo?"

Yn bendant.

Diolch eto, Derfel. Rwyt ti'n werth y byd, ac yn gwneud i mi chwerthin.

Ond crefydd a chredo... rŵan, beth ydi ystyr hynny i mi, tybed?

"Duw cariad yw." Dyna'r adnod gyntaf y bydd pob plentyn fwy neu lai yn ei ddysgu ar lafar ar lin ei fam, a dyna a gredaf i hyd heddiw. Ond erbyn hyn rwy'n meddwl amdano yn fwy fel cwestiwn ac ateb. Y cwestiwn ydi... Duw? Yr ateb... Cariad yw! Mor syml a chymhleth â hynny. Cyfuniad o grefydd a chredo, y ddau yn un. Ac rwy'n agored i ddysgu am bob math o grefyddau eraill hefyd (cyn belled nad yden nhw'n eithafol) ac i roi cynnig ar syniadau ambell un. Ond, drwy'r cyfan, rwy'n derbyn mai 'Cariad' ydi'r ffydd gryfaf a glanaf y gallwn fyw er ei mwyn.

Oeddech chi'n aelod o Urdd Gobaith Cymru ers talwm?

"Byddaf ffyddlon i Gymru, i gyd-ddyn, i Grist." Mae'n ddatganiad cryf yn ei symlrwydd, tydi? Agorwyd drysau i gynifer ohonon ni i dyfu a datblygu o fewn mudiad mor rhyfeddol o uchelgeisiol â'r Urdd. Dyna oedd dyddiau da; diolch amdanyn nhw. Daeth Owen a Prys Edwards, meibion carismataidd Syr Ifan ab Owen Edwards, yn ffrindie da i mi ac mae 'Bing bong a bing bong be' yn canu yn fy mhen i rŵan wrth i mi feddwl am yr holl hwyl a gafwyd a'r cysylltiadau pellgyrhaeddol a wnaethpwyd bryd hynny, sy'n para hyd heddiw.

Ac mae pobol mor bwysig, dyden? Trwy'r cysylltiad yna â phobl y daw'r cyfle i arfer ein ffydd, i rannu ein cariad. A diar, rwy'n lwcus yn fy nheulu a'm ffrindie.

Bu Nia Parry, cyflwynydd rhaglen *Blodyn Haul*, yn gwmni ysbrydoledig trwy gydol y daith; nid yn unig ar y dyddiau pan fydden ni'n ffilmio ond ar adegau pan nad oedd gofyn iddi fod ar gael hefyd. Roedd ei harddwch, ei hawddgarwch a'i natur annwyl a chariadus yn bwysig iawn i mi. Cefais fy nghynnal fwy nag unwaith gan ei gwên pan fyddwn yn wynebu siom a dicter – mae'n gwenu â'i llygaid hefyd, wyddoch chi. Ni waeth lle'r oedd hi, na pha stormydd fyddai'n ei sgytian hithau, byddai'n anfon llwythi o negeseuon testun – o leiaf un y dydd – o ble bynnag y byddai hi'n gweithio ar y pryd, ac mi alwodd draw droeon gyda bwydydd y byddai hi wedi'u paratoi yn arbennig er fy mwyn. Diolch o galon iddi. Mi wna i rannu rhywbeth arall gyda chi fan hyn hefyd, oherwydd cefais sawl 'calon' ar wahanol ffurf gan Nia yn ystod y cyfnod yma ac maen nhw gen i byth; rwy'n eu trysori. Crafu'r wyneb yn unig yw hyn ac mi ddylech chi weld ei sgiliau cyfathrebu ar waith gyda rheolwyr yr ysbytai er mwyn cael caniatâd i ffilmio yno: amhrisiadwy!

Roeddwn i'n sôn cynt am wneud ambell gyfraniad at raglenni Radio Cymru; wel, bu Nia arall – Nia Roberts – a Geraint a'r plant yn hynod glên hefyd. Nia â chlust i wrando dros ginio fwy nag unwaith, a chardiau'n dod drwy'r post

Ffilmio *Yr Ynys* gyda JO Roberts

Ar *Pobol y Cwm*…

… a *Dr Elen*

Gyda Trefor Selway yn *Amdo Priodas*

Dathlu pen-blwydd ym Mhortmeirion

Siopa am fag Valentino Couture ym Monaco

Caribi '61

Jane a finnau ym Monaco

O Gorwen i Galiffornia

Dathlu'r flwyddyn newydd
gyda Lyn ac Elinor

Os priodas, rhaid cael het –
Gwenda, Sylvia, Mari a finnau

Beca fach a finnau

Tu allan i Balas Buckingham
gyda Christine Lewis, yn derbyn
OBE, a Christine Harris o America

Ffilmio *Le Match de Notre Vie*

Dei Pen Bont a Robin Jones
– dau o rai da

Yn China – Pam a finnau a'r gyrrwr, druan

Dwy ddynes/dau ddyn a fi yn
Seland Newydd

Dwy droed yn Sydney

Yn Fflorens wedi ffansïo cadwyn yr
Archesgob

Griff a finnau, dau ffrind da dan
yr un ambarél

Ar y ffordd i Ascot

Ffarwelio â chriw cyflwyno S4C

Dyl Griff, a fi yn chwedeg

The land of song...
but not of sexiness

The Scottish brogue has the accent on success in sounding sexy but how does the Welsh lilt fare? **Craig Hillsley** reports

FROM Cockney to Scouse, and from Welsh to Geordie, Britain has a rich diversity of accents – but it is the Scottish brogue that seems to get us hot under the collar.

In a survey of more than 1,000 people by NOP for the internet provider AOL, 40pc of adults voted Scots as having the sexiest accent in the UK, followed by the Irish with 39pc and Geordies with 19pc

charismatic" actor to be her leading man in the new romantic comedy, Down With Love.

But there is more to the perceived sexiness of accents than just an association with certain celebrities. Dr Clive Upton, senior lecturer in English language at the University of Leeds, is not surprised that many people consider Scottish and Irish accents to be the sexiest.

"Research often shows that the Celtic fringe languages are the most liked," he says.

"It's partly because Scotland and Ireland are seen as mysterious plac-

Top 10 sexy regional accents		Our top 10 sexy Welsh accents
1 Scottish		1 Richard Burton
2 Irish		2 Tom Jones
3 Geordie		3 Siân Phillips (left)
4 Welsh		4 Sir Anthony Hopkins
5 Cockney		5 Heulwen Haf
6 Home Counties		6 Jamie Owen
7 West Country		7 Iris Williams
8 Yorkshire		8 Shirley Bassey
9 Manchester		9 Philip Madoc
10 Liverpool		10 Rhys Ifans

few years shows that our prejudices are often confirmed. Not many Mid-

"Many people have an antipathy to the accents from the industrial are-

the public, being able to do 'BBC English' is a distinct advantage.

Cofio amdanaf mewn pôl o leisiau secsi

Seren

Finnau a
Seren fechan
dlos dan y
goeden

Y cap oer bondigrybwyll

Ken Dodd neu Heulwen Hâf?

Y wig gore

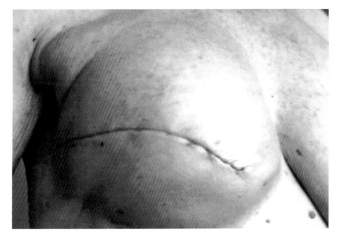

Y graith

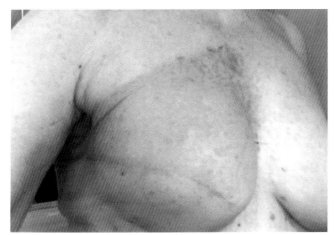

Y llosg

Fy stafell driniaeth

Rhys yn tywys Seren a finnau am dro

Modelu i Poppers ar ôl y canser

Andrew a Gwilym, dau ffrind da, a finnau

Siân Naiomi yn licio fy ngwallt

Cwtsh sbesial gan Nel a Cesia

Pat, David a finnau yn dathlu newyddion da

Fy ffrind, Dafydd, a finnau ar deras 'yr Hows'

Wrth fy modd yng nghwmni Anti Iola ac Yncl Griff

Pen-blwydd wrth droed y Berwyn gyda Rhiannon ac Andrew

Fi, Beverley (y perchennog), Lalo a Mary, Fashionistas Sioe Ffasiwn Poppers

Gwaith godidog Shani Rhys-James yn edrych lawr ar ddwy hen ffrind

wedi'u cynllunio a'u lliwio gan Nel a Cesia. Alla i ddim gorbwysleisio y wefr gawn i o dderbyn anrhegion fel hyn. Plant ydi plant, wedi'r cyfan, a dydi canser y fron yn golygu dim iddyn nhw (diolch byth) ond roedd derbyn cardiau bach unigryw gyda llwyth o swsus X X X yn andros o sbesial. Bu taid y genod bach – JO Roberts, wrth gwrs – a minnau yn mwynhau rhoi'r byd yn ei le dros ginio hefyd. Gwerth chweil.

Un arall o deulu Fflic a ddeuai â llawenydd i'r dydd yn gyson gyda'i hanrhegion a'i thecstie difyr oedd Meinir, neu Meins, fel y bydden ni'n ei galw. Rwy'n amau i Meins ddysgu rhegi gen i yn ystod y cyfnod yma a dydw i ddim yn browd o hynny, ond roedd ei hymateb bob tro'n rhagorol a'i hysgafnder yn werth chweil. Ac wedyn dyna Siwan, sbesial ei ffordd a'i gallu. Doedd dim yn ormod i Siwan ac roedd ei gofal tyner yn gefn aruthrol i mi. Ar y diwrnod du hwnnw pan es i'r salon i dorri fy ngwallt yn fyr, daeth Siwan i fy nghasglu mewn car wedi'i fenthyg gan ei ffrind. Pam? Am ei fod o'n felyn llachar fel blodyn haul.

Wrth gwrs, nid pawb sy'n dod â'r haul gyda nhw bob tro ond mae angen pob math o bobol i wneud bywyd yn grwn a chyflawn. Mae fy atgofion am un baned goffi yn annwyl iawn i mi. Angharad Jones ofynnodd i mi fynd draw i'w chartre i dreulio amser a rhoi'r byd yn ei le. Pa fath o goffi hoffwn i ei gael, holodd. "Lecie ti goffi trwy lefrith, Heulwen?" Lyfli, meddwn innau. Cofio mai fel hyn y byddwn i'n cael coffi gartre yng Nghorwen flynyddoedd yn ôl; llefrith wedi'i ferwi ar y stof mewn sosban fechan, llwyed o Nescafé a dwy lwyed o siwgwr. Doedd dim sôn am goffi du, *latte, cappuccino* na *macchiato* bryd hynny.

Bu'r ddwy ohonon ni'n trafod barddoniaeth, o'r difri i'r digri, yn ddychanol a *saucy*. Adroddodd un gerdd ddoniol ryfeddol am y dildo. Chwerthin! Roedden ni'n dwy fel genethod direidus pymtheg oed yn cael hwyl diniwed. Roedd hi'n byrlymu â'r holl ysbryd creadigol a oedd yn rhan hanfodol o'i henaid. Aeth ein sgwrs ar hyd ac ar led, yn ôl at ddrygioni gwirion plentyndod a throeon trwstan gyda hen gariadon ac at ambell gyfyng gyngor oedd yn ein hwynebu ar y pryd. Tyfu gwallt, torri gwallt, pendronodd Angharad. Beth fyddai ore? Trio fy wig i a sylweddoli'n sicr na fyddai *blonde bob* yn syniad da. Ond roedd hi isio newid – ei golwg, ei steil a'i ffordd o fyw.

Hawdd oedd i ni'n dwy siarad am yr hen aflwydd yna, y cwmwl du, yr iselder, sy'n gallu ymweld yn annisgwyl a chwalu synhwyrau rhywun yn ddarnau. Dim ond unwaith y cefais i'r cythrel yma yn fy nghorff a f'enaid. Mynd a dod lawer gwaith wnaeth ymwelydd tebyg ym mywyd Angharad druan. Flwyddyn a hanner yn ddiweddarach, wedi ambell ginio yn y Cameo a choffis llaeth yn y tŷ, daeth y cwmwl yn ei ôl a gwrthod gollwng ei afael arni. Roedd hi yno i mi; trueni na allais i fod yno iddi hi. Ffarwél fy ffrind. Gwyn ei byd.

Gyda hynny, roedd hi'n amser symud ymlaen eto at gam olaf y llawdriniaethau. Mwy fyth o apwyntiadau. Llun yn gyntaf – ffotograff o'r fron wedi'i hailffurfio ar gyfer cofnodion y meddygon. Roeddwn i wedi hen roi heibio unrhyw swildod o ddangos fy mron newydd (a dweud y gwir, rwy'n amau i mi fod yn rhy barod i'w dangos ar brydiau) ond roedd rheswm teilwng i'w dadorchuddio y diwrnod hwnnw a chofnod swyddogol o'r ddwyfron yn cael ei gadw ar gyfer y dyfodol. *Flash* bach sydyn, i'r dde, i'r chwith ac yna *full frontal*. Fydda i ddim ar *Page 3* ond rydw i ar ffeil, a dyna'r cyfan drosodd.

Yna roedd yn amser i Eifion VW berfformio'i wyrthiau llawfeddygol unwaith eto. Alla i ddim dychmygu byw bob dydd gyda'r fath gyfrifoldeb: gwybod fod bywyd yn llythrennol yn ei ddwylo a bod cyflwr meddyliol a chorfforol y person yn dibynnu ar ganlyniad ei waith. Oherwydd o'r funud honno ymlaen mi fydd yr unigolyn yn gweld a theimlo'r graith am weddill ei oes. Hyd yn oed rwân, dair blynedd yn ddiweddarach, bob bore wrth ddeffro mae'r wybodaeth fy mod i wedi cael llawdriniaeth eithafol i'w deimlo ac i'w weld, yno o fy mlaen ac yn rhan ohonof. Mae gen i lwmp soled disymud yn y fan lle bu fy mron. Yden, mae'r creithiau allanol wedi pylu bellach, ond mae'r gwaith a wnaethpwyd y tu mewn – y creithiau a'r pwythau mewnol – yn dal i f'atgoffa yn ddyddiol o'r newidiadau. Does gen i ddim llawn symudiad ar fy ochr dde, yn rhan uchaf fy nghorff a 'mraich. Rwy'n diodde poenau fel pigiadau weithiau, dro arall yn dendar fel clais. Gofal piau hi o hyd ac mae gor-wneud yn dweud arna i'n syth.

Ond rwy'n mynd o flaen fy stori. Tynnu'r fron heli oedd raid, felly, a rhoi un barhaol yn ei lle. Rŵan, roedd hon yn dipyn llai o op, ond wedi dweud hynny, op ydi op, ac mae ail lawdriniaeth ac anesthetig arall o fewn amser byr yn bownd o gael effaith ar y corff. Wedi noson o gwsg trwm dan ddylanwad y cyffuriau, roedd deffro a gweld bore dydd a chlywed cynnwrf y ward yn rhyddhad (rhaid bod yna rywbeth yng nghefn y meddwl yn gwneud i ni ofni'r gwaethaf, er ymwadu â hynny ar yr wyneb). Aros yno am weddill y dydd hyd nes i Pat a DLJ ddod i fy mofyn a 'nghludo'n ôl i fyw gyda nhw a chael fy sbwylio eto, gyda'r nyrs gymunedol yn galw'n ddyddiol i gadw golwg ar gyflwr y fron. Yn y dyddiadur mae'r geiriau, "*Rest and repair. Rest and refocus.*" Da o beth ydi atgoffa'ch hun i beidio â disgwyl gormod yn rhy gyflym.

Daeth gwahoddiad i barti Nadolig Fflic yn y Park Plaza. Www, ecseiting! Oeddwn i'n barod am hyn? Doedd ond un ffordd o gael gwybod. Prynais sgert a thop newydd – unrhyw esgus, rwy'n eich clywed chi'n dweud. Wel, ie, wrth gwrs. Ond mewn gwirionedd roedd y rhan fwyaf o'r dillad oedd gen i'n rhy dynn erbyn hynny. Ar wahân i'r cyffuriau, mi rodda i'r bai am hyn ar y bwyd bendigedig roeddwn i'n ei gael bob dydd, a segurdod bywyd dan ofal caredig Pat!

Y cam mwyaf oll oedd mynd i'r parti heb wig. Roedd fy ngwallt wedi dechrau tyfu'n ôl, yn rhyfeddol o gyrliog ac yn llwyd. Ie, yn llwyd. A finnau yn *blonde* mor naturiol ers blynyddoedd. Gwamalu ydw i, wrth gwrs, ac o! mae'r gwir yn brifo, ond mae o'n dipyn o sioc sylweddoli 'mod i'n heneiddio. Rwy'n cofio edrych ar fy adlewyrchiad yn y drych yn nhŷ Pat a David ar y ffordd allan i'r parti a meddwl tybed pa oed oeddwn i'n ei edrych efo'r cyrls llwydion newydd yma? Dydw i ond yn 45 oed yn fy meddwl... dyna'r gwir i chi, a tydw i ddim yn bwriadu newid hyd nes bydd raid.

Mwynhau! Cefais salad Waldorf a sicori i ddechrau, *sea bass* blasus i ddilyn, yna sorbed lemwn i orffen. Pawb yn gwisgo'u dillad crandiaf ac yn ddigon o fêts i wisgo het bapur o'r cracyrs ar eu pen. Gwinoedd da, coffi da, llond y lle o siarad, chwerthin ac adrodd straeon; pawb mewn hwyliau ardderchog... a finnau yn eu plith... hwrê a haleliwia.

Gorffwys, ailgryfhau a mwynhau'r Nadolig oedd y cyfan oedd yn rhaid ei wneud nesaf.

27

HAWS DWEUD NA gwneud, erbyn gweld. Oedd, roedd y siwrnai drwy'r driniaeth yn ymddangos ac yn teimlo'n ddiddiwedd ar brydiau. Mae cymryd dau gam ymlaen a thri yn ôl yn eich blino'n llwyr. Ond dyna pryd y mae angen pob tamaid o ruddin sydd y tu mewn i chi, a chyda'r mymryn lleiaf o ffydd, cnewyllyn o gyffur gobaith, a diferyn glân o gariad pur... mi ddown ni drwyddi.

Noswyl y Nadolig, ac roeddwn yn ymfalchïo fy mod, o'r diwedd, yn gallu bod gartre. Casglu Seren fach gan Del drws nesa a threulio noson dawel ar yr aelwyd, dim ond y hi a fi. Mor braf. Drannoeth, fore Dydd Nadolig, i ffwrdd â mi yn ôl yr arfer (am yr ugeinfed flwyddyn o'r bron) i dreulio'r ŵyl gyda Gwenda Griff a'r teulu. Wedi diwrnod godidog llonyddodd pawb, ac wrth i'r dydd arafu mi deimlais innau don fawr o hiraeth a gofid a cholled a blinder a phiti. Wyddwn i ddim beth oedd wedi fy nharo. Roedd yn rhaid i mi godi a gadael y stafell rhag tarfu, ac wrth i mi grwydro'r tŷ roedd y cwestiynau mwyaf annisgwyl yn chwyrlïo yn fy mhen. Pwy wyt ti? Beth yn y byd fydd dy hanes di? Sut wyt ti'n mynd i ymdopi â'r peth dieithr arall yma, radiotherapi? Faint mwy o hyn alli di ei gymryd?

Wyddoch chi beth, roeddwn i'n trio fy ngore i roi gwên ar fy wyneb bob dydd a dweud wrth bawb 'mod i'n grêt, ond y gwir oedd, petawn i'n onest, wedi misoedd o ymdopi, roeddwn i wedi ymlâdd. Roeddwn i wedi blino'n lân ac wedi colli golwg arnaf fi fy hun nes na wyddwn i ddim pwy ffwc (maddeuwch y gair) oeddwn i. Doeddwn i ddim yn teimlo fel dynes, roeddwn i'n *lopsided*, yn *disfigured*; roedd y blwmin lwmp yn soled, ac yn oer uffernol, ac roedd pob dim yn brifo.

Rwy'n cofio Beca, merch Gwenda, yn dod o hyd i mi a finnau'n dweud yn ddagreuol, "Dwi 'di blydi blino, Becs. Pryd mae o'n mynd i stopio?"

Gyda doethineb a charedigrwydd rhywun llawer hŷn na'i hoed, mi ofalodd Beca amdana i, gan fy siglo yn ei breichiau a sychu fy nagrau.

"Rydyn ni yma i ti, Heulwen, ac mi wnawn ni edrych ar dy ôl di, fi a Mam... ti'n saff fan hyn. Mae isio i ti grio a gadael fynd ar be bynnag sy'n dy boeni di."

Dyna i chi rodd.

Rwy'n poeni o hyd 'mod i wedi rhoi dampar ar y dathlu, ond mae'n rhaid i'r gwirionedd lifo allan rywbryd. Y diwrnod hwnnw, doedd gen i ddim dewis. Weithiau, mae'r ffaith eich bod yn teimlo'r rhwyd ddiogel yna o'ch cwmpas yn rhoi'r rhyddid i chi ymlacio ac ildio i'r teimladau dwfn er mwyn eu rhyddhau. Dyna ddigwyddodd, rwy'n siŵr, a daioni ddaeth yn ei sgil. Cefais ollwng fy rhwystredigaethau yn gyfnewid am goflaid a sicrwydd gan ffrindie amhrisiadwy. Dyna glyfar ydi'r isymwybod, yn gofalu amdanon ni.

Rhwng y Nadolig a Nos Galan bu fy mhendil yn siglo o un pegwn i'r llall. Yng nghhwmni Pat a'r teulu, tra bod hwyl y dathlu yn byrlymu o 'nghwmpas byddai blinder yn fy nwyn i gilio i'r ffrynt rŵm i orwedd ar y soffa. Blanced gysurus drosta i yno a phendwmpian, i mewn ac allan o slwmbwr.

Nos Galan, cripiodd Rhys i mewn i'r stafell i chwarae gyda'i Lego. Wedi bod yn creu ac adeiladu ar ei ben ei hun am sbel, daeth ata i yn ofalus ar ei bedwar, fel petai arno ofn fy styrbio, cyn edrych i fyw fy llygaid, a chyda gwên, gofyn yn feddylgar, "Aunty Heulwen, will you help me, please? Will you help me with my Lego?" O, 'nghariad bach i! A finnau'n meddwl bod dim pwrpas i mi mwyach. Roedd y ffaith bod Rhys angen fy help yn golygu cymaint i mi. Fy *angen* i. Mi fuon ni'n dau yn gosod bricsen ar fricsen, yn adeiladu gyda'n gilydd am oriau yn hapus braf.

Mae gen i gof bod Robert, mab hynaf fy mrawd, wedi

chwarae rhan debyg yn fy adferiad pan es i drwy hunllef y salwch meddwl, flynyddoedd yn ôl. Mae yna rym aruthrol mewn enaid plentyn, wyddoch chi.

Aeth gweddill y noson yn dda dros ben a chyn pen dim roedd hi'n hanner nos ac yn amser i roi swsus a dymuno Blwyddyn Newydd Dda i ni i gyd. Codwyd llwncdestun i minnau: "Iechyd Da!" meddai pawb.

Gwir ei angen, coeliwch fi.

28

FYDDECH CHI'N COELIO bod gen i dri tatŵ? Mi fyddech chi'n coelio unrhyw beth amdana i erbyn hyn, beryg. Wel, dyma i chi'r hanes.

Cyn dechrau'r cwrs radiotherapi yn Felindre roedd gen i apwyntiad gyda dyn tal, smart oedd yn arbenigo mewn maes na wyddwn i ddim amdano. Rŵan, rwy'n hoffi dysgu am bob math o wahanol bethau, ond anghenraid oedd hyn ac nid o ddewis y cerddais i mewn i'r stafell. Ond yn y byd dieithr yma mae un profiad newydd yn dilyn y llall heb how-di-dw na thenciw. A dyna lle roeddwn i yn hanner noeth yn y gadair, wedi dadorchuddio'r ddwy biwt unwaith eto, yn llyncu fy mhoeri wrth weld yr inc a'r nodwyddau.

"Are you NHS or private, Heulwen Hâf?"

Wel, dyna chi gwestiwn od.

"NHS," meddwn innau. Dyna bechod, meddai yntau, a thinc direidus yn ei lais. Achos petawn i'n breifat gallai gynnig blodyn neu ddraig goch neu hyd yn oed genhinen... unrhyw beth yr oeddwn i'n ei ffansïo. Ond fel yr oedd hi, dotyn oedd y cyfan oedd ar gael. Tri smotyn. Un ar ganol fy mrest, ac un bob ochr, rhyw dair modfedd o dan fy ngheseiliau.

Rŵan, mi fyddwch yn sylweddoli pwysigrwydd y tatŵs. Maen nhw yno er mwyn i'r radiotherapydd wybod yn union lle i anfon y pelydrau i wneud eu gwaith. Mae gosod y corff yn y man cywir i'r milimedr yn hollbwysig gan fod y pelydrau electromagnetig yn niweidiol dros ben. Fel hyn, byddai'r radiolegydd a'i thîm yn gallu gofalu mai dim ond yr ardal o gwmpas y fron dde ac i fyny at fy ngwddw fyddai'n derbyn y driniaeth. Wel! Feddyliais i erioed y byddwn i'n cael tatŵ, ac yn sicr ddim yn fy chwedegau. Ond wnaeth o ddim brifo o gwbl; tri phigiad bach sydyn, a dyna ni. Maen nhw gen i byth.

Profiad gwell na'r disgwyl, a dweud y gwir, achos roedd arna i ofn, wyddoch chi. O dan y cyfan, wastad fymryn o ofn. Yn fy nyddiadur ar y 7fed o Ionawr, ar drothwy'r cwrs radiotherapi, "... very frightened... all will be well... here we go... bless me!!" Mae hynna'n dweud y cyfan, dydi?

Felly, yn ôl fy arfer, ben bore cyn mynd i'r ysbyty, roeddwn wedi myfyrio'n ddwfn a thrio creu lluniau llonydd, angylaidd eu naws. Er nad oedd gen i unrhyw syniad o'r hyn oedd o fy mlaen, roeddwn wedi dychmygu, a gweld yn glir yn llygad fy meddwl, stafell lle'r oedd pob un a fyddai'n fy nhrin yn bencampwr ar ei waith a'r cyfan yn ddiogel, yn hapus ac iach. Yn fy nychymyg, pinc hen rosyn bwthyn, neu liw pinc mwyn darn o gwarts oedd y lliw a lenwai'r stafell radiotherapi fel niwlen, a thrwy'r niwl gwelwn oleuni nefolaidd yn disgleirio'n anhygoel o lachar. I mi, mae paratoi'r ffordd fel hyn yn hynod bwysig, yn fendith cyn cychwyn, fel gweddi gofal er mwyn dymuno'r gore i bawb.

Siân oedd enw'r prif radiotherapydd. Merch hynod ddel â gwallt cwta melyn-wyn byr, byr, byr. Penderfynais yr hoffwn innau gael gwallt felly ryw ddiwrnod, yn lle'r cyrls bach llwydliw oedd gen i ar y pryd, ac roedd meddwl am hynny'n rhywbeth i edrych ymlaen ato, yn symud fy meddwl.

Tynnu'r clogyn a gorwedd ar fy nghefn ar slabyn digon tebyg i *conveyor belt*, a thîm o bedwar neu bump o fy nghwmpas yn gwneud eu gwaith. Fy mhen yn cael ei osod yn gwbl lonydd mewn rhyw fath o glamp, yna fy mraich dde yn cael ei chodi cyfuwch â 'mhen i'w chlymu hithau yn ei lle. Dyna oedd y peth gwaethaf, oherwydd roedd hi'n wan iawn a fawr o symudiad ynddi. Yr unig beth i'w wneud oedd anadlu i mewn i'r boen; hynny yw, cymryd anadl ddofn i mewn, ymlacio ac yna anfon yr anadl i'r man oedd yn brifo ac ymlacio eto... dro ar ôl tro ar ôl tro... hyd nes y byddai'r fraich wedi mynd yn bellach na'r disgwyl, y tu hwnt i ffiniau poen ac i mewn i'r clamp.

Fel mewn theatr, mae'r criw yn gadael y llwyfan ac yn cilio i'r ymylon, neu yn yr achos yma y tu cefn i'r walydd diogel, gan adael i'r prif gymeriad ddisgleirio yn y goleuni. Gwir bob gair. Roedd y paladr i'w weld yn glir, yn llinell goch lachar. Waw, trawiadol. Yn lladd ac iacháu ar yr un pryd. Syfrdan at gywirdeb y pelydrau a'r fath baratoadau a fu er mwyn rhoi triniaeth a fyddai'n para tua deng munud yn unig. A doedd dim poen y bore hwnnw, dim ond yr anhwylder o gadw'r fraich ar osgo mor anghyfforddus. Es yn ôl y bore canlynol yn llawer hapusach.

Mis o radiotherapi gefais i, a hynny'n ddyddiol ar wahân i ddydd Sadwrn a dydd Sul. Wedi iddyn nhw ddeall 'mod i'n byw'n agos, cefais res o apwyntiadau cynnar ben bore, er mwyn hwyluso pethau i bobol eraill a oedd yn dod o bell. Roedd llawer yn teithio i lawr o'r Cymoedd bob dydd ac yn gorfod gadael yn aflwydd o gynnar, a hithau'n ganol gaeaf oer.

Bob un dydd yn dilyn y llall, a phob ymweliad yn ddathliad fod un yn llai i ddod. Y tro cyntaf i mi orwedd ar y slabyn, meddai Siân (steilish a ffasiynol), "Ooh, I love your boots, they're fabulous!" Doedd dim angen dweud mwy. Cafodd weld pâr gwahanol o sgidie neu fŵts bron bob tro ar ôl hynny. Wel, o leiaf roedd o'n rhoi rheswm i mi feddwl am rywbeth heblaw'r driniaeth ac yn ffordd o roi gwên ar wyneb rhywun arall bob dydd.

Ond os oeddwn i'n fy nghanmol fy hun am ddygymod cystal yn y dyddiau cyntaf hynny, dechreuodd gwir natur y driniaeth ddangos ei dannedd o fewn yr wythnos. Tua'r pumed neu'r chweched diwrnod dechreuodd croen y frest droi'n binc, fel gormod o liw haul. Wrth i'r driniaeth barhau, daeth sgil-effeithiau'r pelydrau'n fwyfwy amlwg. Yn f'achos i, aeth y llosg yn debycach i losg gan haearn smwddio, ac yn debyg iawn i'r un siâp hefyd. Gan fy mod i braidd yn esgyrnog, roedd y llosg mor ddwfn nes treiddio drwy fy nghorff reit trwodd i'r cefn. Oedd, roedd o'n boenus, ond ymdopi oedd raid. Yn yr ysbyty roeddwn i'n cael potiau o hylif Aqueous Cream i'w daenu ar fy nghorff a byddai hynny'n helpu. Roedd o'n byblan i ddechrau, fel petai o'n berwi ar fy nghroen, hyd nes i'r gwres leihau. Erbyn diwedd y cwrs, ac am gryn fis arall wedyn, roedd y cnawd yn goch, poeth a phothellog. Doedd o ddim yn braf ond mae o wedi gwneud ei waith.

Cafwyd pob cysur posib gan yr Adran Radiotherapi; pob un yn tynnu'i bwysau ac yn rhoi o'i ore, neb yn llacio a phawb yn chwerthin. Ar ddiwedd pob ymweliad byddwn yn cynnig cwtsh i bawb a byddai'r rhan fwyaf yn fodlon. Ond roedd yno un hogyn swil, yn shei ac yn gwrido bob tro, felly un diwrnod dyma'i dynnu tuag ataf gan ddweud, "Come here, big boy, and let me give you a hug." Druan bach. Big Boy oedd o i bawb wedi hynny.

A thrwy'r cyfan, trio cadw'n brysur.

Ffoniodd Derfel, isio i mi siarad gyda Nia ar Radio Cymru unwaith eto. Y tro hwn Michelle Obama oedd dan sylw: 'steil eicon' ai peidio? Felly, wedi fy mlastio â radiotherapi ben bore, draw â fi i'r stiwdio i gael mwy o radio-therapi go iawn. Mi gawson ni sgwrs hwyliog dros ben. Dwn i ddim amdanoch chi, ond roeddwn i'n ei gweld hi – Michelle – yn steilish sicr. Dwn i ddim am yr eicon, chwaith.

Un sydd â'i steil unigryw ei hun ar Radio Cymru bob amser ydi Hywel Gwynfryn. Cefais ei gwmpeini yn fuan wedyn gan ein bod ni'n dau ar raglen radio John Hardy yn hel atgofion am gydweithio ar raglen o'r enw *Gwendid ar y Lleuad* yn y chwedegau. Cofio? Oedden, wrth gwrs; y rhaglen ddychan gyntaf yn Gymraeg erioed. Digon yw dweud nad oedd hi'n llwyddiant. O flaen ei hamser, efallai? Cafodd ei thynnu oddi ar yr awyr am fod yn ddi-chwaeth... rhyfedd o fyd... diar, mae pethau wedi newid.

Dros y blynyddoedd, pe rhoddech chi lwyfan i mi i sefyll

arno a chynulleidfa i wrando, meicroffon mewn stiwdio radio neu gamera teledu o fy mlaen, mi fyddwn i wrth fy modd, yn fy elfen! Beth mae hynna'n ei ddweud amdana i, dudwch? Ond o edrych yn ôl, rydw i wedi bod yn hynod ffodus o gael gweithio ar wahanol raglenni a chynyrchiadau, ac alla i ddim tanlinellu digon mor werthfawr yw cael gweithio fel rhan o dîm proffesiynol, galluog. Yn wir, rydw i wedi dibynnu llawer ar bobol o'r fath am gefnogaeth ac wedi elwa ar eu doethineb wrth ymestyn fy ngorwelion.

Dyna i chi'r cynhyrchwyr a'r cyfarwyddwyr wnaeth fy nghyflogi i weithio ar ffilmiau fel *Y Lorri*, *Ann Griffiths*, *Chware'n Troi'n Chwerw*, *Arian Llosg*, *Yr Ynys*, *Cowbois ac Injans* a mwy. Cefais fod yn rhan o dîm *Pnawn Da* gan deithio yma a thraw i ymweld â gwestai a llefydd bwyta diddorol. Bu *4Wal* yn fy nhŷ. Daeth *Wedi 3* ac *Wedi 7* ar fy ngofyn hefyd, i siarad am iechyd amgen, dillad i gŵn anwes, ffasiwn a steil. Www, mwynhau!

A sôn am steil, bu cyfraniadau at *Steil a Steil*, *Galwch Acw*, *Cwpwrdd Dillad* a rhaglenni arloesol dysgu Cymraeg, *Now You're Talking*, a'r cyfan yn deillio o'r un alwad gyntaf honno gan Ruth Price yn ôl yn y pumdegau yn gofyn i mi ganu ar *Disc a Dawn*. Gweld a magu talent ifanc oedd ei *forte* hi bryd hynny; erbyn hyn ryden ni'n dwy yn hapus i hamddena a hel atgofion. Rhaglenni ysgafn hefyd fel *Gwendid ar y Lleuad*, *Fo a Fe*, *Noc Noc* a'r *Penwythnos Mawr*. A ddwywaith, am amser byr, cefais fod yn gymeriadau *posh* yn *Pobol y Cwm*. Wastad yn bluen yn yr het. Un peth yr hoffwn ei wneud fyddai cael cyflwyno *Dechrau Canu, Dechrau Canmol*. Rhyw ddydd, efallai... rhyw ddydd...

Ond gydol y radiotherapi roedd cario ymlaen yn bwysig. Mynd i lefydd a gwneud pethau. Gwneud unrhyw beth. Gore oll oedd cael ceisiadau annisgwyl a chyfle i wneud pethau oedd yn mynd â'm bryd.

Wedi dweud hynny, roedd y mis yn dreth ar yr ysbryd. "Wedi blino'n rhacs!!" nodais ar 29 Ionawr. Dydw i ddim yn cofio'r diwrnod, ond rwy'n cofio'r blinder. Mis hir oedd hwnnw.

Yn Felindre mi gwrddes i â nifer fawr o bobol; rhai, fel fi, yn eistedd yn y *waiting room*, eraill yn rhy wan ac yn gorfod cael eu gwthio yno mewn cadair olwyn neu ar droli, pob un yn aros ei dro ac yn bryderus am yr hyn oedd y tu hwnt i'r drws. Aml i dro, wedi sgwrs, mi fyddwn i'n gafael yn eu llaw ac yn dweud, "Dwi'n siŵr y byddwch chi'n iawn."

"Ydech chi'n meddwl?" fyddai'r cwestiwn bob tro bron yn ddieithriad. A finnau'n gallu dweud o brofiad, "Meddwl? Na, dwi'n gwbod."

O diar, mae un yn blino clywed y geiriau 'byddwch yn bositif'. Roeddwn i'n gwneud fy ngore ddydd a nos i weld ochr heulog y sefyllfa ac roedd cael rhywun o'r tu allan yn dweud fod yn 'rhaid i mi fod yn bositif' yn fy ypsetio i ac eraill hefyd. Mae'n ddigon gwir, wrth reswm, ac yn bwysig, bobol bach. Ond os oes cyfle i gyfleu'r 'positifrwydd' hwnnw – y pendantrwydd cadarnhaol – mewn ffordd llai amlwg, trwy ddewis eich geiriau'n ofalus mewn sgwrs hamddenol, yna mae'r meddwl yn fwy tebygol o ymateb yn ffafriol, neu o leiaf ymateb yn well i'r sefyllfa. Meddyliwch am rywbeth fel hyn:

"Wyddost ti be, Heulwen, rwy'n teimlo y byddi di'n iawn. Ti'n edrych yn dda, ti'n gwneud pob dim i dy helpu dy hun, a dwi yma i ti unrhyw bryd rwyt ti fy angen i."

Mi fyddai hynna'n gweithio i mi. Ac yn well fyth, edrychwch i fyw llygaid y person, eu cyffwrdd yn dyner a danfon y neges bendant i'w hisymwybod trwy ailadrodd y geiriau cadarnhaol hyn a selio'r neges yn sownd yn y cof.

Roedd ffarwelio â chriw rhadlon Adran Radiotherapi Felindre yn anhygoel o emosiynol. Cefais gwmni Pat a DLJ dros ginio i ddathlu diwedd y driniaeth; yn wir, diwedd y triniaethau i gyd. *Mushroom risotto* oedd fy newis i... blasus a bendigedig.

Erbyn fin nos roeddwn i'n crio fel babi. Yn teimlo'n

od o wan, yn grynedig ac ar goll. Beth ydi'r gair am *fatigue*, dudwch? Tydi 'blinder' ddim yn cyfleu'r gwendid. Dychmygwch gael y ffliw gwaethaf posib, pob rhan o'ch corff yn brifo drosto, a gwres afreolus, yn yr entrychion ar adegau ac yna'n plymio'n ffŵl o isel. A'r llosg yn fy mron yn dân reit trwof. Dim nerth i godi llyfr, heb sôn am ei ddarllen. Trio llenwi tegell yn cymryd nerth dwy fraich. Edrych ar y teledu yn ormod o ymdrech. Canolbwyntio ar unrhyw beth yn amhosib. Meddwl ddwywaith, dair cyn mentro i fyny'r grisiau, yr anadl mor brin. Balans yn simsan, penfeddwdod yn bali niwsans. Fy llygaid yn dyfrio'n dragwyddol; ceg a dannedd yn annifyr o sensitif.

Roedd yr holl lawdriniaethau a'r holl therapïau drosodd, ond... ond... ond...

Oedd, roedd 'popeth drosodd' ond rŵan roedd yn rhaid ymdrechu i ddod o hyd i normalrwydd o fath gwahanol! Peidiwch am un eiliad â dychmygu bod bywyd yn sydyn yn fêl i gyd. I'r gwrthwyneb. Roedd rhagor na blwyddyn gron o gyffuriau a thriniaethau wedi sugno pob owns o egni o'r corff a'r enaid.

Roedd pethau bach yn mynd yn bethau mawr.

Er enghraifft, tua'r adeg honno roedd fy llygaid yn drafferthus. Yn y dyddiadur, un ar ôl y llall, "poen yn y llygad dde... *blurred vision*... methu gweld yn iawn... poeni... methu cysgu... Damia, be sy'n bod rŵan?" Mae pethau fel hyn yn chwarae ar feddwl rhywun ac yn tanseilio eich hyder. Apwyntiad gyda'r optegydd, felly, a chael fy sicrhau bod y llygad yn iach. Efallai mai rhyw effaith ar y nerfau yn y corff oedd hyn? Dwn i ddim; mi barodd am amser hir, ond mi aeth.

Rwy'n cofio apwyntiad arall yn Felindre hefyd gyda Dr Abraham. Cyfaddef fy mod yn 'iawn' ond ddim yn iawn chwaith. Roeddwn i'n emosiynol ac yn agos at ddagrau. Ac roedd hi mor dda gyda fi. Ar wahân i fod yn oncolegydd gwych, mae hi hefyd yn rhyfeddol o hardd, yn onest a chynnes ei natur. Mor ffodus fûm i o gael tîm mor gryf ac annwyl i 'nghynnal drwy hyn oll.

Yn gyntaf y llygaid, wedyn y dannedd. Gweld y deintydd er mwyn cael cadarnhad bod fy ngheg yn rhydd o unrhyw afiechyd, gan fod mwy nag un wlser ar y deintgig a'r tafod yn boenus. Rhyw hen chwilen annifyr yng nghefn y meddwl drwy'r amser... amheuon... beth petai hyn eto... yn ganser! Ond, roedd pob dim yn iawn, amser oedd ei angen i bethau wella.

Diar, mor hawdd ydi hel meddylie, a gwneud môr a mynydd heb fod angen. Mae'n angenrheidiol mynd at lygad y ffynnon i gael gwybodaeth broffesiynol bob tro; yn amlach na pheidio cewch dawelwch meddwl hefyd. Ac yden, mae technegau amgen o glirio'r meddwl yn helpu, ond mae meddygaeth gonfensiynol yno hefyd ac weithiau dyna sydd ei angen er mwyn cael atebion.

Yn wir, yng nghanol hyn i gyd, yn fy ngwendid, tynnais gyhyr yn fy nghefn ac felly picied i'r feddygfa leol i gael gair gyda'r doctor. Dyn clên a sympathetig ydi Dr Paul, ac wedi iddo ofyn sut oeddwn i a beth allai o ei wneud i helpu, prin i mi ddechrau sôn am y boen yn fy nghefn cyn i mi ddechrau crio. Beichio crio, nid oherwydd y boen cefn, erbyn gweld, ond oherwydd fy mod i'n isel fy ysbryd. Ie, dyna oedd yn bod. Ac yn sydyn roedd yr holl bryderon bach eraill di-sail diweddar am 'ddim byd' yn gwneud synnwyr hefyd. Penisel oeddwn i. A phopeth yn edrych braidd yn dywyll. Wedi fy ngwthio fy hun cyhyd ac wedi gorchfygu cymaint â gwên ar fy wyneb, bellach roedd y siom o fod yn 'iawn', ond mor wan ac mor ddigyfeiriad, wedi fy nharo go iawn.

29

FELLY, AR ÔL dweud mai unwaith yn unig y daeth y felan i afael ynof, roeddwn i'n anghywir. Am rai wythnosau ddechrau'r flwyddyn honno, mae'r dyddiadur yn llawn sylwadau fel "diwrnod gwael... anodd heddiw... dagrau digalon, emosiynol... blinedig iawn, gwely trwy'r dydd..." Ar ben hynny, gan fod y concocsiwn o gyffuriau yr oeddwn yn eu cymryd yn gallu achosi sgil-effeithiau fel arthritis trwy'r corff, roedd deffro bob bore i anhwylder poenus yn dreth ar fy hwyliau. "Damia, dwi 'di mynd drwy'r cyfan a dyma fi... yn stryglan codi a symud bob dydd." Ond o fewn rhyw awr o godi, sythu a symud, mi fyddai popeth yn ystwytho a'r boen yn ildio rhyw gymaint. Yr adeg hynny roedd cael edrych ymlaen at ambell baned neu achlysur a chwmni da yn bwysig iawn.

Un diwrnod ffoniodd Beverley o siop ddillad Poppers ym Mhontcanna i ofyn a fyddai gen i ddiddordeb modelu mewn sioe ffasiwn i godi arian at Hosbis George Thomas. Byddai'r sioe yn cael ei chynnal yng Ngwesty'r Hilton yng Nghaerdydd a fyddai dim raid i mi wneud llawer. Mi gawn i gadair a llonydd i ymdawelu y tu cefn i'r llwyfan; mi gawn i bob gofal. "Would you like to, darling? You'd be such an inspiration, cariad – you'll be the seren!" (Mae Beverley'n dysgu Cymraeg ac yn lluchio geiriau yn fwyaf annisgwyl i ganol ei sgwrs.) Wedi galw yn y siop i weld ambell wisg, a chael ar ddeall y byddai cynllunwyr gwallt o Academy 1 yno ar y noson i drin ein gwalltiau, a chonsurwyr eraill i roi'r colur, roeddwn i'n dechrau codi stêm ac yn falch o dderbyn y gwahoddiad.

Ar y noson, roedd y gynulleidfa'n un groesawgar a daeth llawer o fy ffrindie yno i gefnogi. Cefais ofal arbennig gan y cynllunydd gwallt a dorrodd fy ngwallt yn gelfydd dros ben a rhoi steil siarp, modern i mi. Roedd hyn yn bŵst anferthol...

ego... pa ego! Rhwng y gwallt a'r colur a'r dillad, roeddwn i'n barod i gerdded y *catwalk* gyda balchder ac ysgafnder ym mhob cam. Y noson honno, hefyd, cefais y cyfle i frolio fy mron newydd, fy ngwallt o'r newydd, fy nyfodol newydd, a rhoi diolch i bawb am gefnogi achos mor arbennig o bwysig. Nid dyma'r unig dro i mi 'fodelu' i Poppers, chwaith. A dweud y gwir, bûm yn gweithio yn y siop am sbel – syniad ardderchog o ran gweld pobol a chymdeithasu, ond lle peryg ar y naw hefyd i rywun fel fi. Gormod o demtasiwn, os ydech chi'n fy neall i. Eto, roedd cymaint o wynebau cyfarwydd yn galw yno, roeddwn i wrth fy modd. Cofiwch chi, rwy'n amau weithiau i mi dreulio gormod o amser yn sgwrsio yn hytrach na gwisgo a gwerthu. Lot fawr o hwyl. Dyna'n rhannol pam mae gen i gystal casgliad o ddillad *fabulous* yn fy alcof, siŵr gen i!

A rhyw gyfnod felly oedd o. I fyny un funud, i lawr y nesaf. Pob dydd yn gymysgedd o *ups* a *downs* a *merry-go-rownds*. Ond yn ara deg, doedd dim dwywaith nad oedd pethau'n gwella. Roedd y cyffur gefais i gan y doctor i dawelu gofid hefyd yn gwneud ei waith yn ardderchog. Prop dros dro yn unig fyddai hwn. Does gen i ddim cywilydd cyfaddef bod angen meddyginiaeth fel hyn arna i – gwell cymorth cyffur o'r fath na thorcalon ac iselder ysbryd unrhyw bryd. Mae yna ryw stigma dwl yn dal i fod ynglŷn â'r defnydd o gyffuriau gwrthiselder a thawelyddion, ond mae yna amser a lle i bob dim yn fy marn i, cyn belled â bod rhywun ddim yn mynd yn ddibynnol arnyn nhw.

Cyn bo hir, gwahoddiad arall. Gofynnodd fy hen ffrind, Russell Jenkins, a fyddwn i cystal ag ymuno ag o ar ei fraich mewn cinio sbesial i lawr y ffordd yn yr Holland House Hotel. Mae Russell gyda'r gore am gymdeithasu ac yn gwmni gwerth chweil; gŵr bonheddig i'r carn ac un difyr ei storïau am rygbi, criced, hoci iâ a theithio'r byd. Mae merch yng nghyfraith Russell hefyd wedi cael canser y fron a hithau'n fam ifanc ar y pryd felly, o ran fy nghyflwr i, roedd o'n deall fy sefyllfa i'r dim. Roeddwn i fwy nag ychydig yn swil o gamu i ganol bwrdd o bobol nad oeddwn yn eu hadnabod, ond yn gwybod y byddai Russell yn siŵr o ofalu amdana i, felly mentrais ddweud yr awn.

A wyddoch chi beth, wedi cael fy nghyflwyno i'r gwesteion eraill fesul un a dau, mi setlais i mewn yn hapus. Doedd yr un ohonyn nhw'n fy nabod o'r blaen, felly doedd fy ngwallt dieithr a fy mron newydd yn golygu dim iddyn nhw. Ffrind Russell oeddwn i, dim mwy, dim llai. Ledi yn awyddus i glywed hanes eu bywydau a dysgu am eu diddordebau. Gwers werthfawr oedd honno – doedd dieithriaid ddim yn gweld y 'FI' newydd. Dim ond fi oedd yn gwybod ac yn gweld y gwahaniaethau. Cyn belled ag y gwydden nhw, y fi y noson honno oedd y fi erioed!

Peth arall pwysig, wnaeth fyd o les i fy hwyliau, oedd y ffaith 'mod i wedi mwynhau'r noson ac wedi aros ar fy nhraed tan hanner awr wedi un ar ddeg! Adre mewn tacsi, mor hapus. Gorffwys drennydd. Blinder, oedd, ond pa ots, roedd y fi newydd wedi mentro i gymdeithasu, wedi dysgu gwers a chael amser da. Beth fyddai'r fenter nesaf? Mynd i chwilio am ddillad isaf neeeis? Nofio? Gwersi ioga?

Ymhen rhyw fis roeddwn i'n teimlo'n barod i fynd yn ôl a rhoi cynnig petrus ar wers ioga yn y Clwb Heini yng Ngwesty Dewi Sant. Wedi ffonio Tina, un o fy mêts, a gofyn a gawn i fynd gyda hi, roeddwn i'n barod i ailgydio yn fy hoff ymarfer corff. Wel, sôn am groeso! Roedd hwnnw'n bleser ynddo'i hun. A dyna lle'r oedd yr un ffrindie, yr un olygfa a'r un patrwm o ymarferion – doedd dim wedi newid yn fy absenoldeb. Grêt.

Deg ohonon ni, yn hel ein matiau ac yn dewis ein lle ar y llawr. Clamp o stafell fawr gydag un wal yn ddim ond ffenestri, a phawb yn wynebu meistres y wers a'r olygfa fendigedig allan i'r bae. Dechrau trwy orwedd ar ein cefnau, pengliniau wedi'u plygu, dwylo wrth ein hochrau, cau ein llygaid a chanolbwyntio ar "ddim". Anadlu i mewn yn llyfn o waelod y stumog, fel bod y bol yn chwyddo fel balŵn ac yna anadlu allan yn esmwyth trwy ddychmygu gwasgu'r botwm bol yn ôl at yr asgwrn cefn. Mae cynifer ohonon ni wedi anghofio mai fel hyn y mae anadlu go iawn. Anadlu fel plentyn. Anadlu llesol, dwfn. Gwych!

Ar ôl tua phum munud o anadlu fel hyn, mae'n bryd symud. Llithro un droed ar i lawr a chodi'r fraich gyferbyn, ei chodi o 'mlaen, i fyny heibio'r glust a chyn belled â phosib... damia... alla i ddim... alla i ddim! Doedd dim digon o nerth na symudiad yn y blwmin fraich dde i fynd i unman. O, y siom! Dechrau udo, ochneidio crio ar fy hyd ar lawr am weddill y wers. Gorwedd yno a gallu teimlo gwres y dagrau'n oeri wrth iddyn nhw lifo lawr fy moch at fy nghlust ac am fy ngwar. Roeddwn i'n ymwybodol bod y gweddill yno, yn clywed hyn i gyd ac yn gofidio, ond allwn i yn fy myw â symud o fy unfan; isio diflannu, ond methu. O, yr embaras o greu y fath *scene*.

Trwodd yn y *lounge*, er cywilydd, wedi troi fy nghefn ar y gweddill, yn trio llyncu coffi, ond yn tagu ar fy nagrau. Roeddwn i'n deall eu bod nhw i gyd yn ypsét drosta i ond allwn i ddim troi rownd. Gyrru am adre a dechrau crio eto. Daria, roeddwn i'n meddwl yn siŵr 'mod i'n olreit erbyn hynny ond roedd y daith yn llawn troeon trwstan a doedd wybod beth fyddai'n troi'r drol. Penderfynu rhoi mis arall i mi fy hun cyn dangos fy wyneb mewn dosbarth ioga eto.

Deg ohonon ni oedd ar y matiau ioga ar y diwrnod anffodus hwnnw (ac nid y merched oedd ar fai!), ond ryw ddiwrnod arall, mewn stafell yn Ysbyty Felindre, yn digwydd bod, cefais gwmni deg o ferched eraill, a gwell profiad. Deg o ferched dewr oedd ar yr un siwrnai â fi; rhai yn hŷn, eraill yn ifancach, ond pob un ohonon ni yn yr un cwch. Rhai yn rhwyfo gyda'r llif, eraill yn trio rhwyfo yn ei erbyn ac ambell un yn rhwyfo ag un rhwyf yn unig ac yn troi a throi yn ei hunfan. Ond roedd pob un ohonon ni'n gwneud y gore gallen ni, yn ein ffordd ein hunain, a dim ond felly y gall hi fod.

Bwrdd mawr hirsgwar yng nghanol y stafell ac arno, i bob un, ddrych a chlamp o *beauty bag* yn llawn colur (gwerth tua chanpunt!) a phersawr. A'r cyfan yn cael ei roi i ni'n anrheg. Yn goron ar y cyfan, roedd yno bump o genod gwybodus i'n harwain a'n helpu i'n harddu ein hunain. Sôn am sbort! Doedd y ddwy hen ledi ar y chwith i mi erioed wedi rhoi y fath stwff ar eu hwynebau. Ledis dŵr a sebon oedd y rhain, wedi bod yn ffrindie am hanner canrif ac wedi darganfod eu bod yn dioddef o ganser ar yr un pryd. Rhyfedd o fyd.

Doedd gen i fawr o wallt ar y pryd, ond er gwaethaf hynny roeddwn wedi dewis cyrraedd heb wallt gosod y diwrnod hwnnw. Roedd pawb arall yn gwisgo wig, rhai yn fwy llwyddiannus nag eraill, mae'n rhaid dweud. Ond ta waeth, un ar ôl y llall, fel rhan o'r ymbincio, i ffwrdd â nhw... i gyd ond un, y ferch oedd yn eistedd ar y dde i mi.

Mam ifanc â gŵr a dau o blant bach oedd hon. Doedd hi ddim wedi gadael i'w theulu agos ei gweld heb ei gwallt, felly sut yn y byd y gallai ddinoethi o'n blaenau ni, ddieithriaid llwyr? Byddai'n gofalu mynd i'r gwely ar ôl ei gŵr, yn y tywyllwch, a chodi o'i flaen yn y bore i guddio effeithiau ei chyflwr rhagddo fo a'r plant. Druan fach, roedd dagrau'n powlio lawr ei bochau wrth iddi gyfaddef hyn i mi. Gafael amdani a gadael iddi grio a chrio yn fy mreichiau hyd nes i'r storm fynd heibio ac iddi gael ei hanadl yn ôl. Ydi, mae hi'n anodd iawn ar rai.

Erbyn diwedd y pnawn roedd pawb wedi cael cymorth i lanhau'r croen, rhoi hylif i'w dynhau, eli i'w fwytho ac yna'r lliw *foundation* mwyaf addas, fesul un. Lliwiau ar y llygaid, y bochau a'r gwefusau wedyn, ac roedd y pincio a'r pampro drosodd. Heb i'r hen ledi ar y chwith sylweddoli, estynnais fy wig o'r bag a'i wisgo. Trodd hithau rownd a 'ngweld yn golur del i gyd. "Ooh, who you then? You'm like a model! You'm done this before, 'ave you luv?" Fel model yr oeddwn i'n teimlo, hefyd. Y fi a phob un ohonyn nhwythau, gobeithio. Ac mi gawson ni ddiweddu'r pnawn yn llawn gwên. Dyna fel y mae bywyd, ynde? Un munud ryden ni'n crio a'r munud nesaf yn chwerthin. Mae'n bwysig cofio hynny. Bod newid i'w ddisgwyl a bod fyny a lawr yn dilyn ei gilydd drwy'r adeg. Peidio ag ofni'r pegynau ydi'r gamp.

Ond y prynhawn hwnnw, y peth rhyfeddaf oll yn fy meddwl i oedd y persawr. Meddyliwch, llond stafell o ferched â'u cyrff yn llawn cemegion gwenwynig, a pha bersawr gawson ni? Poteli o bersawr o'r enw... Poison!

Doedden nhw ddim wedi ystyried hynna yn ddigon gofalus, oedden nhw!

Mewn gwirionedd roedd hi'n dal yn beryg i ni ddefnyddio unrhyw bersawr ar ein croen, gan fod y croen a'r system imiwnedd yn sensitif a gwan oherwydd y cemo a'r radiotherapi. Dychmygwch eich bod yn dioddef o losg haul drwg, neu wedi llosgi eich llaw â dŵr berwedig – dychmygwch rŵan chwistrellu persawr drosto! Byddai, mi fyddai'n brifo, yn byddai. Ond doedd dim i'n rhwystro rhag ei roi ar ein dillad, a dyna y bydda i'n ei wneud hyd heddiw. Er, cefais sblash o ryw stinc drostaf yng nghefn llwyfan mewn sioe ffasiwn sbel yn ôl ac mi drodd fy nghroen yn frech boeth i gyd. Rhybudd, os bu un erioed. Gwell peidio.

Ond ac eithrio'r Poison (wel, dwn i ddim, mi chwerthon ni lond ein boliau...), pwy bynnag drefnodd y fath brynhawn o foethau, rydw i am iddyn nhw wybod ei fod yn llwyddiant ysgubol a bod llawer mwy o alw am y math yma o therapi. Mae o'n fuddiol a rhagorol.

30

DAETH Y DYDD i wario anrheg ffeind fy ffrindie yn S4C. Trefnu i gwrdd â'r *gorgeous* Siân Rivers. Os oes angen trefnu unrhyw beth unrhyw bryd, Siân ydi'r un i wneud hynny. Siop Howells yn y dre oedd y lle i ddewis y presant. Wedi sgwrsio dros goffi, penderfynu mai siwt nofio fyddai'r peth i'w brynu.

Cofiwch, roedd hwn yn gam mawr. Roedd yn gydnabyddiaeth fy mod yn ystyried dychwelyd i'r pwll, yn un peth. Yn ail, roedd yn destun cryn amheuaeth yn fy meddwl – oedd yna'r fath beth â gwisg fyddai'n addas i mi? Byddai'n rhaid cael steil oedd yn cofleidio'r ddwy fron yn ddiogel a'u cadw yn eu lle, ac roedd angen iddi fod â chefn digon uchel i gynnal y cyfan, heb sôn am dipyn go lew o *elastine* i gadw'r bol a'r pen ôl dan reolaeth. Bu Siân fel morwyn ecseited yn brysio yn ôl a blaen... gwisg liwgar, neu beth am un ddu a gwyn, un binc, un las...? Yn y diwedd gallai weld ar fy wyneb 'mod i wedi fy mhlesio. Cymysgedd soffistigedig o liwiau'r môr, yn wyrdd, gwyrdd-las a hynod steilish. Roedd *wrap* i gyd-fynd â hi hefyd. *Lucky girl*. Diolch un ac oll, a da ydi'r teimlad o fod yn ôl *in the swim of things*!

Roeddwn i'n chwe deg mlwydd oed yn dysgu nofio. Sawl gwaith cyn hynny roeddwn i wedi trio ond wedi methu bob tro. O'r herwydd, magodd ofn afresymol ynof nes fy mod yn teimlo fel petawn i'n mygu pan fyddai'r dŵr yn cyrraedd fy mhengliniau.

Charles ddaeth i'r adwy. Mae Charles yn ei wythdegau hwyr ac yn un o fynychwyr y pwll nofio yn y sba. Y fo, yn gadarn ac amyneddgar, ddysgodd i mi nofio. Gyda chefndir yn y Llu Awyr fel hyfforddwr ffitrwydd, pa well athro allwn i ei gael! A phan ddaeth hi'n amser ailafael yn y nofio, yn browd o fy ngwisg newydd, at Charles y troais drachefn. Yn naturiol doedd dim pwrpas neidio'n syth i'r *deep end* – roedd hynny'n sialens ar y gore! – ond roedd Charles yn fwy na bodlon i afael yn fy llaw, fel petai, a'm hysgogi i ailgydio yn y nofio. Trefnwyd dydd ac amser. Gwasgais fy hun i mewn i'm siwt nofio ac am y tro cyntaf, cefais fy hun yn defnyddio un o'r stafelloedd newid unigol yn lle'r stafell fawr, gyffredinol. Mmm, diddorol...

I mi, mae'r pwll nofio yma'n berffaith. Dydi o ddim yn rhy ddwfn, yn cyrraedd at fy ysgwydd a dim pellach, ac mae'n jest neis o ran hyd a lled, yn lân a chynnes. Pwysig ydi'r gwres: dda gen i ddim dŵr oer. Mae yno bwll arall hefyd, un llai, a'r dŵr hyd yn oed yn gynhesach. Does dim lle i nofio yn hwnnw ond gallwch gael eich powndio dan bedair cawod bwerus sy'n taflu dŵr a mwynau a halen ar y fath sbîd o bibelli uchel fel gyddfau alarch nes bod eich croen yn troi'n binc. Yno hefyd mae yna jetiau tanddwr sy'n eich powndio â dŵr er mwyn torri'r fflab yn dalpe (hyd nes y cewch chi'ch temtio gan y frechdan *chips* nesaf). Wrth gerdded ymhellach rownd y gornel yn y dŵr, mae'r llwybr yn culhau a'r dyfnder yn newid – digon tebyg i droff ŵyn ar gyfer dipio defaid! Maen nhw'n dweud i mi fod y dŵr tua throedfedd dros fy mhen yn y fan hyn, ond roddais i erioed brawf ar hynny – glynu wrth yr ymyl â blaenau fy mysedd fydda i, hyd nes dod i ddyfnder derbyniol. Mae'n well gen i'r pwll tro, pellach draw, sy'n gynhesach fyth ac yn llawn moddion, medden nhw. Wel, greda i unrhyw beth os oes yna siawns y bydd o'n gwneud daioni i mi.

O, waw, roeddwn i wedi anghofio mor bleserus oedd y teimlad o gerdded i mewn i'r awyrgylch yma. Y pyllau glas gole, y siapiau gosgeiddig, yr arogl clorin ysgafn, y gwres a'r stêm.

Yno yn aros amdana i oedd Charles. "Are you ready, Heulwen?" A'r cyfan yr oedd angen i mi ei wneud oedd fy ngollwng fy hun yn araf i'r dŵr. "You're fine, you're safe. I'll be right beside you." Gan reoli fy nerfusrwydd, i mewn â fi yn ara deg (lecio'r geiriau yna). Yr hyn oedd yn fy mhoeni fwyaf oedd, gan fod y fron newydd yn soled ac yn drom, tybed a fyddwn i'n teimlo fy hun yn cael fy nhynnu i lawr i'r dde pan fyddwn i'n codi fy nghoesau oddi ar y gwaelod? Ac a fyddai yna ddigon o symudiad a nerth yn fy mraich dde i wneud y *breaststroke*(!)? Yn fwy sylfaenol byth, sut byddai'r fron newydd yn teimlo yn y dŵr?

Ar ôl cerdded yn ôl a blaen ar draws y pwll am sbel, gan fownsio i fyny ac i lawr a dechrau teimlo'n fwy cyfforddus, roedd hi'n amser nofio. Gyda Charles wrth fy ymyl i fy annog, es ar draws – rhyw bum strôc – stopio, chwerthin fel ffŵl a gweiddi, "I've done it! Charles, I've done it!" Roedd o wrth ei fodd.

Wyddoch chi beth, o edrych yn ôl ar hyn oll a'i weld o'r newydd, maddeuwch i mi am ymddangos fel petawn i'n ymddwyn fel plentyn sy'n mynnu sylw ond, yn wir i chi, roedd y camau bach yma yn gamau enfawr yn fy ngwellhad.

Fisoedd lawer yn ddiweddarach a finnau'n dileited 'mod i'n nofio fel rhywun ar fin cystadlu yn yr Olympics (ha ha!), digwyddais fynd i'r pwll yn hwyrach na'r arfer. Fin nos a hithau'n dechrau tywyllu, edrychai'r pwll ar ei ore gyda'r goleuo artistig a'r olygfa hudolus allan dros y bae. Gallwn fod yn unrhyw le yn y byd, felly doedd dim i'w wneud ond defnyddio'r dychymyg a diflannu i dde Ffrainc. Meddyliwch, cael y pwll i gyd i mi fy hun i nofio ac ymgolli fel y mynnwn. Wel, ddim cweit. Daeth hogyn golygus (a siapus) o'r *sauna*, ac wedi sefyll dan y gawod oer, plymiodd i'r pwll a dechrau nofio mor llyfn â chyllell trwy fenyn, prin yn torri wyneb y dŵr. O leiaf hanner can hyd yn ddiweddarach, a hynny heb oedi am eiliad i ddal ei wynt, mi drodd yn sydyn ar ei drywydd, troi fel pysgodyn, fel trowtyn, a dyna lle'r oedd o wedi ymuno â mi, a finnau bellach yn ymlacio yng ngwres llesol y pwll tro.

Yn anarferol i mi, wnes i ddim taro sgwrs ag o, ond cyn hir, wedi trio osgoi ei edrychiad sawl gwaith, mi gyfarchodd fi. "Good evening," meddai o'n boléit reit. "Are you a member here or maybe a guest at the hotel?" Wel, aelod, meddwn i, ond byth yma fel arfer yr adeg hyn o'r dydd. A dyna ddechrau ar falu awyr am hanner awr neu fwy.

Hogyn yn ei dridegau canol oedd o, o dras Indiaidd ac yn byw yn Llundain, yn gweithio i un o fanciau'r stryd fawr ac yn ymweld â Chaerdydd yn fisol er mwyn cadw golwg ar eu system gyfrifiadurol. Hogyn cwrtais a diddorol. Gan nad oeddwn i isio codi allan o'r dŵr o'i flaen – yn dal yn ymwybodol o'r fron newydd a ddim yn awyddus i ddangos gweddill yr hen gorff yma chwaith – mi gawson ni orig ddifyr iawn. Ac ar y diwedd, dyma wahoddiad i gwrdd yn y bar am ddiod ymhen yr awr. Wel, ar f'enaid i... dyna syrpréis!

Y rheswm rwy'n rhannu hyn gyda chi ydi, wel, mai dyma'r tro cyntaf i mi gynnal sgwrs ar fy mhen fy hun gyda dieithryn (a finnau bron yn noeth!) heb deimlo'r angen i ddweud "dwi wedi cael canser... wedi colli fy ngwallt... maen nhw wedi codi fy mron..." a thrwy'r amser yn meddwl nad oedd hi'n bosib fod yr hogyn yma yn gofyn i *mi* ymuno â *fo* am ddiod. Doedd bosib! Gwneud esgus wnes i, gan gogio 'mod i'n cwrdd â rhywun am swper. Dywedodd yntau y byddai'n cadw golwg amdana i ar ei ymweliad nesaf. Pwy a ŵyr, ella bod ganddo *mother fixation*! O, roedd cywilydd arna i am ddweud celwydd wrtho fo. Ond, a dweud y gwir wrthych chi, roeddwn i'n sobor o *flattered* i gael y fath sylw.

153

31

YDECH CHI'N FY nghofio i'n sôn am y fyny a'r lawr, y du a'r gwyn? Wel, goeliwch chi, fel yr oedd ffisig y meddyg a chynhaliaeth fy ffrindie yn dechrau talu ffordd a'r flwyddyn ar i fyny, aeth Seren dlos yn symol. Seren!

Mae Seren, fel finnau, yn mynd yn hŷn. Erbyn hyn mae blinder yn ei cherddediad ac mae hi'n tueddu i gysgu llawer mwy nag yr oedd. Mae'n anos iddi fynd i fyny ac i lawr y grisiau, mae arni lai o archwaeth bwyd, ac o dro i dro mae hi'n cyfogi uwch ei swper. O, 'mach i! Wedi dweud hynny, mae hi'n gêm, wyddoch chi, ac fel finnau yn fwy na pharod i gychwyn am allan yn edrych ei gore, wrth ei bodd ag addewid mynd am dro a sylw wrth gymdeithasu.

Roeddwn i wedi teimlo lwmp bach yn ei theth a meddwl mai *cyst* oedd y coblyn, ond... cystal bod yn siŵr. Roedd Mark, y milfeddyg, a'i dîm yn hynod groesawgar.

"She really is a little star."

Wel ydi, mae hi'n seren ddisglair iawn i mi ac i Delme (oedd wedi mynnu dod efo fi) ac wedi bod yn ddidrafferth er y diwrnod cyntaf. Tydw i ddim yn swil o ddweud ei bod hi fel plentyn i mi a bod cwtsh a swsus bob bore a nos, heb sôn am sawl un *in between*, yn fy llenwi â chariad cynnes. Seren ydi curiad calon y cartref, hi ydi'r un sy'n llenwi fy synhwyrau â balchder bywyd. Tydi hi'n gofyn am ddim ac mae hi'n rhoi'r cyfan.

Ond y lwmpyn yna? Tiwmor. Roedd canser yn ei theth hithau a byddai angen ei drin. O diar, roedd hi'n llawdriniaeth fawr, a Seren fach yn mynd dim iau. "We'll do all we can to make her better," meddai Mark wedyn, "but, well, it is cancer..." A bod yn onest, doeddwn i ddim cweit yn siŵr beth oedd hynny i fod i'w olygu, ond clywais eiriau yn dod o fy ngheg yn dweud pethau di-ddim fel, "Thank you, Mark, I know you'll look after her..." *Thenciw!?* – tra oedd fy nghalon yn teimlo fel petai pwysau trwm yn ei gwasgu a'i thorri'n ddarnau, o feddwl beth allai ddigwydd (y 'mynd i gwrdd â gofid' yna eto fyth; tydi hi'n hawdd llithro yn ôl i hen arferion, dudwch?). Edrychais ar Del a gweld ei wep yn disgyn, yn brathu ei wefus a'i lygaid yn llenwi. Druan.

Doedd dim i'w wneud ond gadael Seren yno, mynd adre ac aros hyd nes y bydden ni'n clywed y canlyniad yn nes ymlaen. Llenwi'r amser trwy fynd i nofio, yna myfyrio a gweddïo'r un pryd. Hanner disgwyl newyddion torcalonnus ond mynnu troi pob gofid meddyliol yn un cadarnhaol a pheidio â rhoi lle yn fy mhen i ganlyniad gwael. Yn gynnar fin nos daeth yr alwad yn dweud ei bod hi wedi dod drwy'r cyfan yn anhygoel o dda. Gwell, yn wir, na chŵn llawer ifancach na hi, ond doedd hi ddim yn setlo yn y feddygfa ac ym marn Mark mi fyddai hi'n hapusach gartre yn ei gwely bach ei hun.

Hwrê a haleliwia! Doedd dim angen gofyn ddwywaith. Aeth Del a minnau i'w mofyn ar unwaith. O, y greadures fach, mor druenus a bregus yr olwg, yn siglo ar ei choesau fel meddwyn bach swil. Roedd wyneb Del yn bictiwr, rywle rhwng chwerthin a chrio, mor falch o gael y fechan yn ôl. Fe'i cariwyd yn ofalus i'r car rhag ypsetio'r rhes o bwythau i lawr ei bron, ac wedi setlo'r ddau yn fy mini bach du, es innau'n ôl i setlo'r acownt. Ar y ffordd adre gofynnodd Del:

"'Ow much di' tha' cost you then, Êlwyn?" (Dyna mae o'n fy ngalw i.)

"A few hundred, Del," meddwn innau.

"'Ow much? I gorra know."

A dweud y gwir, Del, meddwn i, roedd o'n ffigwr reit ryfedd. Pedwar cant pedwar deg o bunnoedd ac un geiniog. Ar ei phen ei hun.

"They di'n take the penny, did they?"

Wel do, Del. Wrth gwrs. Ac mi synnodd yntau at y peth.

"It's no' right tha', it's never right..."

Wedi cyrraedd adre, fuodd o ddim pum munud nad oedd o'n ôl yn y tŷ acw a'i wynt yn ei ddwrn:

"'Ere y'are, Êlwyn." Yn gwthio llond llaw o arian papur ata i.

"No, Del," meddwn i. "There's no need for that. I can handle this, but thank you."

"Now look 'ere, you'm on your pension, and anyway, if you'd a died with that thing you 'ad before, I'd 'ave afto pay it anyway!"

A sut mae dadlau efo rhesymeg felly, ynde? Tydi o'n glên, halen y ddaear a hynny heb wybod ei fod o mor ddoniol yr un pryd.

Yn ddiweddar, mi biciodd i mewn yn llawn ffwdan i ddweud bod ffrind arall iddo, gafodd ganser y fron tua'r un pryd â fi, wedi ffonio i ddweud ei bod hi'n andros o ypsét (dychmygwch acen Ely): "She go'rw go 'ospital 'gain, see. They go'rw strap 'er up 'n everythin, she go' nymphomania."

"She's got what, Del?" meddwn innau.

"Nymphomania. She's baad she is, Êlwyn."

Ac mae hi'n andros o job peidio â chwerthin pan mae Del druan yn cyhoeddi'r geiriau anghywir mor bendant, a'i wyneb mor seriws. Wrth gwrs, *lymphoedema* roedd Del yn ei olygu, lle mae hylif yn ymgasglu yn y meinweoedd, ac mae'n wir sori gen i glywed bod ei hen ffrind yn dioddef o'r fath helynt.

(Un arall sy'n dod i'r cof ydi'r adeg pan oedd o'n edmygu fy lamp newydd: "Where d'you ge' tha' from then? Happy-Tatt?" "Yes, Habitat, Del.")

Mae Seren yn 17 mlwydd oed erbyn hyn ac yn dal i fynd – "like a good 'un," chwadal Del.

32

RYDW I WEDI sôn fwy nag unwaith am gael cyfle i gyfrannu at raglenni Radio Cymru, ac rwy'n gredwr mawr yn y dywediad, "rhowch a chwi a gewch". Roeddwn i'n meddwl am hynny wrth gofio'r hanesyn nesaf... Gwrando ar y rhaglen foreol *Nia* oeddwn i ryw dro yn y cyfnod yma pan oedd pethau'n gwella ond fy mod yn teimlo fod yna ffordd bell i fynd o hyd. Ffeindiais fy hun yn clustfeinio ar sgwrs rhyngddi hi a dyn o'r enw Peter Evans. Iachäwr o fri ydi Peter, ac wedi clywed ei lais, roeddwn i'n awyddus i fynd i'w weld. Ond mae o'n byw yn Aberteifi. Yn ddiweddar doeddwn i ddim wedi mentro ymhellach na'r Bont-faen! Yn ffodus mae gen i ffrind o'r enw Catrin Allen. Yn wreiddiol o'r ardal, roedd hi'n hapus i 'ngyrru a chael trip a chinio allan yr un pryd.

Efallai y byddai sawl un yn petruso cyn mynd i weld iachäwr. Ond dros y blynyddoedd rydw i wedi dysgu anwybyddu amheuon 'rhesymegol' a dysgu ymddiried yn fy ngreddf. Pan glywais i lais Peter ar y radio, roeddwn i'n teimlo'n gryf y byddai'n gallu fy helpu. A dyna lle roedden ni, felly, fi a Catrin, y tu cefn i'r siop trin gwallt yn Aberteifi lle mae Peter yn cynnal ei sesiynau. Dim swanc, dim nonsens ond lot o *sensitivity*, os ydech chi'n fy neall i! Cyn i mi agor fy ngheg, roedd Peter wedi darllen fy egni.

"Don't think you can pull the wool over my eyes, you work in this field too, don't you?"

Dyna gryfhau fy ymddiriedaeth ynddo yn y fan a'r lle. Roeddwn yn fwy na pharod i ymollwng i sesiwn o iacháu ganddo. Nid hawdd ydi disgrifio mewn geiriau yr effaith gafodd dwylaw Peter ar fy nghorff, ond gan fod gen i goel a ffydd bod y math yma o driniaeth yn helpu, roedd hi'n hawdd ymlacio i'r sefyllfa ac ymollwng er mwyn iddo allu gwneud ei waith heb unrhyw rwystrau. Yr hyn roeddwn i'n ei deimlo oedd gwres annaturiol yn llifo trwy fannau briwedig fy nghorff, yr un pryd â thawelwch meddyliol. Y rhan fwyaf o'r amser roedd Peter yn siarad am y clirio a'r glanhau oedd yn digwydd ac roeddwn innau'n hollol ymwybodol o'r cyfan ac yn gyfforddus i dderbyn ei iachâd. Roedd gwres ei ddwylo'n bwerus. A doedd dim sôn bod y canser ar ôl. Dyna ddywedwyd. A dyna ddewisais i ei goelio.

Roedd hogyn arall, o Lundain os cofiaf, yn treulio amser yng nghwmni Peter ar y pryd er mwyn dysgu ganddo, a rhwng y ddau cefais orig feddyginiaethus ragorol. Profiad cwbl annisgwyl oedd bod yn ôl mewn parlwr gwallt, yn y stafell gefn ynghanol y tiwbiau *tints* a'r *peroxide*, yn cael triniaeth tra oedd prysurdeb y byd yn mynd rhagddo o'n cwmpas. Dyna i chi ddangos nad oes angen lle crand a moethus – na thawel! – i wneud gwaith o'r fath; gall ddigwydd yn unrhyw le. Www, dyma brofiad da. Os nad ydech chi wedi mentro i'r maes yma, beth am roi cynnig arni? Pwy a ŵyr...

Wyddoch chi beth, rydw i newydd gofio rhywbeth. Y tro cyntaf erioed i mi fod dan ddwylo iachawyr amgen neu iachawyr ffydd oedd pan oeddwn i yn fy nhridegau cynnar. Wedi'r cyfnod hir ac anodd hwnnw yn Ysbyty Meddwl Dinbych, pan oeddwn i'n trio ffeindio fy nhraed yn y byd go iawn, daeth cyfle i fynd i weld tîm o iachawyr yn Birkenhead, gyda ffrind i Mami a Dadi. Ruth Hildergard oedd hi, Almaenes a oedd wedi dioddef colledion teuluol aruthrol yn ystod yr Ail Ryfel Byd ac a oedd wedi cyrraedd Pentrefoelas yn ferch ifanc, i weithio ar y tir. Yno syrthiodd mewn cariad a phriodi Dei Pentre, fel y bydden ni'n ei adnabod. Dei oedd y cigydd lleol; dyn bach â chlamp o gymeriad mawr, hoffus. Ganed dau fab iddyn nhw ac un yn dioddef o ffibrosis cystig, hen afiechyd creulon. Wedi bywyd byr a gofal heb ei ail, cafodd y bychan orffwys rhag ei boen. Wedi hynny byddai Ruth Hildergard (enw llawn bob tro) yn troi yn aml at feddyginiaeth trwy ffydd. Er nad oedd gan Dadi lawer o *ffydd* yn y math yma o 'nonsens', roedd yn fodlon i mi drio unrhyw beth erbyn hynny a chefais fynd gyda hi un tro, i weld.

Hen dŷ Fictoraidd ar gyrion Birkenhead oedd y man cyfarfod. Pawb yn tynnu eu sgidie, ysgrifennu yr hyn oedd yn eu poeni ar gerdyn ac yna mynd drwodd i stafell dawel, dywyll. Yn ein tro, gorwedd ar wely isel ac ymdawelu i seiniau cerddoriaeth ymlaciol. Yna byddai tri neu bedwar o'r bobol yn dod atom ac yn rhoi eu dwylo arnom – ar y pen, ran amlaf, ac yna ar y man lle'r oedd y boen fwyaf.

Dim ond yr eiliad hon, wrth ysgrifennu, y daeth yr atgof yma yn ôl. Rhaid bod y profiad hwnnw wedi cael rhyw effaith arnaf, hyd yn oed petai o ond yn fy isymwybod. Ac efallai mai da o beth oedd i mi gael y profiad bryd hynny (gyda sêl bendith fy rhieni?) gan roi rhyw sylfaen i mi ddatblygu arno hyd nes fy mod innau'n gwneud gwaith cyffelyb heddiw.

Sut bynnag, roedd hi'n bendant yn werth mynd yr holl ffordd i Aberteifi i weld Peter Evans. Taith joli yn ôl gyda Catrin, stopio am ddiod bach a chyrraedd adre'n hapus. Ond rhyfedd sut mae siglad taith hir mewn car mor flinedig. Dysgu o brofiad, ac aros yn y gwely drwy'r dydd drannoeth.

33

WEL, ROEDDWN I'N dechrau cael blas ar y busnes mentro allan yma. Ddim yn rhy bell, 'dech chi'n deall – roedd Aberteifi yn eithriad, ond yn werth yr ymdrech. Ond unrhyw wahoddiad yn y ddinas neu'r cyffiniau (o fewn rheswm) ac roeddwn i'n glustie i gyd. Beth arall oedd yna i fynd â'm sylw? Roedd yna ben draw i faint o faldod a sgwrsio y gallai Seren ei ddioddef! A does dim gwaeth am sugno eich hwyliau na dyddiau di-bendraw yn sbio ar yr un waliau a chypyrddau. Trefnwch ac ewch, mentrwch a gwnewch, dyna fy nghyngor i. (Mae o hyd yn oed yn odli!) Wyddoch chi ddim beth ddigwyddith...

Gwahoddiad i'r polo gefais i! Daeth yr alwad ddengar gan Chris Voyle a Sean O'Neill, cwpl o *men about town* sy'n hen lawiau am drefnu digwyddiadau, neu 'achlysuron' fyddai'n well disgrifiad, efallai. Mae'r ddau yn hoff iawn o hel llwythi o bobol *glitzy* a *glamorous* at ei gilydd os oes unrhyw reswm i ddathlu. Pa well esgus na'r ffaith bod y polo yn y cyffiniau? Wedi cysidro am eiliad, wel diolch yn fawr oedd fy ateb. Wrth gwrs y cwestiwn nesaf yn fy meddwl, fel unrhyw ferch ar ôl derbyn unrhyw wahoddiad, debyg, oedd... beth yn y byd i'w wisgo?

Roedd yr ateb yn siŵr o fod rywle ar y *rails* yn Poppers! Oedd angen owtffit newydd arna i? Wel... a finnau wedi magu dwy stôn o bwysau oherwydd y moddion, roedd gen i esgus penigamp. Wrth gwrs fod arna i angen dillad newydd. Drwy'r drws, ac roedd yr arian yn llosgi yn fy llaw. Gyda chyngor Beverley a Sue, cefais yr union beth. Trowsus lliain gwyn llac, top gwyn at y pen-glin â hem hances boced, a chôt hir i lawr at fy sodlau dros y cyfan – honno hefyd o liain trwchus ond lliw sach. Hen sgidie *lace-ups off-white* i gadw'r traed yn saff, bag bach gwyn o siop Tenovus dros yr ysgwydd, a chlamp o sgarff liain, un wen ysgafn a chylchoedd llipa yn hongian oddi arni, i'w tharo dros f'ysgwyddau rhag ofn iddi oeri. Kamuflage oedd enw'r cwmni wnaeth y dillad. *Camouflage?* Na, dim peryg. Roeddwn i allan i gael fy ngweld!

Cefais fy hebrwng i'r maes yn un o geir *dodgy* Del. Chynhyrfodd o ddim o weld y pebyll marcî mawr, moethus, y ponis urddasol yn y pellter a'r ledis hirgoes yn mynd heibio i ni fel *film stars*. Ond cyn fy ngollwng wrth y fynedfa roedd o wedi llygadu sawl Rolls Royce, Jaguar, BMW, Audi a Range Rovers wrth y dwsin, pob un yn *top of the range*. Cefais bris pob un wan jac, maint pob injan, y cyflymder uchaf a'r milltiroedd i'r galwyn, gan ddyn sydd wedi bocha gyda cheir er pan oedd o'n un ar bymtheg oed ac wedi tynnu'r *catalytic converter* o bob car mae o wedi'i brynu bron. Ar un adeg roedd pump o geir ar bwys y tŷ, rhai ar frics ac eraill yn disgwyl parts o'r dymp. Un sydd ar ôl erbyn hyn, ond peidiwch â dal eich gwynt, mi allai hynny newid ar amrant. Efallai fod Del yn anwybyddu'r steil a'r ffasiwn, ond roedd o wedi amcangyfrif gwerth y ceir o'i gwmpas mewn chwinciad. Mae o'n giamstar ar ffigurau a phrisiau pob un dim, o lwmpyn o gaws i Lamborghini.

Ond rhowch y sbloetsh i mi bob tro. Hofrenyddion yn glanio, y naill ar ôl y llall, a chyfoeth o emwaith yn fflachio fel camerâu *paparazzi* yn yr haul; labeli fel Donatella Versace a Christian Lacroix yn slinci am gyrff main maint 6 neu 8 ac yn gadael dim i'r dychymyg; coesau hirion, brown o botel ym mhob man, a'r traed yn ddieithriad bron mewn Jimmy Choos (ffortiwn am ddau strap lledr a chwe modfedd o sowdl fain!). Gwalltiau hir wedi'u chwyddo gan *extensions*, *eyelashes* fel brwshys bras, gwefusau fel Mick Jagger wedi'u pigo â *bee sting fillers*, a wynebau disymud, digymeriad, diolch i doctor botocs. Dychmygwch y rhain i gyd yn ymdywallt o'r awyr a'r ceir crand fel petaen nhw'n cyrraedd am noson ar garped coch Hollywood yn hytrach na chae gwastad wrth Gastell Ffon-mon. Diolch i'r Tad 'mod i mewn Kamuflage!

Tydi bywydau pobol eraill yn ddiddorol, dudwch? Mi

hoffwn i'n fawr gael cyfle i grafu dan wyneb yr holl grandrwydd ymddangosiadol yma i ddarganfod gwerth go iawn y bobol oedd yno'r diwrnod hwnnw. Tyden ni i gyd yn perfformio rhyw gymaint ar rai adegau, hyd yn oed petai o ond i roi'r argraff i eraill ein bod ni'n teimlo'n well na'r hyn ryden ni'n ei deimlo go iawn. Ond doedd dim angen i mi berfformio o ran hynny yn y polo. Roeddwn i wrth fy modd, ac yn joio mas draw.

Gwagiwyd poteli di-ri o siampên a bu llowcio (neu bigo, os oeddech chi'n seis 6!) pryd arbennig tri chwrs a phawb yn sgwrsio a chymdeithasu drwy'i gilydd drwy'r dydd. Rwy'n amau mai fi oedd y cyntaf i adael, ond cyn mynd roedd arna i angen picied i'r lle chwech. Wel, ar f'enaid i... Mae diod yn ffeindio'i lefel bob tro. Dyna lle'r oedd mwy nag un o'r 'ledis' erbyn hyn yn cario'u sgidie sodle, eu pengliniau'n plygu i bob cyfeiriad yn ddireolaeth, pob gwên yn gam ac, am ryw reswm, wedi colli'r gallu i siarad heb weiddi ar ei gilydd. Ar ganol ffrae danllyd, dyn a ŵyr dros beth, roedd yr iaith yn lliwgar hyd at fod yn fochedd. Os oedden nhw fel hyn am bump o'r gloch y pnawn, sut bydden nhw erbyn hanner nos?

Waeth am y lleiafrif yn y toiledau, o'r hyn welais i ar y polo ei hun (sef dim llawer, a bod yn gwbl onest), mae hi'n gêm ryfeddol. Dwn i ddim sut maen nhw'n llwyddo i gadw trefn ar y poni, y malet a'r *chuck* a charlamu ar y fath sbîd. Crefft a champwaith. Do, mi gefais ddiwrnod ardderchog.

Dyna fi wedi taclo'r polo ar gyrion Caerdydd, a ddim gwaeth. Roedd pethau'n gwella. Lle nesaf, tybed? Wel, yn fuan wedyn cefais y pleser o bacio bag am y tro cyntaf ers tua phymtheng mis, a theithio gyda David Steer, cymar Mr Producer, Stifyn Parry, i dreulio penwythnos gyda'r ddau yn y Beudy, eu cartre yn ymyl Llandeilo. Rŵan, y peth pwysig i'w gofio am y daith i Landeilo ydi mai dyma'r tro cyntaf ar ôl yr holl halibalŵ i mi fynd oddi cartre at *ffrindie*, nid at deulu. Oeddwn, roeddwn i'n bryderus na allwn i ymdopi i ddechrau. Sut byddwn i'n teimlo mewn lle dieithr (er bod yng nghwmni ffrindie)? Ond os oedd cwestiynau fel hyn yn codi'u pen cyn cychwyn, buan y tawelwyd fy meddwl gan gwmpeini David ar y daith. Un addfwyn a ffeind ydi o, yn annwyl a thawel ei natur. Mae ganddo fo, fel finnau, ddiddordeb dwfn yn y byd holistaidd ac ar y pryd roedd yntau wedi dechrau cymhwyso'n therapydd Reiki. Doedd dim pall ar y sgwrs yr holl ffordd.

A hithau'n fin nos gynnar arnom ni'n cyrraedd, roedd y *chef* yn barod amdanon ni. Ar ben ei holl ddoniau eraill, mae Stifyn Parri yn gogydd ffantastig. Allan ar y patio (mi fydd yn chwerthin wrth ddarllen hyn, achos nid patio confensiynol sydd yno o bell ffordd ond corlan wedi'i hamgylchynu â waliau cerrig isel a slabiau o greigiau dan draed. Hardd ryfeddol ydi'r mwsog a'r cen a'r blodau bach gwyllt sy'n ymwthio rhwng y craciau. Ond yno, beth bynnag y galwch chi o, bybls a bwyd a'r croeso cynhesaf erioed.

Wedi cyfarfod y ddau gi *beautiful*, Billy ac Alfie, cefais y *conducted tour*. Wel, dyma le bendigedig. A wyddoch chi, ym mhen uchaf yr ardd roedd yna fath o adfail, fel rhyw gromlech odidog oedd yn fangre ac iddi anian arbennig iawn, nid yn unig am ei bod hi mewn lleoliad ardderchog, ond am ei bod hi fel petai'n crynhoi egni arbennig y lle a'r ffaith bod Stifyn a David yn rhoi cymaint o'u hunain i'w cartre ac i'r gymuned gyfagos.

Cafodd David ymarfer ei Reiki hefyd. Ond fy mraint i oedd hynny! Cael ymlacio yno ar glamp o soffa wedi'i throi at y golau a theimlo gwres ei allu yn fy nghyffwrdd hyd at fêr fy esgyrn. A wyddoch chi, erbyn gweld, doedd dim angen i mi boeni dim am bethau fel, a allwn i fynd i orwedd pryd bynnag yr oedd arna i angen? Fyddwn i'n gallu cysgu mewn gwely dieithr heb fy nghlustogau arferol (6 ar y pryd) i 'nghadw rhag poen? (Mae gorwedd ar fy ochr yn anodd hyd heddiw.) A mân bryderon annelwig eraill. Beth petawn i'n syrthio? Beth petawn i wir wedi blino? O, Heulwen! Pryd ddysgi di...?

Ond eto, ddylwn i ddim gwneud yn ysgafn o hyn, oherwydd

meddyliwch chi am ansicrwydd, ofn a cholli hunan-gred
– maen nhw'n bethau sylfaenol iawn. Heb y rheiny mae'n
denau arnom ni. Ac efallai ei bod hi'n anodd credu ond,
ar un ystyr, nid dod trwy'r triniaethau melltith ydi'r amser
gwaethaf yn nrama'r canser, ond y trio dal gafael ar fywyd
o'r newydd. Dringo'r mynydd yna, dyna ydi'r bwgan, a phan
fyddwch chi'n meddwl eich bod chi wedi cyrraedd y brig,
bydd copa arall i'w weld y tu draw a bydd raid cerdded hyd
yn oed ymhellach.

Roedd crwydro i Landeilo, y tu hwnt i'r ffiniau arferol, yn
her; roedd ffeindio bod hynny'n olreit yn wefr o'r newydd.
Bu bwrw'r Sul gyda Stifyn a David yn gam mawr, mawr
ymlaen. Rhwng rhannu straeon dros lymed o win, swper
allan yn y Red Lion a chael fy sbwylio'n llwyr gan y ddau
am dridiau, cefais fy ysbrydoli i gamu ymlaen yn gryfach ac
yn iachach. Diolch am ffrindie da.

Roedd cyrraedd adre'n bleser hefyd, ond wedi dadbacio'r
bag cefais godwm ar y grisiau a brifo fy mraich wan a
'nghefn. Dario, gallwn wneud heb hyn. Yn nes ymlaen y
prynhawn hwnnw, wedi penderfynu peidio â mynd i nofio
rhag styrbio mwy ar fy mraich, es draw i'r sba er mwyn
eistedd yn y clwb a chael sgwrs a sudd gyda rhai o fy
ffrindie. Wrth i ni symud allan at y teras, sugnwyd y drws
gwydr trwm o fy llaw mor sydyn gan y gwynt nes bod y
boen fel bwled yn cael ei saethu o wn. Brifo! Crio! Pasio
allan... wyddwn i ddim beth i'w wneud. Rhois fy mhen
rhwng fy mhengliniau a gobeithio am y gore, yn wyn fel y
wal ac yn llipa fel clwtyn llawr. Drafft drwodd o'r drws arall
a achosodd y pwl dieflig; un eiliad, ac roedd y niwed wedi'i
wneud. Roedd y boen mor ddifrifol fel na allwn i yrru adre
am hydoedd, pan oeddwn i o'r diwedd yn gallu gweld yn
syth ac yn saff ar fy nhraed.

Fyny a lawr. Gwyn a du. Dydi gwybod bod y naill yn
rhwym o ddilyn y llall i ryw raddau, ryw bryd, yn ei gwneud

hi'n ddim haws ymdopi pan ddaw. Damia... gwaith gwella rhag hwn eto rŵan, a finnau'n gwneud cystal. Allwch chi brynu amynedd ar eBay, dudwch?

34

MIS AWST 2009 ac roedd yr Eisteddfod Genedlaethol yn dod i'r Bala. Ardal fy mebyd, wrth gwrs, a thref fy addysg... Ysgol Ramadeg Merched y Bala, dan reolaeth gadarn y Brifathrawes, Miss Whittington Hughes. Mae fy niolch yn fawr iawn i'r holl athrawon am eu hamynedd a'u diddordeb ynof. Tybed beth fyddai ganddyn nhw i'w ddweud am fy hanes heddiw? Fydden nhw'n rhyfeddu at batrwm chwit-chwat fy mywyd?

Trên i Wrecsam, lle'r oedd fy chwaer Gwenda Mair yn aros amdana i. Wedi cynefino â symudiad trên Arriva, gan eistedd yn fy mlaen a chadw fy nghefn yn glir o'r sedd, siwrnai ddiddigwyddiad oedd hi. Arriva, arriva, siwrnai ddi-lol i guriad rheolaidd y cledrau. Ond os mai dynesu fesul tipyn roedd y trên, roedd emosiwn a hen atgofion yn magu sbîd wrth i mi glosio at Gorwen. Pam mae mynd 'adre' yn daith mor ddirdynnol pan ydech chi wedi bod yn symol?

Mae cartre Gwenda a Glyn yn hen, yn hir ac yn hardd. Saif 'Cefn' yn ei dir ei hun yn edrych allan dros olygfa fendigedig o fynyddoedd y Berwyn. Ychydig is mae Pen y Pigyn lle bydden ni blant yn rhedeg reiat yn ein bydoedd ffantasi... sy'n gwneud i mi feddwl am fy ffrind gore gore ers talwm, Nerys, sy'n anffodus ddim gyda ni bellach. Dyma ddatgelu cyfrinach i chi: 'Ner snwff-snwff' fyddwn i'n ei galw hi gan ei bod hi'n dragwyddol yn defnyddio padell ei llaw i sychu ei thrwyn, nid o un ochr i'r llall ond o'r ffroenau i fyny tua'i thalcen, a'r un pryd yn gwneud sŵn llyfu trwy ei cheg. 'Heu pi-pi' oeddwn i iddi hi. Oes angen dweud mwy? Oes! Doeddwn i byth yn gallu amseru mynd i'r tŷ bach cweit yn reit, o hyd ar ormod o frys i fynd allan i chwarae gyda Ner, felly... O diar... roedd cyrcydu ym môn gwrych yn beth y byddwn i'n ei wneud yn rheolaidd. Mi fyddai Ner yn cadw lwc-owt ac yn cael y *giggles*, yn enwedig os byddai rhywun ar fin cerdded heibio. Fyddwch chi byth yn fy ngweld yn yr un gole ar ôl hyn, fyddwch chi!

Steddfod. Daeth gwahoddiad gan Ferched y Wawr i fod yn un o'r cylch o ferched a fyddai'n amgylchynu'r Maes gyda bra-gadwyn (oes yna'r fath derm, dudwch?) er mwyn codi ymwybyddiaeth o ganser y fron. Ar gais Mims o Wyddelwern anfonais fra i gael ei arddangos yn arbennig ym mhabell y mudiad. Wrth gwrs y gwnes i. A dyna reswm arall dros wneud yr ymdrech i fynd i'r Eisteddfod a bod yno.

Daeth y dydd. Gwenda Mair yn ein gyrru i'r maes parcio. Cyn i ni ddod allan o'r car hyd yn oed, roedd wynebau cyfarwydd yn gwenu ac yn dweud helô a holi, "Sut wyt ti, Heulwen?" Gam 'rôl cam, gwên 'rôl gwên, coflaid ar goflaid, fesul tipyn roedd ehangder y Maes a gwendid fy sefyllfa yn dechrau dweud arnaf. Teimlais fy chwaer fawr yn gafael yn fy llaw. "Wyt ti'n olreit, Heulwen?" Roedd Gwenda yn canu yng nghôr yr Eisteddfod ac roedden nhw ar fin perfformio, felly cefais innau fynd i'r cefn i eistedd. Mwy o helôs yno gan ferched y côr a Tom Gwanas (hei ho hei di ho!) a phawb mor ffeind tuag ataf.

Tra oedd y côr ar y llwyfan, es i eistedd yn agos at un o'r sgriniau teledu er mwyn gweld a chlywed y cyfan yn glir. Teimlwn mor browd o weld Gwenda yn canu ac yn mwynhau yr awr fawr yma yn y Bala. Damia, heb reswm yn y byd ond pleser a balchder, roedd emosiwn wedi cael y gore arna i unwaith eto. Cyn pen chwinciad roedd breichiau Siân Jones (Clement), Mari Tudor ac ambell un arall yn gafael amdana i, yn gadwyn arall y diwrnod hwnnw i fy nghadw'n saff hyd nes y daeth Gwenda'n ôl. Mae 'na angylion, wyddoch chi.

Roedd yna angel arall o'r enw Christine yn meddwl amdana i yn ôl yng Nghaerdydd, wedi'r ŵyl. Angel ddiffwdan a threfnus ydi hon. Rŵan, gartre, yn y tŷ, mae yna wastad ddigon i'w wneud i fy nghadw'n brysur ond rwy'n giamstar ar greu esgusion. Un diwrnod, mewn pwl o euogrwydd, tynnais ffedog o gefn drôr, hen glytiau glanhau o'r cwpwrdd, hel yr holl *silvers* at ei gilydd, rhoi'r marigolds ymlaen a dechrau polishio. Er cywilydd, roedd bron i ddeunaw mis wedi mynd heibio ers iddyn nhw weld cadach. Pan fydd y *silvers*, y pres a'r copor yn sgleinio, mae'r tŷ'n adlewyrchu'r balchder sydd gen i yn fy nghartre bach twt.

Os na wna i gychwyn, wna i byth orffen, meddwn i wrthyf fy hun, wrth wynebu'r côr cymysg o frasys ar y papurau newydd ar fwrdd y gegin... piti na fyddai Anti Mary ar gael... welais i neb yn cael y fath raen ar lendid yn fy myw. Ond onid oedd gen i reswm da dros fod wedi peidio cyhyd? Mae polishio, hwfro a smwddio, a newid gwely yn arbennig, yn defnyddio'r cyhyrau sydd wedi'u niweidio; mae eu symud yn anghyfforddus fan lleiaf, ac ar y mwyaf yn boenus iawn.

Roedd Christine, sy'n byw ran o'r flwyddyn ym Mhenarth a'r gweddill yn Seland Newydd, wedi sylweddoli nad oedd y lle yma'n edrych cystal ag y dylai, felly, fel anrheg pen-blwydd hwyr, trefnodd i'r ddwy sy'n glanhau iddi hi ddod i roi *top-to-bottom* i'r mansiwn mawr yma sydd gen i! Roedd fy mhalas bach fel pin mewn papur wedyn. Anrheg werth ei chael. Roedd angen ysgwydiad arna i a'r tŷ, a dweud y gwir. Mae gyda ni i gyd ffordd wahanol o helpu.

Trwy ei chysylltiad agos â Chanolfan Mileniwm Cymru, mae Christine hefyd wedi agor y drws ar lawer noson yn yr opera a hynny yn rhai o'r seddi gore yn y tŷ. Wedi'r perfformiad, sawl tro, roedd cyfle i gwrdd â rhai o'r cantorion, y mawrion, yn y cnawd. Fel un o filoedd o ffans Bryn Terfel, ac wedi cael y fraint anhygoel o fod yn bresennol yn ei *debut* yn y Met yn Efrog Newydd gyda Stella Mair, mae cael gwahoddiad i unrhyw un o'i berfformiadau fel manna o'r nefoedd. Erbyn hyn, rwy'n ddigon hyf i alw 'Bryn' arno, a bydd yntau, yn ŵr bonheddig i'r carn, â'i chwe throedfedd a mwy o garisma, yn fy adnabod innau. "Helô, Heulwen, sut ydach chi?' (Ydech chi'n clywed 'y' llais?)

Y tro diwethaf i ni gwrdd, gofynnais heb feddwl, "Www, plis wnei di alw *ti* arna i?" Gyda'r chwerthiniad adnabyddus yna, ffarweliodd gan alw'n uchel, "Hwyl i *ti*, Heulwen." Meddyliwch, er ei fod ar frys i fynd i recordio cryno-ddisg ar gyfer y Nadolig, mi oedodd a chymryd amser i holi am fy iechyd. Os bu priodas o lais a phersonoliaeth i'ch cyffwrdd erioed... dyma'r dyn. Bendith arno.

Fy nhro i oedd hi nesaf i drio cyffwrdd â bywydau. Roedd Debs a Liz o'r Royal Glam wedi gofyn a fyddwn i'n fodlon rhoi sgwrs i gyfarfod o ferched y WI yn Llantrisant ym mis Hydref. Mae mis Hydref yn fis canser y fron a dyna fyddai thema'r noson. Criw digon nerfus yr olwg a ymgasglodd y noson honno, minnau nid y lleiaf ohonynt, rwy'n siŵr. Roedd tua deugain o ledis yno, ac er bod yno groeso cynnes (a the a chacennau blasus), ar un olwg, mae'n siŵr nad oes yna neb *isio* clywed am ganser y fron. Ryden ni'n tueddu i roi'n pennau yn y tywod, tyden? Ond beth petai'r neges yn wahanol i'r disgwyl? Gyda fy nyrsys arbennig i yno yn gefn, roeddwn i'n fwy na pharod i berfformio.

Dweud fy stori oedd y bwriad, y stori o fy safbwynt i, neb arall. Adrodd fy stori a rhoi o fy ngore. Ceisio esbonio nad ydi canser y fron yn ddiwedd y byd i bob un sy'n ddigon anffodus i ddod i gysylltiad ag o. Wedi cychwyn, doedd dim stopio. Mi gawson ni i gyd noson werth chweil; noson lwyddiannus o chwerthin a chrio. Pawb â'i brofiad yn tawel ferwi yn y galon cyn ei ollwng yn rhydd, yn wên neu'n ddeigryn. Atgofion am rai annwyl a gollwyd; cofio hefyd am y rhai sy'n dal i gwffio'n ddyddiol i gadw'r ffydd a chredu bod gobaith yn fwy buddiol ac yn fwy tebygol o helpu na ffaffian o gwmpas yn gwastraffu amser ac yn colli'r ffordd. Rwy'n falch o ddweud i mi gael sawl cais i gyflwyno sgyrsiau tebyg ers hynny.

Rŵan, drwy'r adeg, hyd yn oed wrth ddechrau troi fy sylw at roi sgyrsiau fel hyn a rhannu fy mhrofiadau er mwyn ceisio codi ysbryd pobol eraill, roedd angen i mi ofalu amdana i fy hun o hyd. Erbyn hyn roedd hi'n hydref, bron i flwyddyn ers codi'r fron, mwy na chwe mis ers gorffen y radiotherapi. Ond rhywbeth sy'n dal i ddod heibio'n ysbeidiol i'ch atgoffa o'r hyn a fu ydi'r *check-ups*. Waeth faint mae rhywun yn trio rhoi heibio unrhyw ofnau bach ynglŷn â'r apwyntiadau yma, mi fydd y mymryn lleiaf yn stelcian yng ngwaelod y stumog. Wedi cyfarfod Dr Jacinta Abraham a Gale Williams yn Felindre unwaith yn rhagor, yn y dyddiadur gallaf glywed fy ochenaid o ryddhad. "Ardderchog, gwych, chwe mis i fynd cyn y nesaf, Hwrê!!!"

Rheswm arall dros simsanu rhwng ofn a dathlu yr hydref hwnnw oedd ei bod yn amser darlledu *Blodyn Haul* ar S4C. (Roedd un ffrind o Sais wedi gweld y lluniau ar y teledu yn sôn am ddarlledu *Blodyn Haul*... neu fel y dywedodd o, wedi camglywed y teitl... "your programme, 'Bloody Hell'– that's a brilliant title, it says it all!" Doniol, ynde?) Allwn innau, bellach, ddim anwybyddu'r ffaith y byddai miloedd ar filoedd o bobol yn gwylio. Eto nid fy nghyfraniad i yn unig a welent, oherwydd roedd cynifer o bobol wedi bod yn rhan o'r tîm gwych fu'n ei pharatoi.

Cafodd pawb o Fflic a fu'n rhan o'r gwaith ffilmio wahoddiad i gartre Gwenda Griff i wylio'r darllediad gyda'n gilydd. Roeddwn i'n siomedig sobor o glywed nad oedd modd i Nia Parry fod yno a hithau wedi bod yn gefn ac yn ddolen gyswllt wirioneddol wych drwy'r cyfan. Y syrpréis gore oedd i rywun guro'r drws ac i Gwenda ofyn i mi ei ateb, a phwy oedd yno... ond Nia wedi'r cwbl! Digon yw dweud bod gwylio *Blodyn Haul* gyda Gwenda a 'theulu Fflic' yn brofiad aruthrol o emosiynol. Roedd pob un ohonyn nhw wedi neilltuo blwyddyn a mwy o amser i ddod â'r stori i'r sgrin. Pan ddechreuon ni, wydden ni ddim lle byddai amser yn ein harwain. Fyddwn i fyw? Fyddwn i farw? Doedd neb yn gwybod.

Gerddi Insole Court oedd man cychwyn y stori yn y rhaglen deledu. Cawsom eu gweld yn eu gogoniant yn llawn lliw a thyfiant llachar. Gydag amser, mi welson ni'r gwelyau gwag yn aros i gael eu llenwi hefyd. Roedd pob tymor yn dweud ei stori ei hun. Dros gyfnod o flwyddyn, o un gwanwyn i'r nesaf, roedd patrwm byd natur a chyflwr fy iechyd yn cydredeg, a'r delweddau yn deilwng o waith artist. Rhodri ddewisodd y lleoliadau i gyd a thynnu'r lluniau; treuliodd wythnosau yn torri a thynnu'r stori at ei gilydd. Tynnodd pawb eu pwysau yn fendigedig ond Rhodri oedd yr un â'r darlun gorffenedig yn ei ben. A doedd dim gwell lleoliad i orffen y rhaglen nag yn ôl yn yr un lle ag y dechreuais. Achos yr un ddynes oeddwn i, ar ôl hyn i gyd. Roedd fy ngweld fy hun yn cerdded yn obeithiol at y dyfodol drwy'r gerddi hudolus, yn sôn am gryfhau a chael codi pac a mynd i ffwrdd ryw ddydd yn ddiweddglo penagored perffaith.

Pam wnes i'r rhaglen? Dydw i ddim yn hollol siŵr. Roedd yna elfen o deimlo bod angen y math yna o raglen ddogfen yn Gymraeg. Roedd yna elfen hefyd o obeithio y gallai fy mhrofiadau i fod o gymorth i bobol eraill. Cryfach hyd yn oed na'r rhain, rwy'n cyfaddef, oedd teimlad greddfol y gallai gwneud y rhaglen fod o fudd mawr i mi fy hun. Rwy'n credu i'r tri pheth gael eu gwireddu.

Mi fûm i'n onest. Ac mi driais beidio â chelu dim. Efallai i rai gwylwyr deimlo'n anghyfforddus gyda'r ffaith 'mod i wedi diosg fy siwmper a dangos maint fy nhiwmor yn y cnawd, ond pa bwrpas fyddai cuddio? Mae canser yn cyffwrdd cymaint o bobol. Nid dyna'r amser i fod yn swil. A pha bwynt gwneud rhaglen ddogfen os nad oeddwn i'n barod i ddangos a dweud y cyfan? Nid actio oeddwn i yn y rhaglen, dyna oedd bywyd go iawn ar y pryd, yn gymysgedd beunyddiol o dorcalon a gobaith. Meddyliwch, pa ddynes, o ddewis, fyddai'n mwynhau ei gweld ei hun yn edrych yn debyg i Ken Dodd, gyda'r gwallt rhyfeddaf yn sticio i fyny yn afreolus, yn fwy o foelni na dim arall. Eto, beth wnewch chi ar adeg felly ond gwneud eich gore i weld ochr ddoniol y sefyllfa druenus. Wrth wylio'r darllediad, mi glywais fy hun yn dweud wrth y camera, "Wel, tydw i ddim y delia yn y byd ond mae o'n olreit, tydi...?"

Annigonol ydi geiriau i gyfleu fy niolch i Fflic am gefnogaeth ddi-ffael, am gariad diddiwedd, am fy nghynnal drwy gyfnodau caled ac am brofiadau bythgofiadwy. A dyna lle roedden ni bellach, yn llenwi'r soffas yng nghartre Gwenda, yn codi llwncdestun i'r darllediad ac yn dathlu – dathlu llwyddiant y rhaglen ac iechyd da i mi.

Fu'r ffôns ddim yn dawel weddill y noson, clychau di-ri; galwadau a negeseuon gwerth chweil yn llenwi'r awyr. Dewr, medden nhw. Ac onest. Hip hip hwrê, roedd pawb yn hapus. Diolch byth, meddyliais ar y ffordd adre yn y car, a sylweddoli nad oeddwn i wir wedi rhoi amser i feddwl am yr ymatebion tan hynny.

Digon di-gwsg fu'r noson honno, ond drannoeth, roeddwn i'n awyddus i weld y rhaglen eto oherwydd prin y gallwn ganolbwyntio'r noson cynt. Brecwast ar blât a choffi yn y potyn yn barod... ond roedd cymaint o bobol yn ffonio nes ei bod hi'n amhosib setlo i ailedrych ar *Blodyn Haul* tan fin nos. Gyda'r tywyllwch a'r tawelwch daeth cyfle i wylio ar fy mhen fy hun. Ymfalchïo, a chrio, droeon.

Diar, bu pobol yn ffeind eu sylwadau am y rhaglen. Roedd hi wedi cyffwrdd pobol. Eu hysbrydoli. Tybed nad eginodd y syniad, mor gynnar â hynny, y byddai'n dda petai stori'r Blodyn Haul yn gallu parhau, am fod cymaint o bobol yn dweud yr hoffen nhw glywed mwy?

O ddydd i ddydd, bryd hynny a hyd heddiw, parhau sydd raid. Roedd y canser ei hun wedi mynd, ond dydi'r *profiad* ddim yn diflannu. Mae rhai pethau'n aros ac all hynny ddim peidio â'ch newid: newid eich ffordd o wneud pethau, eich ffordd o edrych ar fywyd, a'ch ffordd o feddwl amdano. I mi, gwnaeth i mi werthfawrogi pob diwrnod a sylweddoli ei bod hi'n bwysig *mynd* a *gwneud*, pob cyfle posib.

Yng Nghaerdydd, a bywyd yn mynd yn ei flaen yn reit ddel, cysylltodd Dr Marina, y meddyg yn Llandaf, i holi a oeddwn i'n barod i ailgydio yn y gwersi wythnosol Fit 4 Life, ac o bosib i ddechrau gweld cleifion, un dydd yr wythnos, yn y feddygfa. Ond, wedi pregethu am bwysigrwydd cydio mewn cyfleon, cefais fy hun yn petruso. Roedd yn rhaid pwyso a mesur faint o ddaioni y gallwn ei wneud i eraill ond, hefyd, pa niwed y gallwn ei wneud i mi fy hun wrth orweithio. Os oeddwn i'n barod yn feddyliol, faint o stamina oedd yn yr hen gorff yma erbyn hyn?

35

"Heul, wnei di ddod i ddawnsio hefo fi?"

Pa well ffordd o roi prawf ar fy ffitrwydd! Daeth y cais gan Gwil i fy ecseitio'n llwyr. Roedd yr elusen ganser, Marie Curie, wedi trefnu diwrnod o ddawns dan arweiniad arbenigwyr yn Neuadd y Ddinas, Caerdydd.

"Waltz, salsa, quickstep a jive, Heul, efo'r arian yn mynd at yr achos. Mi ddo' i â chinio bach i ni ac mi ga' ni hwyl. Wyt ti'n gêm, boi?"

Sut allwn i wrthod (ac yntau â thafodiaith falch teulu chwarel o Lanbêr ar ben hynny)? Wrth gwrs fy mod i'n gêm! Rŵan, er mwyn i chi gael gwybod, mae Gwil yn ŵr hardd, tal – tua chwe throedfedd dwy fodfedd – yn llond ei groen a chanddo gyhyrau fel *prop forward*. Er i mi ei weld yn ymarfer yn y *gym* droeon ac yn nofio fel morlo, wyddwn i ddim a oedd o'n un ysgafn ar ei draed ai peidio. Ond mi fyddwn i mewn dwylo saff, roedd hynny'n sicr.

Y walts oedd y wers gyntaf. Gyda braich dde Gwil am fy nghanol a'r llall yn ofalus godi fy llaw dde innau at uchder yr ysgwydd, roedden ni'n barod ond, cyn cychwyn, dywedodd meistres y ddawns wrth bawb i edrych ym myw llygaid ei bartner – a daeth plwc o chwerthin i chwalu'r tensiwn a'r amheuon oedd yn amlwg yma ac acw drwy'r stafell. Nesaf, dim ond canolbwyntio ar y traed a mynd gyda'r miwsig. O'r andros. Roedd angen i fy nghoes dde fod rhwng dwy goes Gwil ac wedyn… Gan syllu'n arallfydol arna i, roedd Gwil yn cyfrif pob cam – nid o dan ei wynt ond allan yn uchel. Dros y lle! Ond, hei, roedd pethau'n mynd yn dda… yn dda iawn nes i'r wal tu cefn i Gwil ddod yn rhy agos yn rhy gyflym. Allen ni droi mewn pryd? Wwps, rhy hwyr. Traed a dwylo ym mhob man a chwerthin fel plant direidus. Yr unig beth i'w wneud oedd dechrau eto a dal ati, waeth felly y daw hi. Ambell fagliad a chic annisgwyl a dyna ddiwedd gweddol urddasol i wers y walts. Y salsa oedd nesaf.

Ar f'enaid i (un o hoff ymadroddion Gwil, a glywyd droeon y diwrnod hwnnw!), dyna lle'r oedd rhesi ohonon ni'n cyfri a baglu a mwy nag un ohonon ni erbyn hynny wedi dechrau chwysu! Roedd y symudiadau yma'n gofyn gormod o fy nghorff sigledig, felly smalio symud wnes i gan fwyaf, ond roeddwn i'n falch iawn o Gwil oedd yn dal i swagro a siglo fel siwperstar. *Quickstep* unrhyw un? Yden ni'n barod amdani? Wrth gwrs ein bod ni. 1, 2, 3... 1, 2, 3... 1, 2, 3... Daria, roedd fy mraich ddolurus yn dechrau cwyno a dim digon o mystyn ynddi i'r ddawns hon.

"Ydi, mae hi'n brifo ronyn bach, Gwil."

Mi driais fy ngore i ymlacio i lif y ddawns ond roeddwn i'n dechrau stryglo. Gyda lwc, roedd hi'n amser oedi am ginio a Gwil wedi paratoi picnic o frechdanau a chreision blasus a fflasg o sudd V8. Yn falch o'r cyfle i gael ein gwynt atom, buom yn trafod y prynhawn. Penderfynu rhoi'r gore iddi wnes i, wedi gwneud yn hynod dda dan yr amgylchiadau ac wedi cael llwyth o hwyl, ond roedd hi'n bryd rhoi'r ffidil yn y to a gyrru am adre i roi fy mhen i lawr a fy nhraed i fyny. Chwarae teg i Gwil, daliodd ati tan y diwedd ond mi dalodd y pris – roedd y creadur ar ei liniau am ddyddiau.

Profiad hyfryd a phawb ar ei ennill, yn enwedig Marie Curie. Ond dangosodd i mi mor wan oeddwn i'n gorfforol o hyd a rhoddodd awydd o'r newydd ynof i ailgydio mewn trefn ffitrwydd a fyddai'n fy nghynnal i'r dyfodol. Mi wyddwn i'n union pwy i'w holi hefyd – Jamille.

Nid lle smart, ysblennydd ydi campfa'r Fitness Factory. Clamp o hangar fawr sydd yno, gyda chasgliad o declynnau ffitrwydd mor frawychus yr olwg nes y bu bron i mi â throi ar fy sowdl a'i heglu hi oddi yno. Mae'r bobol yma yn seriws, coeliwch fi – hogie (neu ddynion sy'n meddwl eu bod nhw'n dal yn hogie!) â chyrff fel *film stars* neu'n gyhyrog fel bownsars, i gyd yn codi pwyse, rhedeg, rhwyfo, rhyw gamu'n ôl a blaen a neidio dros bethe. Roedd ambell wyneb cyfarwydd o'r byd chwaraeon yno hefyd, ond am unwaith fyddwn i ddim yn meiddio dweud helô! Crysau tyn a chroen o wahanol liw ac ansawdd a'r cyfan yn loyw gan chwys ffres, gydag ambell un yn anadlu'n swnllyd ac yn tuchan fel mochyn wrth wthio'r corff i'r eithaf.

Diolch byth, daeth Jamille i leddfu fy mhryderon ar unwaith. Fel llawer un arall sydd wedi troi ato am gyngor, cefais fy mhlesio a fy swyno gan ei gymeriad addfwyn a'i wybodaeth eang. Ar wahân i'r ffaith ei fod yn rhyfeddol o olygus a ffit, mae o'n annwyl iawn ac yn ardderchog am deilwra pob sesiwn yn ofalus gan ystyried lefel ffitrwydd (neu ddiffyg ffitrwydd!) yr unigolyn, gan gynnwys oedran ac agwedd feddyliol. Diddorol, ynde? Feddyliais i ddim am effaith *agwedd* ar ymarfer corff o'r blaen. Cynigiodd oruchwylio sesiwn gyffredinol er mwyn fy ngwylio'n rhoi cynnig ar wahanol bethau a gweld beth fyddai'r *regime* a fyddai fwyaf buddiol i mi yn y tymor hir.

Prin y gallwn gredu 'mod i'n mwynhau cael fy herio fel hyn. O'r peiriant rhedeg i'r beic, o'r beic i'r mat llawr i ystwytho, o'r mat at y bêl i fesur balans, yna stepio a chamu fyny/lawr nes bod fy nghalon yn pwmpio gyda P fawr. Seibiant i ystwytho ar y mat eto cyn dechrau codi pwysau (!), wel, ie, ond dim ond rhai ysgafn dalltwch. Rhaid dechrau'n ara deg, on'd oes!

Awr yn ddiweddarach roedd Jamille yn fodlon y byddai modd gweithio ar y mannau gwan fel hyn ond bod angen dal ati i gryfhau'r corff i gyd hefyd. A phatrwm tebyg a ddilynais, dan ei oruchwyliaeth, am fisoedd. Erbyn hynny gallwn gynllunio patrwm mwy amrywiol i mi fy hun a'i ddatblygu i gynnwys cyfuniad o nofio, dosbarthiadau ystwytho fel ioga a pilates, a sesiynau myfyrio er mwyn sicrhau bod fy *agwedd* yn gywir i fy ngyrru yn fy mlaen.

Iechydwriaeth, mae'n waith anodd bod yn ffit.

Wedi dweud hynny, roedd yna rywbeth reit gyffrous am fynd i ymarfer mewn man lle'r oedd y cwmni mor benderfynol a phroffesiynol eu hymarweddiad (deniadol hefyd, sy'n bownd o fod o'i blaid!). Cefais fy ysgogi am gyfnod, does dim dwywaith, ond fel yr oeddwn yn cryfhau nid yr un math o ymarfer corff oedd ei angen ac mae'n rhaid i mi ddweud, o ystyried popeth, fod y sba a'r pwll nofio yn fy siwtio i.

Heddiw, rydw i mor falch 'mod i wedi cymryd seibiant o'r sgwennu a mynd i'r clwb i ysgwyd fy esgyrn yn y *gym* a nofio'r pwll ar ei hyd (bump o weithiau heddiw). Nid brolio ydi hyn ond mater o bwysleisio fy mod yn dal ati i gadw mor ffit â phosib, eto heb fynd dros ben llestri. A'r bore yma, yn gwbl annisgwyl, dyma wers werthfawr arall.

Dim ond tair ohonon ni oedd yn y pwll, yn nofio'n barchus o'r naill a'r llall, gan gadw hyd braich. Digwydd i mi gyrraedd y pen cyn y lleill a stopio a sbio a sylweddoli fesul tipyn mai dim ond un goes yr un oedd gan y ddwy, o'r pen-glin i lawr. Doedd bosib...? Oeddwn i'n gweld pethau? Mawredd. Roedd diddordeb enbyd gen i mewn gwybod sut gallai'r ddwy ymdopi â nofio heb ran mor hanfodol o'r corff. Beth wnawn i? Allwn i fod mor hyf â holi?

Yn gwrtais, mi gyflwynais fy hun gan ddweud fy mod ar ganol ysgrifennu llyfr am golli fy mron i ganser, ac egluro mor nerfus fûm i ynghylch gwisgo siwt nofio a methu cadw cydbwysedd yn y dŵr. Gwenodd Ruth. "We saw you get into the pool," meddai hi, "and we both said, there's that elegant woman we saw in the lounge. Doesn't she look good and what a gorgeous swimsuit." Wel, roeddwn i bron â chrio.

Roedd Ruth wedi colli'i choes mewn damwain car ar wyliau yn Ffrainc a hithau ond yn bedair ar hugain. Bellach mae'n wraig hapus yn ei phumdegau ac yn fam i bedwar o blant. Roedd y plant wedi hen arfer â'r goes glec – wrth reswm, dyna oedd normalrwydd iddyn nhw – a phan oedden nhw'n fach, roedden nhw hyd yn oed yn chwarae gêm *hide the leg*, a chwerthin mawr pan fyddai Ruth yn dod o hyd iddi!

Damwain beic gafodd Teresa, yn ugain oed. Ar ei ffordd adre, yn reidio'i beic rownd cylchfan brysur Gabalfa yng

Nghaerdydd, mi gafodd ei tharo gan lorri fawr yn cario sment. "Roeddwn i mor lwcus," meddai hi. Lwcus, holais innau'n syfrdan!? Eglurodd fod y gyrrwr wedi stopio mor sydyn fel na rowliodd olwynion y lorri dros ei phen... Wedi dioddef coes boenus ddi-siâp am ddwy flynedd, aeth pydredd i'r cnawd a bu'n rhaid ei thorri wrth y pen-glin. "Much better," meddai, "and much less pain." Dyna i chi stoic. A dwy ddifyr iawn eu cwmpeini oedden nhw hefyd. Do, mi fues i'n hyf arnyn nhw a mynnu tynnu sgwrs, ond yn ôl Ruth roedd y rhan fwyaf o bobol yn eu hosgoi am eu bod yn gweld eu hanabledd yn hytrach na'u personoliaethau. Dyna gamsynied, ynde?

Wel, meddwn i, mi gollais i fy mron ac roedd hynny'n ddigon drwg, ond i mi, mae'ch colled chi'ch dwy yn fwy. Doedden nhw ddim mor siŵr. Diar, roedd eu hegni a'u hagwedd yn wirioneddol ysbrydoli. Wrth sychu a newid roedden ni'n dal i siarad bymtheg y dwsin, ac wrth ailosod eu coesau roedd y ddwy mor hwyliog:

"I lost my left leg and she lost the right, so we're brilliant at synchronised swimming! If you like, you could join us to bob up and down in the middle!"

Chwerthin!

Bron yn berffaith? Mae o'n ddigon, wyddoch chi – yn wir, mae'n *fwy* na digon pan ydech chi'n cwrdd â phobl mor ffein â Ruth a Teresa.

36

A'R CORFF YN cryfhau a'r dyddiadur yn llenwi, roedd bywyd yn dechrau dod i drefn – nid yr un arferion yn union ag a fu, ond bywyd fymryn yn wahanol a'i ffiniau'n dal i ehangu. At hynny, roedd hi'n ddiwedd blwyddyn eto – y cyfnod yna pan mae pawb yn dechrau cofio am hen ffrindie, a'r flwyddyn newydd o'n blaenau gyda'i haddewidion a'i haddunedau. Flwyddyn yn ôl, cyfnod gŵyl cymysglyd iawn a fu – *up and down*, os cofiwch. Erbyn hyn, doeddwn i ddim yr un un.

I godi blys, a'r Nadolig yn prysur nesáu, cafodd Seren a minnau ein gwahodd i gymryd rhan yn rhaglen *Wedi 3* gyda phwt bach ganol pnawn yn sôn am y dillad a'r anrhegion y mae pobl wirion fel fi yn eu prynu i'w hanifeiliaid anwes. Mi gawson ni lot o sbort a Seren yn perfformio fel petai hi ar y teledu bob dydd.

Fel y gallwch ddychmygu, cafwyd sawl cinio a swper Nadoligaidd hefyd, a'r tro hwn gyda llai o gonsýrn (ond nid llai o sylw) am yr hyn y byddwn i'n ei wisgo a chyflwr fy ngwallt. Dathlu'r dydd ei hun gyda Gwenda a Hugh, Dylan a Beca unwaith yn rhagor, ond cyfarch y Flwyddyn Newydd yn fy ngwely fy hun, gartref. Gwaetha'r modd daeth twtsh o annwyd heibio a hwnnw'n un ffiaidd, felly bu'n rhaid clwydo am ychydig ddyddiau cyn meddwl am godi stêm ac ailgydio. Eto, wnes i ddim digalonni na gorboeni. Annwyd oedd o, dyna'r cyfan, a gallwn fodloni ar feddwl hynny: roeddwn i gymaint yn well na'r un adeg y flwyddyn cynt. A phan basiodd yr aflwydd, sylweddolais gydag afiaith unwaith eto mor hynod werthfawr ydi bywyd.

Yna, gyrrais i Benarth i gerdded y pier a chrisial pinc lliw rhosyn yn fy llaw. Yno gollyngais y crisial i'r môr gyda gweddi a deigryn dros golli Angharad, ffrind mor annwyl. Drannoeth,

cefais y fraint o fod wrth droed gwely Robin Jones, diolch i
Eirlys, Iona a Lisa. Ennyd o weddi, gafael yn ei law, cyffwrdd
ei wyneb hardd ac yna ffarwelio yn dyner ac yn drist ond
gyda balchder yn fy nghalon o fod wedi cael adnabod gŵr
mor hawddgar.

Beth ar y ddaear sy'n ein cynnal drwy gyfnodau o eithafion,
meddech chi? Beth sydd weithiau'n ein cymell i ddal yn dynn,
dro arall yn ein rhyddhau i ollwng gafael ar fywyd? Duw a
ŵyr. Y cyfan wn i ydi fy mod i wedi cael y nerth rhyfeddaf o
rywle i orchfygu ambell gyfnod anodd dros y blynyddoedd
a 'mod i'n derbyn ac yn parchu y daw yna amser i ni gyd
ddweud ffarwél yn ein tro a hynny yn ein ffordd ein hunain.

Ydi, mae canser wedi newid fy ffordd o feddwl am fywyd
a'r ffordd rwy'n byw fy mywyd, yn llwyr. Am gyfnod bu'r
waliau'n agos iawn ataf, ond gyda gwellhad, ehangodd fy
ngorwelion. Ac fel y gwyddoch, bellach, rwy'n croesawu
cyfleon a phrofiadau newydd â breichiau agored. Ac wrth
gwrs, unrhyw esgus am owting...

Cefais fy atgoffa o stori fach wrth edrych drwy fy mag colur
y dydd o'r blaen. Mi wyddoch fod Griff Rowland yn dipyn o
ffefryn gen i, o hyd yn steilish a meddylgar. Beth amser yn ôl
cefais lipstic yn anrheg ganddo, un Christian Dior; dyna i chi
bresant hyfryd a phwrpasol. Gyda'r anrheg daeth stori am
Griff a'i fodryb, flynyddoedd yn ôl.

Ychydig yn ffwndrus ond yn dal i ymfalchïo yn ei cholur
ac yn byw yn ei byd o ffantasi crand, roedd y fodryb bob
amser yn falch o weld Griff ac yn ei gofleidio gyda gwên siriol.
Byddai'r lipstic erbyn hyn ymhell dros ymyl ei gwefusau, y
rouge yn rhy binc a llawer gormod o bowdr. Pa ots, yn ei byd
bach hi, dyma'r hyn a oedd yn bwysig:

"Ydw i'n barod am Lundain, Griff?"

"Ydech, wrth gwrs eich bod chi," oedd yr ateb bob tro.

A dyna'r cwestiwn i mi erbyn hynny... Oeddwn i'n barod
am Lundain? Oedd Llundain yn barod amdana i?

Peth naturiol a Chymreig iawn ydi cadw cysylltiad â hen ffrindie. Weithiau bydd amser maith yn gwibio heibio, ond pan ddaw cyfle bydd y sgwrs a'r cyfeillgarwch yn aildanio fel petai dyddiau yn unig wedi mynd heibio. Felly y mae hi rhwng Dafydd Elis Thomas a minnau. Rhaid dweud mai Mair ei wraig ydi'r ddolen gyswllt erbyn hyn. Wedi bod yng nghwmni Mair sawl gwaith yn ystod y 'big C', cefais wahoddiad i ddathlu fy ngwellhad trwy ymweld â'r 'Hows'. Ie, dathlu yn Nhŷ'r Arglwyddi.

Ecseitment? Prin y gallwn gadw gwahardd arnaf fi fy hun. Am unwaith, roedd gen i ateb i'r cwestiwn amlwg cyn ei ofyn. Roedd gen i jest y peth i'w wisgo. Côt ddu laes, lawr at y migwrn, bron â bod fel *tailcoat* dyn, gyda choler a leinin o liw hufen-lwyd yn troi at allan a rhes o fotymau duon trawiadol ar y goler a gwaelod y llewys. Trowser a thop du twt, sgidie cyfforddus a bag teidi. *Tidy, sorted*, fel maen nhw'n ei ddweud yng Nghaerdydd.

Trefnwyd dyddiad a ffwrdd â fi ar y trên. Wedi cyrraedd Paddington roedd angen gofyn i yrrwr y tacsi fynd â fi at giât arbennig yn San Steffan, giât yr Arglwyddi. Mân sgwrsio wedyn, fel mae rhywun (roedd o wrth ei fodd yn dod â'i fab i ddringo yn ardal Llanberis pob cyfle posib), ac yna gofynnodd y gyrrwr a oeddwn i'n rhywun *sbesial?* Oeddwn i'n enwog? Yn wir, oedd gen i deitl? Mi fydda i'n gwybod yn syth pan ddown ni at y giât, meddai'r Cocni gan wenu, heb aros i mi ateb.

Cyrraedd y giât neilltuol, oedi, a phlismon yn syllu i'r tacsi, yn fy llygadu. Codais law i'w gyfarch, rhoi gwên o ddiolch iddo, a thrwodd â fi.

"I knew you were someone special," meddai'r dyn tacsi.

"Aren't we all special!" meddwn innau a gadael iddo gredu'r hyn a fynnai. O leiaf byddai ganddo stori i'w dweud wrth ei fab y noson honno...

Yno yn aros amdana i roedd Dafydd, neu a bod yn fanwl gywir, Yr Arglwydd Dafydd Elis Thomas a'r Fonesig Mair. Wel, sôn am groeso. Wyddwn i ddim pa ffordd i droi na lle i edrych gyntaf. Cymaint i'w weld, cymaint o hanes a gwybodaeth i'w llyncu. O, dyma wefr. Y fi, ar fy ffordd i Dŷ'r Arglwyddi. Pinsiwch fi!

Cefais fy hebrwng wedyn ar hyd coridore hanes lle bu canrifoedd o drin a thrafod gwleidyddiaeth, a'r cyfan rywsut yn dal yno'n llechu rhwng plygiadau'r llenni damasg trwchus ac yn glynu wrth y patina ar y waliau pren â'u cerfiadau cywrain. Cipolwg trwy ddrysau cilagored ar swyddfeydd a stafelloedd cyfarfod aelodau Tŷ'r Cyffredin. Carped gwyrdd ysblennydd y Tŷ hwnnw dan draed hyd nes ein bod yn cyrraedd croesffordd arbennig lle mae'r carped yn sydyn yn troi'n goch moethus a'r waliau'n gyfoeth o aur a lliwiau llachar prydferth fel gemwaith: dyma rodfeydd yr Arglwyddi. Tybed ai o'r fan hyn y daeth yr ymadrodd am 'y carped coch'?

Yn ysgafndroed (a gwên ar fy wyneb drwy'r amser), dyna lle roeddwn yn syllu a chlustfeinio ac anadlu'r cyfan, gan ryfeddu fy mod i yma yn y lle cyntaf. Meddyliwch, cefais gyffwrdd ymyl troed Lloyd George. We-hei! Munud fawr i ferch o Gorwen. Yn amlwg roedd llaweroedd wedi bod yno o fy mlaen gan fod yr esgid yn sgleinio fel lwmpyn o lo wedi'i bolishio (diemwnt Cymru, yn ei dro). Gwneud ein ffordd wedyn heibio i doreth o stafelloedd mawr a bach, crand a chyffredin – hawdd fyddai mynd ar goll yn y palas yma. A wyddoch chi lle roedden ni'n anelu? I'r stablau. Nid yn llythrennol, wrth reswm, ond yn ei dydd bu Stafell Fwyta Barry yn rhan o'r ardal lle cedwid y ceffylau ers talwm. Erbyn heddiw fe'i cyweiriwyd i fod yn fan gwaraidd a thawel i fwyta ac ymlacio. I mi teimlai'n lle clyd i osgoi rhuthr a gwallgofrwydd cyfrifoldebau'r dydd. Wedi dweud hynny, synnwn i ddim nad esgorwyd ar ambell bolisi yno hefyd dros wydraid neu ddau o win a llond bol o fwyd.

Diod bach yn y bar, yna camu i lawr i fol y stafell fwyta. Llieiniau gwynion ar y byrddau, gwydrau yn gwichian eu glendid ac yn tincial wrth i ni eu clecian a chynnig llwncdestun. Beth arall ond 'Iechyd Da!' Roedd rhywbeth yn annisgwyl o lonydd yn yr awyrgylch, eto dim byd yn stiff, ac roeddwn i'n teimlo'n gartrefol braf wrth gael golwg ar y fwydlen. Annisgwyl eto, y bwyd mor syml a di-lol, ond roedd dewis yn hawdd. Samwn wedi'i gochi i ddechrau, wedyn iau mewn grefi gyda chig moch – dau o fy hoff fwydydd. Y cyfan gyda llysiau ffres, wrth reswm. Dim angen edrych rhagor. Pwdin a chaws i ddilyn. Www, rhwng y gwin, y bwyd a'r cwmni, roeddwn i ar ben fy nigon.

Wel, roedd hwn yn ddiwrnod mawr i mi. Roeddwn i'n teimlo fel petawn i nid yn unig ar wibdaith i weld ffordd arall o fyw a gweithio ond yn wirioneddol fwynhau fy mywyd fy hun unwaith yn rhagor. Roedd trip Llundain yn rhyw fath o 'ailddyfodiad' i fywyd llawn.

A sôn am fywyd llawn a phrysur, bu'n rhaid i Dafydd ei esgusodi'i hun am ychydig yn ystod y daith er mwyn datrys rhywbeth gyda'i waith; cyn diwedd y pryd bwyd, bu'n rhaid iddo ein gadael eto i drafod rhyw bethau pwysig. Diar, mae pwysau bod yn 'arglwydd' yn ddiddiwedd, rhywun ar eich galw ddydd a nos. Ond roeddwn i'n saff a bodlon yng ngofal Mair.

Cyn bo hir ailymunon ni â Dafydd a mynd... am goffi mewn caffi arall – ha ha! Wedi setlo yno mewn cadeiriau meddal oedd wedi gweld dyddiau gwell, ond oedd yn hynod gyfforddus, cefais gip o gwmpas y stafell a gweld ambell wyneb cyfarwydd... *hold on*... Wel, ie, y fo ydi o! Melvyn Bragg! Wel, ar f'enaid i, rydw i wedi ffansïo'r dyn yma ers blynyddoedd, mewn cariad â'i lais ar y radio a'i bresenoldeb ar y teledu. Yn amlach na pheidio mae'r pwnc trafod yn llawer rhy ysgolheigaidd i mi ond does ots yn y byd, mae popeth sy'n dod o'i geg yn gwneud synnwyr ar ryw lefel. Mae'n trin geiriau fel bardd ac mae rhythm i'w gyflwyniad yn wastadol. A maddeuwch i mi am ddweud, ond mae o'n hawdd iawn i'r llygad hefyd... *gorgeous* neu be?!

O, mam bach, roedd o'n codi i adael yr un pryd â ni. Wel, roedd yn rhaid i mi gael edrych i fyw ei lygaid gogleisiol a chlywed gair neu ddau yn llifo dros wefusau'r gŵr carismataidd hwn. Mae'r llais yna fel llyn o gwstard llyfn, cynnes. Fel milgi o'r trap – ond yn llawer mwy urddasol, wrth gwrs – cododd Dafydd ar ei draed gan fy nghyflwyno iddo fo ac yntau i minnau. Do, mi wnes i ysgwyd llaw â'r Barwn Melvyn Bragg – *thrill* go iawn. Ac mae cywilydd gen i gyfaddef nad ydw i'n cofio'r sgwrs o gwbl. Y cyfan wn i ydi 'mod i wedi cyfarfod un o fy arwyr a chefais i mo fy siomi.

Wedi'r baned roedd yr Arglwyddi wrth eu gwaith, felly cefais y fraint wedyn o ymweld â'r siambr lle'r oedd Dafydd yn eistedd yn ei sedd arferol. Am wefr. Yna allan ar y teras enwog ar ochr afon Tafwys, gofynnais i Mair dynnu fy llun gyda Dafydd Êl i selio'r digwyddiad. I gofio'r heddiw newydd hwn am byth!

37

FELLY, DYNA CHI eisoes wedi cael rhyw flas ar y ffordd y bydda i'n treulio fy amser y dyddiau hyn, o'r gwych i'r gwachul, o'r gwaelodion i'r entrychion. Ond un peth na ragwelais yw'r ceisiadau sy'n cyrraedd yn gofyn i mi fynd i siarad am fy mhrofiadau. Maen nhw'n dod o bob math o wahanol gyfeiriadau. Soniais cynt, er enghraifft, am Sefydliad y Merched; dro arall, bûm ar fy nhraed o flaen criw arall o ferched yn y Park House Club yn y ddinas, lle mae Merched mewn Busnes yn cyfarfod dros ginio i gymdeithasu a rhwydweithio, gan wahodd eraill i sgwrsio a rhannu profiadau gyda nhw.

Un o'r uchafbwyntiau hyd yma oedd cael fy ngwahodd am yr eilwaith, nid i 'siarad' ond i *ddarlithio* yn Ysbyty Athrofa Cymru yn y Rhath. Wel, dyna chi bwysig! Soniais am Gwil o'r blaen, ac fel cyfarwyddwr yn adran Astudiaethau Iechyd Prifysgol Caerdydd mae o'n benderfynol o yrru'r myfyrwyr yno allan i'r byd mawr gyda'r profiad gore posib. Ar ôl gwylio rhaglen *Blodyn Haul* gyda'r dosbarth trydedd flwyddyn – oedd yn brofiad syndod o emosiynol – rhoddais bwt o sgwrs cyn agor y drafodaeth a rhoi cyfle i'r myfyrwyr fy holi. Rwy'n gobeithio i mi allu eu hannog i ofyn y cwestiynau anodd, er mwyn iddyn nhw ddod i ddeall pethau'n well. Rwy'n gobeithio hefyd i mi allu ateb eu cwestiynau mewn ffordd fydd yn gwneud iddyn nhw ailfeddwl ynghylch eu hargraffiadau o bobol sy'n dioddef o ganser. Os gallais eu helpu i fynd allan i'r byd mawr i lunio gyrfaoedd diddorol iddyn nhw eu hunain ym myd iechyd gan gyffwrdd a gwella pobol â gwybodaeth a chalonnau agored, yna mi fydda i wedi llwyddo y tu hwnt i fy ngobeithion. Os gallaf eu helpu nid i weld y claf yn unig, ond i weld a thrin yr unigolyn cyfan sydd yr ochr draw i'r afiechyd, yna mi fydda i'n *happy girl* go iawn.

Hyd at flwyddyn yn ôl roedd gen i gymdoges o'r enw Kirsty. Bu'n help mawr i mi pan oeddwn i'n sâl, gyda phethau ymarferol fel gwagio'r bin bob wythnos, estyn pethau o gypyrddau uchel ac ati. Mi fyddai hi'n dod â chawl cartre i mi o dro i dro. Hyn oll a mwy. Roedd Kirsty'n gweithio i gymdeithas The Wallich sy'n 'rhoi pobol ddigartre yn gyntaf' ac mae'r gwaith y maen nhw'n ei wneud yn arbennig ac yn bwysig iawn. Tra oeddwn i'n sâl, soniodd Kirsty am ferch ddigartre dan ei gofal oedd hefyd yn dioddef o ganser. Ar y pryd, feddyliais i fawr am y ferch yma. Gwrando ar y stori, ond fawr mwy. Erbyn hyn, mae hynny'n pwyso ar fy meddwl.

Roedd gen i deulu, ffrindie a chartre cysurus; doedd ganddi hi *neb*. Heb gymdeithas The Wallich a roddodd do uwch ei phen, trefnu bod rhywun yn ei chludo'n ôl a mlaen i'r ysbyty a gwneud yn siŵr fod bwyd ar y bwrdd o'i blaen, fyddai yna neb yn y byd i ofalu amdani. Oedd rhywun yno i afael amdani?

Bellach, mae cyffro ynof i wneud mwy. Pam na alla i gynnig gwneud gwaith holistaidd i helpu? Mynd i'r hostel, efallai, a helpu'r gweithwyr trwy wneud rhywbeth ymarferol? Pam lai? Dim rheswm yn y byd, ac wedi trafod gyda'r Gymdeithas, mae cynlluniau eisoes ar y gweill. Os galla i argyhoeddi pobol eraill i helpu hefyd... Mae'r cyfleon a gefais hyd yma i rannu fy mhrofiadau, nid yn unig am fyw gyda chanser ond am *fyw* trwy helbulon bywyd bob blwmin dydd, wedi bod yn ysbrydoliaeth i mi. Rwy'n edrych ymlaen at ragor. Fel y gallwch chi ddychmygu, mae'n siŵr, mi wna i siarad gydag unrhyw un sy'n fodlon gwrando!

Prynhawn arbennig oedd dathliad blynyddol yr elusen ganser Tenovus yng Ngwesty Dewi Sant yng Nghaerdydd. Daeth dau gant a hanner o wahoddedigion gwych i gefnogi'r achos a phwy feddyliech chi oedd yn rhoi'r *keynote speech*? Ie, HH ei hun.

Ond, diar, mi wyddoch amdana i, rwy'n lecio siarad yn

ofnadwy a dim ond deng munud oedd gen i a chymaint i'w
ddweud. Sut ar y ddaear allwn i gywasgu popeth oedd gen i
i amser mor fyr? Es ati i baratoi. Trio a thrio, eto ac eto...
Dim byd yn dod.

Roedd gan bawb fwrdd cyfan o wahoddedigion dan ei ofal.
Ar fy mwrdd i, yn ffurfiol, swyddogol (hyfrydwch bendigedig)
oedd Gwenda Humphreys, Pat Langford Jones, Gwenda
Griffith, Rhiannon Jedwell, Mair Elis Thomas, Siân Naiomi,
Siân Rivers, Ellen Fazackerley a Sunshine Vega. Allwn i ddim
siomi fy ffrindie. Roedd yn rhaid tynnu rhywbeth o'r het.

Y noson cyn y cinio mawr, agorais y cyfrifiadur a syllu
a syllu ar y sgrin wag. Fel fflach o oleuni, o rywle, daeth y
geiriau yma i mi.

When you're tongue-tied, terrified and screaming inside – just Shine
When all that you are is falling apart, hold on to your heart – and Shine
Each smile is a treasure, a pleasure to hold – so Shine
Each hug is a measure of how much you're loved – so Shine
Each moment is precious, please fill it with light – and Shine
Each day is a bonus, please fill it with life – just Shine.

I mi, mae'r pennill yma'n dweud y cyfan ac yn berthnasol i
bawb, achos does dim dal pa bryd nac yn lle y daw rhywbeth
i'n baglu. Cafwyd ymateb hyfryd a llawer yn holi am gopi o'r
geiriau; erbyn hyn maen nhw ar gael mewn print am bunt,
a chanran o'r arian yn mynd at elusen Breast Cancer Care
Cymru.

Yn y pennill rwy'n sôn am sgleinio – 'just Shine'. Hyd
yn oed ar y dyddiau duaf, byddwch yn llachar eich ysbryd.
Efallai fod hynny'n swnio'n anodd ond mae gennym ni i gyd
rywbeth i'w gynnig, wyddoch chi. Un peth sy'n werth y byd
ac yn costio dim, ydi gwên. Rhowch wên o'r galon ac mi fydd
diwrnod y sawl sy'n ei derbyn yn hapusach o'r herwydd. Dim
ond eiliad o ddal llygaid a bydd pethau'n newid er y gore;
i chithau hefyd, gewch chi weld. Oherwydd yn y pen draw

allwn ni ddim newid pobol eraill, allwn ni? Y cyfan allwn ni ei wneud i sicrwydd ydi ein newid ni ein hunain.

A dyma fi'n ôl wrth ymyl y pwll eto, yn gynnes yn fy nhywel gwyn trwchus ac yn meddwl am bopeth a fu hyd yma yn fy mywyd. Rwy'n syllu allan i bellter yr awyr las yna ac yn sylweddoli, er gwaethaf (neu oherwydd?) pob un dim, 'mod i'n *falch* o'r hyn ydw i heddiw. O, rwy'n siŵr fy mod yn destun sbort i ambell un sy'n dweud fy mod i'n rhy hoff ohonof fi fy hun, 'mod i'n gwisgo ac yn gwneud a dweud pethau sy'n wahanol i'r llu. Ond, fel y dywedais ar y dechrau, drwy gadw at ffordd holistaidd o fyw a meddwl, rydw i wedi dysgu derbyn pwy ydw i a bod yn driw i mi fy hun.

Mi hoffwn feddwl bod gen i gydymdeimlad diffuant a gonest â phobl eraill, a 'mod i byth a hefyd yn trio gweld y gorau ym mhob un. Os caf fy siomi, wel, beth yw'r ots, oherwydd fydda i ddim ar fy ngholled o ddal i chwilio am ddaioni. Dysges, yn y diwedd, i beidio â dal dig. Dydi hynny'n gwneud dim daioni i neb. Hen emosiwn brwnt a chreulon ydi o, ac un sy'n difetha mwy ar y person sy'n ei arddel na'r sawl sydd wedi creu'r drwgdeimlad yn y lle cyntaf. Rhoddais y gore i gario bai ar fy nghefn hefyd – nid peth dewr ydi hynny, a dydw i ddim am fod yn ferthyr. Yn ei le, rwy'n gwneud fy ngorau i feithrin maddeuant.

Tydi troedio'r hen fyd yma ddim yn hawdd: mynyddoedd i'w dringo, moroedd i'w nofio, pwysau i'w cario a cholled i ddygymod â hi bob cam; wyddon ni ddim o un anadl i'r nesaf beth fydd yn ein hwynebu. Os byddwn ni'n lwcus mi gawn ni gwmni da i rannu'r daith, ond mi fydd yna rai sefyllfaoedd y bydd yn rhaid i ni eu hwynebu ar ein pennau ein hunain. Ni ein hunain sy'n gyfrifol am sut y byddwn ni'n ymdrin â thrasiedi a phoen, galar a gofid. Ai tindroi mewn ofn a dicter, ynteu bwrw mlaen a throi ein golygon tua'r gorwel i weld yr heulwen yn codi ar ddiwrnod arall? Gennym ni y mae'r dewis.

Pan ydech chi'n blentyn, does gennych chi ddim syniad am y daith sydd o'ch blaen, yn nag oes? A diolch am hynny! Wrth ddechrau ysgrifennu'r gyfrol hon, doedd gen innau ddim syniad sut brofiad fyddai o, na lle y byddai'r broses yn fy arwain. Rydw i wedi mwynhau y tu hwnt i bob disgwyl. Gobeithio i chithau gael blas. Ac wrth dynnu tua'r diwedd fel hyn, sut arall allwn i eich gadael ond trwy aralleirio fy ffarwél ar ddiwedd y shifft hwyr yn S4C ers talwm:

Diolch am eich cwmni. Byddwch wych, beth bynnag ddaw. Gwenwch a gwnewch yn fawr o bob dydd. A chofiwch... ryden ni i gyd bron yn berffaith. Gen i, Heulwen Hâf, hwyl am y tro.

Hefyd o'r Lolfa:

Hanes Rhyw Gymraes

Hunangofiant
sharon
morgan

y Lolfa

£9.95

Allan Hydref 2011

Annette

Bywyd ar ddu a gwyn

Hunangofiant Annette Bryn Parri

£9.95

Am restr gyflawn o lyfrau'r Lolfa, mynnwch
gopi am ddim o'n catalog
neu hwyliwch i mewn i'n gwefan

www.ylolfa.com

lle gallwch archebu llyfrau ar-lein.

TALYBONT CEREDIGION CYMRU SY24 5HE
ebost ylolfa@ylolfa.com
gwefan www.ylolfa.com
ffôn 01970 832 304
ffacs 832 782